基于高中名班主任核心素养的
培训课程设计与实施

广东省中小学『百千万人才培养工程』系列丛书

左璜 杨紫琼 著

SPM 南方传媒 广东人民出版社
·广州·

图书在版编目（CIP）数据

基于高中名班主任核心素养的培训课程设计与实施 /
左璜，杨紫琼著. -- 广州：广东人民出版社, 2024. 7.
(广东省中小学"百千万人才培养工程"系列丛书).
ISBN 978-7-218-17861-5

Ⅰ. G635.16

中国国家版本馆 CIP 数据核字第 20240MB277 号

JIYU GAOZHONG MINGBANZHUREN HEXIN SUYANG DE PEIXUN KECHENG SHEJI YU SHISHI

基 于 高 中 名 班 主 任 核 心 素 养 的 培 训 课 程 设 计 与 实 施

左 璜 杨紫琼 著

出 版 人：肖风华

责任编辑：张 瑜

责任技编：吴彦斌 马 健

出版发行：广东人民出版社

地 址：广州市越秀区大沙头四马路 10 号（邮政编码：510199）

电 话：（020）85716809（总编室）

传 真：（020）83289585

网 址：http://www.gdpph.com

印 刷：广州小明数码印刷有限公司

开 本：787 mm × 1092 mm 1/16

印 张：16.75 字 数：246 千

版 次：2024 年 7 月第 1 版

印 次：2024 年 7 月第 1 次印刷

定 价：68.00 元

■ 总 序

求实笃行，守正创新
做扎根岭南大地的时代大先生

    教师是教育改革发展的第一资源，教师强则教育强。近年来，党和国家对教师队伍建设的重视达到前所未有的历史高度，党的二十大更是把加快建设教育强国、科技强国、人才强国，作为全面建设社会主义现代化国家的基础性、战略性支撑。作为置身改革开放前沿的教育大省，广东省始终积极响应国家的教育发展战略，把教师队伍建设、教育人才建设摆在极其重要的位置，以培育一批教育家型教师、卓越教师和骨干教师为目标引领，2010 年至今已先后实施三批广东省中小学"百千万人才培养工程"，通过提炼教育改革典型经验与创新理念，打造具有鲜明岭南风格与广泛影响力的教育特色品牌，致力于为推进中国式教育现代化事业贡献智慧。

    作为人才强教、人才强省的一项重要改革举措，广东省中小学"百千万人才培养工程"的深入实施，就是要持之以恒地通过教育人才培养机制的创新，探索名优教师成长规律，优化教师专业发展的环境，激发教师竞相成才的活力，真正形成让教育家型教师不断涌现的良好教育生态。

    十多年来，中小学"百千万人才培养工程"通过不断完善培养机制，形成了较为科学的"顶层设计"，建立了省、市、县三级分工负责、相互衔接的中

1

小学教师人才培养体系，坚持"系统设计、高端培养、创新模式、整体推进"的工作理念，遵循"师德为先、竞争择优、分类指导、均衡发展、公平公正"的工作原则，统筹安排好集中脱产研修、岗位实践行动、异地考察交流、示范引领帮扶、课题合作研究等"五阶段"，并注重理论研修与行动研修相结合、导师引领与个人研修相结合、脱产学习与岗位研修相结合、国外学习与海外研修相结合、研修提升与辐射示范相结合的"五结合"，从而有效解决了传统教师培训存在的问题与矛盾，让"百千万人才培养工程"成为助力教师队伍整体素质提升、助推全省教育现代化的"标杆工程"。

教育现代化首先是"人"的现代化，推进中国式教育现代化建设呼唤数以千计、数以万计教育家型教师的示范与引领。什么是教育家型教师？2021年4月，习近平总书记在清华大学考察时强调，"教师要成为大先生，做学生为学、为事、为人的示范，促进学生成长为全面发展的人"。这实际上是为广大教师提出了职业发展的高标准，一个教育家型教师一定要胸怀"国之大者"，关心学生的精神成长，着眼于学生的全面发展和终身发展，立德树人，笃志于学，努力做新时代的大先生。

开辟新学，明德新民，岭南大地是一片有着优良文化传统的教育改革热土，生逢中华民族走向伟大复兴的新时代，今天的教育人更应该保持初心，勇于担当，借助于"百千万人才培养工程"的制度赋能，立足于充满希望的教育实践原野，努力书写"立德、立功、立言"的精彩教育人生。

第一，要求实笃行，做勤学善研的育人者。

岭南大地向来有着求真务实、勤勉笃行的文化传统，正是凭着这样的实干精神，创造了经济社会发展的一项又一项奇迹。浸润在岭南文化精神中，广大校长和教师始终笃守着为师的道义，躬身教育实践，用心用情地教书育人，并不断地思考、凝练和升华，同样创造出富有岭南教育文化特色的改革实践与教育理念。透视这些实践与理念，其中蕴含着真学习、真研究、真实践的教育价值导向。

深入研究学生，是育人之根。所有的校长和教师，都应以学生为本来推进教育教学实践改革，关注学生的个体差异，包括智力、性格、情感、行为等方面的差异，了解他们的发展特点和需求，以便为他们提供个性化的教育；注重学生的生活体验和情感需求，帮助他们解决心理问题，调整情绪状态，创造良好的学习和生活环境，培养健康的心理素质和人格品质；关心学生的综合素质和发展潜力，引导学生参加各种活动，以培养其领导能力、创新能力、团队协作能力等非学科能力，提升其全面素质和可持续发展能力。我们坚信，一个育人之师必须要研究学生，为学生健康而全面成长服务。

深入研究课堂，是立身之本。课堂是育人的主阵地，也是师生共同成长的主要空间。校长和教师一定要沉潜在课堂一线，关注师生的课堂生活质量。从学生的学习兴趣和需求出发，引导学生主动参与课堂教学，激发学生的学习热情，使其在学习中得到满足和成长；要不断创新教学方法和策略，灵活运用不同的教学策略和技巧，提升学生的学习能力和思维品质，促进知识的内化与能力的输出；同时还要对课堂教学的内容、形式、效果等方面进行全面的评估和反思，不断提高课堂教学质量和效果。优秀校长和教师的生命力体现在课堂中，脱离了课堂教学，任何教育创新都是"无本之木"。

深入研究管理，是兴教之源。教育管理，事关一所学校的"天地人和"，能够让每个人各展所长，让各种资源得到适当调配，让人财物完美契合。这就要求校长和教师要注重教育的发展战略和规划，善于构建教育愿景，以此来制订教育教学计划，为学生提供更优质的教育服务；注重管理机制和制度的建设，从招生到课程安排，从班级管理到教学管理等，无不体现规范与科学；此外还要注重自身与队伍的终身发展，不断提升团队建设水平，优化组织文化，在协商共治中走向教育治理，用良好的组织文化引导人、凝聚人、发展人。

第二，要守正创新，做知行合一的自强者。

教育是一项继往开来的事业，既需要继承传统，循道而行；又需要开创未来，大胆创造。一名优秀的校长或教师要掌握并尊重教育的基本规律，明确党和国家关于教育的方针政策、发展方向以及制度规定等，唯有如此，才能行稳致远，保障教育高质量发展。同时面对教育中不断出现的新情况、新问题和新挑战，要有改革思维与问题意识，发挥好主动性和创造性，在不断破解问题中实现教育的新发展。

一方面，要做好教育传承，弘扬教育文化自信。党的二十大报告提出，坚持和发展马克思主义，必须同中华优秀传统文化相结合。这启示我们，办好教育必须珍视既有的文化传统，植根于本民族、本区域历史文化沃土。岭南是传统文化蕴藉深厚之地，丰富的地域文化可作为教育的资源，也经一代代教育人的探索形成了许多宝贵的教育经验与理念。这些都是帮助我们办好今天教育的精神财富，校长和教师一定要通过学习，研修了解岭南教育的传统，做好教育资源的调查研究，用本土化、特色化的教育实践彰显教育文化自信，做有根的教育。

另一方面，要推进教育改革，以新理论指导新实践。教育要培养面向未来的一代新人，因此必须常做常新，满怀热忱地拥抱新生事物，要在不断学习中适应新情况、创造新经验。勇立潮头、敢为人先也是岭南的文化精神之一。广大校长和教师要敢于迎难而上，主动作为，面对教育工作中的问题或困难不抱怨、不懈怠、不推诿，充分激发成长的内驱力；要认识到所谓的问题恰恰是改变的契机，我们的教育智慧、我们的教育事业都是在不断破除困难、解决难题的过程中得以发展的；要不惮于说前人没有说过的话、做前人没有做过的事，不断拓展认识深度和广度，力争创造出更多教育改革的"广东经验""广东智慧"，这才是教育家型教师应有的胸怀胆识。

第三，要海纳百川，做担当使命的引领者。

优秀的校长、教师与班主任，在一定程度上都是先进教育文化的代表，这就意味着我们在"百千万人才培养工程"这个项目平台上，必然要承担更大责任，履行更大使命，有更高的精神追求。除了在高水平研训活动中完善自我、提升自我之外，还要胸怀天下，海纳百川，凝练自己的教育教学实践成果，升华对教育教学的思想认知，形成具有示范性、影响力的教育特色品牌，带动更多的学校和教师共同成长，一起不断地提升教育品质，推动教育高质量发展。

凝练教育特色品牌，从经验积累走向理论思考。一位优秀的教育者必然要做到知其然并知其所以然，不断增进对所从事教育工作的规律认知和价值思考。我们的名校长、名师和名班主任要立足自己丰富的实践经验，不断学习，不断反思，在专家指引和同行启示下，结合教育学、心理学、社会学等学科理论，将个人的实践经验凝练和表征为富有内涵的概念与符号，确立起具有鲜明个性特点与自我风格的教育教学品牌性成果，从行动自觉走向理论自觉，并用自我建构的理论或工具去指导实践、印证实践、优化实践，从"名师"走向"明师"。

用好教育特色品牌，从个体实践走向群体发展。实践经验范型一旦表征化为符号、概念，就立刻具有凝聚力、解释力与普适性，这就有助于引领、启发和影响更多的教师，结成教育发展的共同体，共同优化教育教学实践。各位名校长、名师和名班主任要发挥教育特色品牌的示范性，依托工作室平台，不断地吸收新生教师力量，不断地影响更多教育同行。正所谓独行速，众行远。以品牌建设为纽带，让每一位名师都发挥"磁场效应"，真正达到造就一位名师，受益和成长起来一批优秀教师的局面。让这些在岭南大地上星罗棋布的名师交相辉映、发光发热，照亮广东教育的美好未来。

升华教育特色品牌，从著书立说走向文化传播。近代以来，无论是岭南文化还是岭南教育，始终开一代风气之先，形成了许多影响全国的好经验、好理念和好的发展模式，同时也在教育文化的交流传播中更好地促进我们自身的发展。今天的校长和教师是岭南教育文化新的代表，也要有一种开放的胸怀和眼光，在教育全球化、信息化的背景下海纳百川、兼收并蓄，同时也要积极传播自身教育的优秀成果，在更大的教育发展平台上与名师名家、教育同行、社会各界交流对话，发出教育的声音，讲好教育的故事，增强教育的传播力与影响力，增进不同教育文化的理解与互鉴。

正因此，看到又有一批"百千万人才培养工程"的优秀教育成果即将付梓面世，作为这项工作的管理者、参与者和见证者，由衷感到骄傲和自豪。古人云，"言而不文，行之不远"。希望广东的优秀校长和教师更加重视教育教学成果的凝练升华，这本身就是一件创造性的工作，也是更好地激发自身教育潜能、唤醒更多教育人生命活力的有效途径。愿这样的优秀教育成果能够发挥更大品牌效应，引领更多教育人不忘初心，潜心育人，参与到中国式教育现代化的伟大事业中，为中华民族的伟大复兴作出教育人应有的贡献。

是为序。

2023 年 5 月

C目录
CONTENTS

第一章
高中班主任专业发展研究

第一节　班主任专业发展的内涵和结构研究

一、班主任专业发展的内涵

（一）班主任与高中班主任

"班主任"一词在《辞海》中有明确定义，即"在中国，主要指学校中负责一个班级的思想教育和组织工作的教师。在各科教师协助下，对本班学生进行思想政治教育，组织学生参与班级管理和开展班级活动，形成班集体，指导学生课外生活，进行家长联系，评定学生的思想道德等"。[①]

在学校教育组织中，班级作为学生在校生活的基本单位，扮演了促进学生成长与发展的关键组织角色。班主任在班级中担负着至关重要的任务，发挥着核心作用，是班级的中流砥柱，也是班级的灵魂所在。在学生眼中，班主任被视为一群特殊的教育者。相较于一般学科教师，班主任对学生成长产生的影响是潜移默化的，是润物无声的，是更加深远的。学生的成长过程离不开班主任的持续关怀、悉心指导和坚定支持。也正因如此，学校、学生、家长甚至整个社会对班主任都抱有诸多不同的角色期待。学校期待他们不仅仅是课堂上的指导者，更是校园文化的传播者和引领者；学生期待他们是知心朋友，温暖的依

---

① 杜文平：《发挥班主任角色优势 以评价促学生健康成长》，《思想理论教育》2013 年第 20 期。

靠和坚强的后盾；家长期待他们是关心孩子全面发展的引路人，能够协助引导孩子树立正确的人生观和价值观；而社会也期待他们是品德楷模，能对学生进行正确价值观的熏陶和引导，培养出品学兼优、有社会责任感的新时代人才。

　　许多学者对班主任的实际工作进行了深入研究，关注了各种不同的情境下班主任所面临的挑战和责任。他们从教育学、心理学、社会学等多个维度出发，丰富了对班主任专业角色的认识和理解。通过分析班主任在课堂教学、学生管理、心理疏导、家校沟通等方面的工作情境，为我们揭示了班主任工作背后深层次的责任内涵，有力地拓展了我们对于班主任职责的认知范围。如有学者指出，"班主任应当在碎片化事务和复杂性关系中成为主动担当教育领导者；"[1] 有学者认为，"班主任的工作对象是学生和班集体，要求班主任集教育者和协调者等多重角色于一身，并且为了有效推进管理工作和提高育人效果扮演陪伴者、引导者、学习者和课程开发者等角色，从学校行政管理体制下的被动执行者转变为班级教育的主动建设者和学生发展的引领者。"[2] 这些研究丰富了我们对班主任角色的理解，呈现出多元性的特点。

　　高中班主任，顾名思义，是指在高中阶段负责班级管理和学生指导的教育工作者。这一职位的主要职责包括班级管理、学业指导、心理辅导、家校沟通、社会活动组织以及学生成长引导。因为高中生有着独特的学习和生活习惯，也有着相应的年龄特征和心理发展规律，所以高中班主任在学生的日常学习和生活中发挥着关键的领导和指导作用，旨在确保学生在学术、社交和心理层面的全面发展。其任务涵盖了学生行为管理、学业规划、家校沟通等多个方面，以促进学生的全面成长和成功。正因为高中班主任职责之多，工作更为繁

---

[1] 余林茂：《走向教师领导：学校日常生活中的班主任角色构建》，《苏州大学学报（教育科学版）》2021 年第 1 期。

[2] 江涛：《班主任核心素养及专业标准体系建构——基于德尔菲法的研究》，《教育科学研究》2018 年第 12 期。

杂，高中班主任也有其复杂的"角色丛"。高中班主任是高中生教育旅程的导航者，通过对学生个体差异的深刻理解，制订个性化的学生成长计划，引领他们走向更高的学术平台并更好地融入社会；当然，高中班主任也是学生的学业启蒙者，通过激发学生对知识的热爱，他们帮助学生树立正确的学习态度，培养扎实的学科基础，为未来的发展打下坚实的基础；因为高中生面临着巨大的学业和生活压力，所以高中班主任需耐心倾听，理解学生的困惑和焦虑，为学生提供情感上的支持，帮助他们更好地应对生活中的各种挑战，是学生的心理支持者；同时，高中班主任还是学生的社交引导者，班主任通过组织社交活动，创造积极向上的班级氛围，有助于学生在团队中获得成就感和自信心；班主任还是学生的品格塑造者，除了学科知识，班主任还要更注重培养学生的品格和价值观。班主任通过榜样力量和言传身教，引导学生树立正确的人生观，培养社会责任感和公民意识；班主任是学生的成长见证者，在学生从青涩少年蜕变为自信青年的过程中，陪伴着他们走过高中的每一个里程碑，留下深刻的人生印记。可以说，在高中教育体系中，班主任是学生成长道路上的重要引导者和支持者，是推动高中教育改革与发展的中流砥柱。

（二）高中班主任专业发展的内涵

2002 年全国第 11 届班集体建设理论研讨会上，"班主任专业化"的理念应运而生。班主任专业化既是一种认识，也是一种自觉追求的目标，更是一种个体发展过程。[①] 那么，班主任专业发展除了具有一般教师专业发展的内涵外，更应该具有班主任这一独特角色所应该有的内涵，其特殊性是必然存在的。班华教授认为，"班主任专业发展的特殊性可以概括为两个方面，第一，班主任

---

① 兰云波：《基于专业发展的班主任培训课程设置思考》，《学校党建与思想教育》2014 年第 18 期。

专业发展的核心，是注重培养学生健康的心理素质、高尚的道德情操、高雅的审美情趣，关注学生健全发展。第二，班主任专业发展的重点，是抓好班集体的建设和管理。"① 基于此，高中班主任专业发展也应因班主任专业化的特殊性而产生特定的内涵。

第一，高中班主任要能引领学生逐步养成高尚的道德情操和坚定的理想信念。人无精神而不立，国无精神而不强。征途漫漫、使命艰巨，理想信念的引领和价值支撑对班主任的重要性不言而喻。"为师者必须以德为先，高尚的师德情操是做好教师的根本，要坚持师德师风第一标准，按照'四有'好老师要求，不断提高自身道德修养，做学生为学、为事、为人的大先生。"② 班主任要展现出亲切、博雅和高尚的育人形象，通过自身的言行举止示范出积极向上的榜样，引导学生以追求"真、善、美"为导向，构建民主、平等、和谐的新型师生关系，③ 激发学生的学习热情和追求卓越的动力。因为高中生正处于价值观形成的关键阶段，他们普遍面临着升学、就业的艰难选择和巨大转型，面对这样一群学生，高中班主任专业发展的首要任务就是要在培养自我正确价值观和理想信念的基础上，能够引领高中生不断建立个人的理想信念，把国家的创新发展、民族的伟大复兴与人民的美好生活等目标与个体的成长目标相结合，不断增强高中生的社会责任感，让他们真正成为社会主义建设事业的接班人。

第二，高中班主任要不断丰富个人的专业知识以及更新个人的教育理念。近年来，"新高考改革的相关措施对高中班主任的工作提出了新的要求，期待班主任科学高效地完成学生生涯规划与选课指导、新课程的教学设计与实施、

① 张子杰等编著《班主任专业化的理论与实践》，漓江出版社，2003。

② 许怡：《大力弘扬教育家精神 造就支撑教育强国的高素质教师队伍》，《光明日报》2023年9月19日。

③ 李涛：《新课程改革背景下的中小学班主任专业化发展》，《课程·教材·教法》2010年第12期。

客观全面的评价学生等方面的工作。"① 这意味着，新时代高中班主任的专业发展需要不断拓展内容。班主任不仅要能够深刻理解德育原理、"班主任学"等领域的基本理论知识和实践知识，② 比如，熟悉心理学的发展阶段理论，能够根据学生的心理特点设计出切实可行的教育方案，以促进学生全面发展，同时还要能够了解教育美学、班级管理学、班级社会学和班主任工作行为学的相关理论知识。③ 例如，了解如何通过课堂布置和教学设计来营造良好的学习氛围，以及如何处理班级内部的关系，以确保学生能够在和谐、积极的环境中学习成长。在掌握这些知识的基础上，高中班主任还需自觉将所学知识与学生个体指导和班集体建设与管理相结合，形成自己独特的工作风格。④ 例如，可以通过组织定期的班会活动和与学生谈心的形式，建立良好的师生关系，促进学生积极向上的情感和社交发展。在当前不断倡导个性化学习和因材施教模式的背景下，高中班主任对个体生命成长规律和职业生涯发展规律的认识、掌握以及运用，将成为高中班主任专业发展的重要内容之一。

第三，高中班主任需要不断夯实个人的文化底蕴，拓展个人的文化素养。有学者指出，"高中班主任在文化素养方面应该广、全、深。"⑤ 首先，高中班主任的文化素养应当具备广泛性。这意味着他们不仅要在教育领域拥有专业知

① 彭温豪博：《新高考背景下教师专业发展面临的挑战及对策》，《教学与管理》2019 年第 27 期。
② 李涛：《新课程改革背景下的中小学班主任专业化发展》，《课程·教材·教法》2010 年第 12 期。
③ 李涛：《新课程改革背景下的中小学班主任专业化发展》，《课程·教材·教法》2010 年第 12 期。
④ 李涛：《新课程改革背景下的中小学班主任专业化发展》，《课程·教材·教法》2010 年第 12 期。
⑤ 李涛：《新课程改革背景下的中小学班主任专业化发展》，《课程·教材·教法》2010 年第 12 期。

识，还应该对政治、经济、文化、哲学等领域有一定的涉猎。[①] 举例来说，了解政治体制和社会经济背景可以帮助班主任更好地引导学生思考公民责任和社会问题，培养其公民意识。其次，高中班主任的文化素养要求全面性。他们应该掌握自然科学、人体科学、医学卫生保健科学等学科知识，[②] 因为这不仅有助于了解学生的生理和心理需求，还可以增强健康教育和心理健康支持。另外，高中班主任的文化素养还应当具有深刻性。他们可以通过跨学科教学方法，将学科知识与人文关怀相结合，促进学生的全面发展。可以说，高中班主任不仅需要在专业领域精通，而且还需具备广泛的知识和综合素养，以更好地履行他们的教育使命。总的来说，"高中班主任的文化素养，是建设文化型班集体的首要条件。"[③]

第四，高中班主任要具有一定的教育科研能力。毋庸置疑，班集体的建设充满了复杂性，这种复杂性对高中班主任开展工作提出了巨大的挑战。[④] 如何有效面对这一挑战，关键在于高中班主任要学会科学地建设班集体。而科学化的班集体建设又离不开高中班主任在教育科研方面的能力。因此，这就要求高中班主任要具备研究的意识，学会研究的方法，掌握研究的技巧，基于研究来开展实践反思、改进和创新。同时，高中班主任应该全面关注以下问题：首先，高中班主任可以通过教育科研来解决教学领域的问题。他们可以深入研究新的教育方法和教学策略，以提高教学质量。例如，可以通过研究教育心理

---

① 李涛：《新课程改革背景下的中小学班主任专业化发展》，《课程·教材·教法》2010年第12期。

② 李涛：《新课程改革背景下的中小学班主任专业化发展》，《课程·教材·教法》2010年第12期。

③ 李涛：《新课程改革背景下的中小学班主任专业化发展》，《课程·教材·教法》2010年第12期。

④ 李涛：《新课程改革背景下的中小学班主任专业化发展》，《课程·教材·教法》2010年第12期。

学，了解到如何更好地培养和激发学生的学习动机，从而提高整个班级的学习效果，为学生的"新高考"做好储备工作。其次，高中班主任还应当关注班级的德育和班集体的建设与管理。通过教育科研，他们可以研究如何有效地处理学生之间的冲突，如何鼓励团队合作，如何建立积极的班级文化。总之，教育科研是高中班主任有效解决班集体建设与管理问题的重要路径。

二、高中班主任专业发展的结构

已有研究结果表明，"高中班主任专业发展是指在一般教师专业发展的基础上，依据班主任角色的特殊性，在专业知识、专业能力、专业道德和专业情意等方面不断发展"，[1] 其结构主要分为以下几个部分：

（一）专业知识

"作为特殊的教师群体，高中班主任专业知识除了与一般教师相同的学科专业知识外，还包括与高中班主任专业相关的教育学科类知识和高中班主任工作专门性知识与技能。"[2] 教育学科类知识是高中班主任专业发展的基础，它主要由一系列专门领域的知识组成，旨在帮助高中班主任更深刻地理解教育对象、教育教学活动以及进行教育研究。主要包括教育理论知识、心理学知识、管理学和领导力知识、现代教育技术知识、职业规划知识、伦理知识等条件性

---

[1]　兰云波:《基于专业发展的班主任培训课程设置思考》,《学校党建与思想教育》2014年第18期。

[2]　兰云波:《基于专业发展的班主任培训课程设置思考》,《学校党建与思想教育》2014年第18期。

知识。[①] 高中班主任要做学生学习知识、创新思维的引路人，要有"启智润心、因材施教的育人智慧，与时俱进增强自身的育人本领，用自己的智慧培育出一代又一代担当民族复兴大任的时代新人"。[②]

（二）专业能力

"勤学笃行、求是创新的躬耕态度是高中班主任专业能力的基石。"[③] 其专业能力是确保高中班主任成功履行班主任职责的关键要素，主要包括以下几个方面：认知能力，高中班主任要能够识别学生的成长和发展的需求，以便为其提供个性化的支持和指导；德育能力，提升高中班主任德育能力，是当代学生成长教育的需要，是班主任专业发展的要求，也是班级管理质量保障的要求。[④] 包括处理学生纪律问题、协助学生解决学业问题，为学生提供职业规划和心理支持等；组织协调能力，确保各种学校活动、家长会议和班级事务的顺利进行，为学生创造积极的学习和社交环境；创新能力，随着数字化时代的到来，高中班主任还需要具备创新能力以应对新的教育方法和技术，能够客观地把握、判断乃至解决拔尖创新人才培养、科教融合等一系列教育问题[⑤]；自我发展能力，高中班主任要具备终身学习和持续教育的意识，不断更迭自己的教育理念，以适应不断变化的教育环境。

————————

① 兰云波：《基于专业发展的班主任培训课程设置思考》，《学校党建与思想教育》2014年第18期。

② 曹建：《涵养启智润心、因材施教的育人智慧——三论学习习近平总书记关于弘扬教育家精神的重要指示》，《中国教育报》2023年9月13日。

③ 曹建：《大力弘扬教育家精神 勇担强国建设使命》，《中国教育报》2023年9月10日。

④ 韩传信、段多梅：《提升高中班主任德育能力的实践方略》，《教师教育研究》2015年第2期。

⑤ 曹建：《涵养启智润心、因材施教的育人智慧——三论学习习近平总书记关于弘扬教育家精神的重要指示》，《中国教育报》2023年9月13日。

（三）专业道德

"言为士则，行为世范的道德情操，胸怀天下、以文化人的弘道追求是高中班主任专业道德的灵魂。"[1] 班主任是教育事业中的灵魂人物，他们不仅是知识的传授者，更是引领学子走向成功的灯塔。在塑造未来的过程中，高中班主任的专业道德至关重要，这不仅仅是一种职业操守，更是一种责任担当，是培养德智体美劳全面发展的人才的基石。学高为师，身正为范，高中班主任要做学生锤炼品格、奉献祖国的引路人，让每个学生都有人生出彩的机会，成长为担当民族复兴大任的时代新人。

（四）专业情意

"心有大我、至诚报国的理性信念，乐教爱生、甘于奉献的仁爱之心是高中班主任专业情意的根本动力。"[2] 教育是育人、育心、育魂的伟大事业，在冰冷的"人工智能"时代，高中班主任不仅要具备扎实的专业知识和技能，还要有自我专业发展的需要和意识，只有这样才能激发自身的专业情意，做到为党育人、为国育才，才能获得专业发展的内生动力，做有温度的教育。高中班主任的专业情意从何而来？并非天生，更多的是来自后天，是来自高中班主任在从事班主任工作中感受到的越发浓烈的热爱、自豪、骄傲与幸福感，并最终成为想要为之奋斗一生的事业。

---

① 曹建:《大力弘扬教育家精神 勇担强国建设使命》,《中国教育报》2023 年 9 月 10 日。
② 曹建:《大力弘扬教育家精神 勇担强国建设使命》,《中国教育报》2023 年 9 月 10 日。

第二节　高中班主任专业发展的现状及影响因素

一、高中班主任专业发展的现状研究

2019 年 12 月，中共中央办公厅、国务院办公厅印发了《关于减轻中小学教师负担进一步营造教育教学良好环境的若干意见》明确提出，"要切实减少对中小学校和教师不必要的干扰，把宁静还给学校，把时间还给教师。"[①] 实际上，在我国义务教育治理体系和治理能力现代化的进程中，有效管理中小学教师的工作负担一直是一项关键工作。特别是对于教师队伍中的高中班主任群体而言，"班主任难解决的问题依次是：学生心理问题：压抑、焦虑、偏激、封闭、叛逆；学生学习目标不明确，没有学习动力和理想追求；学生缺乏责任感、比较自我、漠视他人和集体；出现网瘾、早恋、厌学、与父母沟通困难等问题；行为规范差、依赖父母、自主学习和自我约束能力差；问题学生的管理和教育困难等。"[②] 这些工作负担所导致的最严重后果是出现了所谓的"班主任荒"。目前，在教育教学实践中，高中班主任专业发展存在着严重的"内忧与外患"，[③] 严重阻碍了高中班主任专业发展的步伐。这些"内忧与外患"可以从以下两个方面进行分析：

（一）专业发展的"外患"：有限时空与新兴技术

1. 在制度层面，行政权力的曲解和滥用剥夺了班主任专业发展的时间和

---

① 中共中央办公厅、国务院办公厅：《关于减轻中小学教师负担进一步营造教育教学良好环境的若干意见》[EB/OL].（2019-12-15）[2022-01-10]. http://www.gov.cn/zhengce/2019-12/15/content_5461432.htm.

② 韩传信、段多梅：《提升高中班主任德育能力的实践方略》，《教师教育研究》2015 年第 2 期。

③ 孙丽：《基于成长型思维模式的教师专业发展研究》，《教育理论与实践》2023 年第 22 期。

空间①

尽管教育界普遍关注到了需要提高高中班主任的专业素养，但鲜有人愿意为高中班主任的专业发展承担时间成本。当前，高中教育阶段的升学压力，始终是"牛鼻子"，一般人是无法撼动的。许多学校管理方式不够开放和民主，学校通常过于简单地依赖学生成绩来评价高中班主任的管理表现，而忽视了高中班主任的专业成长需求。②这种无差别的标准化评价体系显然不合时宜，易出现发展评价与总结评价失谐的问题。这将导致教师评价对高中班主任专业发展的激励性作用不足，偏重总结性的教师评价体系强调了外界规范与要求，却忽视了教师评价的激励与反馈功能，削弱了评价对高中班主任专业发展的引领性作用，使得高中班主任对教育知识、教学技能的隐性提升缺乏积极性，转而专注显性的教学成果、竞赛奖项。③

此外，近乎平均的分配制度降低了教师担任高中班主任的积极性和工作满意度，班主任通常需要花费更多的时间和精力来管理学生，但却未必得到相应的报酬和激励，导致高中班主任不愿意或没有动力去积极追求专业发展。还有一个问题是由于缺乏合理的班主任退出机制，有些教师可能在一段时间后不再适合担任班主任角色，但转岗机制不畅通，他们可能会陷入僵局，无法从班主任工作中解脱出来。④

---

① 史颖博、王卫东：《中小学教师专业发展困境的研究现状及其改进：基于2006—2015年研究成果的分析》，《教育科学研究》2017年第1期。

② 史颖博、王卫东：《中小学教师专业发展困境的研究现状及其改进：基于2006—2015年研究成果的分析》，《教育科学研究》2017年第1期。

③ 宓莹、刘汝敏、曹樱子：《规划引领教师专业持续发展的实践研究》，《上海教育科研》2023年第9期。

④ 史颖博、王卫东：《中小学教师专业发展困境的研究现状及其改进：基于2006—2015年研究成果的分析》，《教育科学研究》2017年第1期。

2. 教育部门的培训和管理存在个性化定制的不足

在操作层面上，技术化操作形式对高中班主任教学实践创新有抑制作用；对高中班主任专业发展的要求与为其提供的发展条件不相匹配；高中班主任培训目标重知识、轻技能，内容重理念、轻务实，方式重讲授、轻互动，评价重结果、轻过程，忽视"对象变量"特殊性等，致使高中班主任培训流于形式，收效甚微。此外，高中班主任个体生存环境较为封闭，班主任和学校之间的沟通与交流少之又少，使得高中班主任专业发展的内在动力不强。[①] 最为重要的一点是，个性需求与专业支持的失配导致培训变成了"一刀切"的模式，未能正确处理好高中班主任共性与个性问题，削弱了专业培训对班主任专业发展的再提高作用，出现了个性需求与专业支持失配的问题。[②]

3. 新兴技术的应用推动了教育生态系统的变革，给高中班主任带来了全新的挑战

就目前情况来说，一方面，"随着新兴技术涌入教育生态系统，新环境、新资源、新模式、新评价等的出现与应用，然而，许多高中班主任未能及时更新自身的专业知识，也没有涉及跨学科领域的学习，致使自身逐渐跟不上时代的步伐，面临着新知识的挑战。更为严重的是，由于忽视自身专业能力的发展，许多高中班主任发现自己在教学方法、策略以及技术应用方面受到了限制。他们可能错失了使用最新的教育技术工具的机会，无法充分发挥现代教学手段的优势。与此同时，班主任要进行专业发展，就必须要转变和发展其专业理念、专业知识、专业能力、专业情意，重新认识、定位自身与技术的价值和作用，掌握新兴技术应用所需的技术基础知识、教学法知识，具备技术应用的

基础能力、技术支持下的创新教学探索与实践能力。"① 另一方面，"技术应用开始替代高中班主任的部分工作，引发高中班主任主体地位认知、职业价值认同等的转变。班主任对人际角色定位、作用关系的认知偏差",② 致使高中班主任丧失了专业发展的兴趣。

（二）专业发展的"内忧"：动力不足与规划不强

1. 高中班主任身份认同感低、职业倦怠感强

一方面，"身份认同"是班主任对其专业属性与角色定位的理解成熟度的一种表现，也是提高班主任工作专业化水平的关键变量与内在所依。全面推动和落实立德树人根本任务，班主任作为学生发展的引路人、班集体的培育者和教育领导者等多重角色，可以说是集诸多角色于一身的"角色丛"。③ 也正是因为高中班主任是集诸多"角色"于一体的特殊存在，导致高中班主任出现了"专业角色认知上的定位偏差"④，高中班主任职位的认同感、尊严感、幸福感偏低，在过多的教学性事务和非教学性事务中"疲于奔命"，高中班主任的隐性工作时间在不断增加，甚至面临被动选择当班主任等方面的困扰。另一方面，"职业倦怠"是劳动者由于工作时间过长、工作量大和工作强度高等而出现的身体疲劳、情感耗竭以及个人成就感降低等状况。⑤ 相对于普通高中教师

---

① 郝建江、郭炯：《新兴技术赋能教师专业发展：诉求、挑战与路径》，《开放教育研究》2023年第1期。

② 郝建江、郭炯：《新兴技术赋能教师专业发展：诉求、挑战与路径》，《开放教育研究》2023年第1期。

③ 陈武林、陈颖：《角色理论视野中的班主任身份认同困境及建构路径》，《现代教育管理》2023年第5期。

④ 陈武林、陈颖：《角色理论视野中的班主任身份认同困境及建构路径》，《现代教育管理》2023年第5期。

⑤ 陈敏灵、王孝孝：《职业倦怠：内涵、测量与形成机理》，《外国经济与管理》2019年第8期。

而言，高中班主任的工作量和工作要求更大、更强，除了要付出比科任教师多好几倍的时间和精力之外，还需要为学生提供不同程度的情绪情感支持，维持与学生及其家长的关系，因此高中班主任的情绪耗竭程度普遍较高。[1]

2. 高中班主任自主专业发展意识薄弱

"自主发展意识"是高中班主任自主发展的内在动力。一位班主任有没有自主发展意识，决定了他能否自觉发展以及自主发展的程度和水平。[2]然而，就目前来说，大部分的高中班主任都存在自主发展意识薄弱的现象。一方面，高中班主任自身的专业理想和信念不够坚定，秉持着"当一天和尚撞一天钟"的工作态度，不认同班主任的工作，更不愿意做高中班主任。[3]另一方面，由于学校有自身的发展规划，会对高中班主任提出诸多要求，尤其是升学方面的要求，但学校或教育机构未提供足够的专业发展资源、培训和支持，致使高中班主任在开展工作的过程中产生困惑，甚至自我怀疑。此外，我国专门的高中班主任职称评价机制欠缺、物质保障不足，以及高中班主任自身在实践中缺乏自我反思和自我评价能力，都会在无形之中对高中班主任专业发展的自信和动力产生消极影响，削弱高中班主任专业发展的动力系统。

3. 高中班主任专业发展规划不强

"班主任专业发展规划，即班主任制定专业发展目标、确定实现方式与手段、根据环境不断进行调整的过程。相较于专业发展意识在班主任工作中所发挥的思想上的动力作用，专业发展规划则是班主任在工作中进行自我支持的行动路线图，对班主任工作起到方向性的引领作用。"[4]然而，当涉及高中班主任

---

[1] Hirokazu Taniguchi, Koji Tanaka, "The influences of interpersonal stressors and interpersonal stress coping on depression among teachers", *The Japanese Journal of Personality* 3(2019).

[2] 程晓莉:《专业自觉：班主任专业化的内部支持系统》,《教育科学研究》2017 年第 10 期。

[3] 程晓莉:《专业自觉：班主任专业化的内部支持系统》,《教育科学研究》2017 年第 10 期。

[4] 程晓莉:《专业自觉：班主任专业化的内部支持系统》,《教育科学研究》2017 年第 10 期。

的专业规划和实际教学实践时，常常存在一种不协调和分离的情况。更具体地说，这是因为专业规划通常是自上而下制订的，未能有效考虑到高中班主任当前的发展需求，导致班主任对专业规划的实际参与和投入程度较低。[①] 这种不协调可能会妨碍高中班主任的教学实践与专业规划的紧密结合，使其难以有效地将专业目标融入日常工作中。例如，一位刚毕业的青年教师，她在一所高中担任语文教师，学校的专业规划要求教师采用项目化学习和跨学科教学方法，以提高学生的综合素养。然而，这位青年教师缺乏经验，她可能不知道如何将专业规划的理念融入实际课堂教学中。

二、高中班主任专业发展的影响因素研究

丹尼尔·平克在《驱动力》一书中把驱动力分为基于生存需求的生物型驱动力，基于避免惩罚、寻求奖励的外在动机驱动力，基于无需外部刺激的内在驱动力三种类型。[②] 从驱动力理论视角分析，班主任的专业发展主要是基于避免惩罚、寻求奖励的外在动机驱动力和基于无需外部刺激的内在驱动力共同作用的结果。[③] 因此，想要提升高中班主任专业发展的驱动力系统，就必须要研究高中班主任专业发展的影响因素，以此来"对症下药"。基于此，本书从内外因关系视角出发，对影响高中班主任专业发展的因素做进一步分析。[④]

---

① 程晓莉:《专业自觉：班主任专业化的内部支持系统》，《教育科学研究》2017 年第 10 期。

② 丹尼尔·平克:《驱动力》，龚怡屏译，中国人民大学出版社，2012。

③ 吕洪刚、梁银妹:《新时代中小学班主任专业发展驱动力调查——基于广东省 21 地市的实证研究》，《教育科学研究》2021 年第 4 期。

④ 郑继超、董翠香、董国永:《基于扎根理论的中学体育特级教师专业发展影响因素研究》，《体育学研究》2023 年第 11 期。

（一）内部因素

深入分析高中班主任的职业发展路径可以看到，他们的内在动机起着决定性作用。这种自我驱动的力量是他们个性表达和职业成长的核心。当高中班主任将这种内在需求作为职业生涯的关键因素，并以此为基础去追求专业成长，他们便能主动地加强自身的专业能力。这不仅包括学习新的教学技能，还包括对教育行业的最新发展、创新方法和前沿理念的探索。这样的探索和学习过程，不仅能使高中班主任在个人职业发展上取得显著成就，也为教育界的整体进步作出了显著的贡献。已有研究结果表明，影响高中班主任专业发展的内部因素主要包括职业素养、自我实现、认知和反思能力[1]以及自我效能感。

1. 职业素养

作为事物发展的推动力量，内在因素具备持久、稳定且长效的特质，其存在是通过在个体思维中培养特定的思维模式而实现的。职业素养不仅是高中班主任专业发展过程中重要的因素之一，也是高中班主任贯穿于整个教学与班集体建设、管理过程中的必备素养。[2]职业素养是高中班主任职业发展过程中不可或缺的重要组成部分，它代表着教育者的责任和承诺，与专业知识和技能相辅相成，共同塑造着优秀的班主任形象和教育典范。高中班主任的职业素养一般包括职业道德、职业理想、职业态度、职业责任感等。[3]

班主任的职业道德是高中教育体系中的核心要素，它不仅涉及教师的日常行为规范，更是对其价值观和职业责任的体现。一位有职业道德的班主任应当以学生的利益为先，公正无私地处理班级事务，同时在学生心灵成长的关键

---

[1] 杜静、常海洋:《教师专业发展模型建构与因素分析》,《教育学术月刊》2018年第10期。
[2] 杜静、常海洋:《教师专业发展模型建构与因素分析》,《教育学术月刊》2018年第10期。
[3] 杜静、常海洋:《教师专业发展模型建构与因素分析》,《教育学术月刊》2018年第10期。

时期为他们提供必要的指导和支持。他们应当展现出高度的专业精神和教育热情，以身作则，树立积极的榜样，引导学生形成正确的价值观。班主任还需具备良好的沟通技巧，与学生、家长及同事保持有效的互动与协作，共同促进学生的全面发展。在面对挑战和困难时，班主任应展现出坚韧和耐心的品质，通过正面的态度和方法解决问题，以此来维护教育的高标准和高质量。

班主任的职业理想是指导和激励他们工作的核心信念和目标。一位有职业理想的班主任，首先应具有对教育事业的深厚热爱和执着追求。他们认为教育不仅仅是传授知识的过程，更是塑造学生品格、培养终身学习能力和社会责任感的重要途径。这样的班主任致力于创造一种支持性和包容性的学习环境，鼓励学生勇于探索、自主思考。他们追求的不只是学生学业上的优秀，更重要的是帮助学生形成全面发展的人格和健全的心智。此外，班主任的职业理想还包括不断自我提升，保持对新教育理论和方法的学习与应用，以不断提高自己的教育教学水平，为学生的成长和自身的职业发展共同努力。

班主任的职业态度是其教育效果和职业成就的关键因素。一位优秀的班主任应当展现出积极主动、认真负责的态度。他们在工作中不仅仅要关注学生的学业成绩，更要注重学生全面素质的培养，如道德教育、情感关怀和社会适应能力。班主任应当具备强烈的责任感和使命感，时刻意识到自己在学生生活中的重要作用，不断追求教学方法和班级管理的创新与改进。此外，班主任还应具有良好的自我反思能力，不断地评估和调整自己的教育策略，以确保教育活动的有效性和适应性。

影响高中班主任专业成长的关键因素还有职业责任感。班主任职业责任感是指担任班主任职务的教育工作者对其工作和职责的认真和负责，以及对学生和班级的全面管理和照顾的一种承诺和义务感。积极的班主任职业责任感更能激发班主任的教育情怀，具有教育情怀的高中班主任更能全身心地投入教育工作中，享受职业所带来的幸福感与自豪感。

2. 自我实现与自我效能感

自我实现是达成高中班主任专业发展主体性实践的关键之钥。自我实现永无止境，它是一个持续的趋势，是一个逐渐积累的过程，始终激发个体内在的动力，使其充分释放生命潜能。因此，将自我实现视为发展目标，将会带来强大的激励效应，引导个体积极前进，不断发挥班主任自身的价值，促进其专业发展与成长。与此同时，班主任的自我效能感是教师自主发展的内在引擎，在身心健康、专业承诺和教育行为等方面产生深远影响。提升自我效能感有助于减轻职业倦怠，增强职业幸福感，提高工作满意度，最终实现更牢固的专业认同。这种内在驱动为班主任创造积极的心理状态，促使其更有信心、更有动力致力于教育事业的不断提升。

3. 认知和反思能力

众多高中班主任在踏入工作岗位后，迫切需要在实践中持续提升自身的专业知识水平。这意味着需要不断进行学习并深化领悟，建立与时俱进的教育理念和专业素养。唯有通过不断提高教育技巧和教育智慧，才能逐步超越平凡，展现独特魅力，从而获得成长，而这样的专业发展必然要求高中班主任拥有认知和反思能力。班主任认知能力的发展作为教师专业成长的内在推动力，能促使高中班主任以主动的态度审视个体发展，制订明确的目标与规划，积极进行自我评价、反馈与反思，从而促进自身专业发展的实现。"君子博学而日参省乎己，则知明而行无过矣"语出《荀子·劝学》，强调了班主任内省及自我反思的重要性。在当今知识信息迅猛发展的时代，高中班主任需要拥有自我学习和自我反思的能力，这是维护自身专业性的关键基础。

（二）外部因素

影响高中班主任专业发展的外部因素也有很多。一般来说主要包括社会环境、学校组织与文化环境、数字技术以及学生需求等。

1. 社会环境

社会对于提供与体制和文化相关的情境标准、专业学习实施过程标准以及考察教师知识和行为的内容标准有着相应的要求。这些标准作为设计和实施个体成长规划的指南，涵盖了教师专业发展的方方面面。在这里，我们主要探讨制度保障、社会舆论导向、家庭理解和支持对班主任专业发展的影响。

首先，促进高中班主任的专业发展，需要在制度层面进行顶层设计。与高中班主任相关的制度体系可以囊括为"职前、入职、在职一体化的制度体系"。[①] 不同的发展阶段，需要不同的制度支持。职前阶段，需要资格认证，此时需要资格证书制度作为保障，以确保班主任的教学质量；入职阶段，虽然成了班主任但是还没有正式上岗，需要进行岗前培训，此时需要培训制度作为保障，以确保班主任能够熟悉相关工作；在职阶段，需要让班主任专业而持续从事班主任工作，不断进行激励和提供专业培训，此时需要工作制度、激励制度作为保障。所有制度的实施，都离不开政府、教育行政部门以及学校的通力合作，只有如此，高中班主任的专业发展才能真正落地生根，开花结果。

其次，社会舆论导向也会影响高中班主任的专业发展。社会对班主任的要求和期望远比对普通教师的要高得多。时代在不断变革，未来班主任的"角色丛"会更加丰富，更具时代特征。高中班主任在专业发展中必须树立以教育人文精神为基础的个性化哲学观，同时具备开放性的知识结构和知识转化的能力。

最后，影响高中班主任专业发展的社会环境因素是家庭的支持与理解。在家庭生活中，家人的大力支持是高中班主任进行专业发展最重要的动力来源。高中班主任工作极具复杂性和多样性，如果家人不给予支持和肯定，班主任谈

---

① 郑东辉、张赵姝影：《班主任专业发展的制度诉求：来自 664 位班主任的调查数据》，《当代教育科学》2016 年第 12 期。

何能专心开展工作，谈何能激起专业发展的主体性、自觉性与能动性。

2. 学校组织与文化环境

学校是高中班主任辛勤耕耘和施展个人才华的重要场所。在学校组织与文化环境中，工作特征是影响高中班主任专业发展的重要因素。"工作特征可分为工作挑战、工作阻碍和工作资源等不同类型。"[1] 工作挑战虽然是工作中的压力因素之一，但仍然具有一定的激励效应，如教学方法的创新和对新科技的学习与使用。相比之下，工作阻碍也是工作中的压力来源，但与工作挑战不同，这些压力可能导致身心消耗，对班主任产生负面影响，[2] 例如，应对学科变革的不确定性、学生心理健康问题的处理以及家长会议中的冲突解决等。工作资源则是工作中的积极因素，如工作自主性、专业发展支持、持续培训和学习机会、健康和福利计划等，这些因素有助于班主任完成工作目标，减轻身心负担，并激发个人成长的动力。值得探讨的是，不管是工作挑战，还是工作阻碍，都会受到学校文化环境的影响，其中支持型、包容型、开放型的文化环境对高中班主任专业发展的影响最为深远。在这样的学校发展环境中，班主任自主发展、自我实现的意识会更强，"躺平"的现象则会大大减少；其"工作旺盛感"[3] 在不断提升，工作倦怠感则不断下降。总之，在支持型、包容型、开放型的文化环境下，工作挑战以及工作阻碍可能对班主任专业发展起到推动作用。反之，如果是专断型、权威型的学校发展环境，则会对班主任的专业发展带来一定的消极影响。

---

[1] 王文增、魏忠凤、王一鸣：《工作特征对中小学体育教师工作旺盛感的影响：组织支持感和胜任力的中介作用》，《中国临床心理学杂志》2021年第5期。

[2] 王文增、魏忠凤、王一鸣：《工作特征对中小学体育教师工作旺盛感的影响：组织支持感和胜任力的中介作用》，《中国临床心理学杂志》2021年第5期。

[3] 王文增、魏忠凤：《工作旺盛感对中小学教师专业发展的影响：有调节的中介模型》，《中国临床心理学杂志》2021年第3期。

3. 数字技术

教育数字化转型的核心是数据的价值体现及其对教育的赋能，教育数字化转型是通过数字技术融入教育全要素，重构要素关系，推动教育系统数字化改造与智能化升级。[①] 班主任可以充分利用数字技术提供的智慧教育平台、多类型数字教育资源、数字教学空间等[②]，提升自己的专业知识和专业能力，进而促进专业发展。随着社会转型的发展，社会向教育提出了培养符合经济社会发展所需人才的新要求，培养解决问题能力、批判性思维、创新思维等高阶思维能力的创新型人才成为普遍共识。总的来说，数字技术对高中班主任专业发展的影响深远且广泛，如果班主任不能跟上社会转型的步伐，不去学习与利用数字技术，那么只能被时代所淘汰。因此，高中班主任需积极拥抱教育数字化，从教育变革和人才培养方式变革的角度树立数字化意识，主动提升数字技术能力以及增强追求数字化教学能力的愿望，并努力尝试将其付诸实践。

4. 学生需求

班主任如果不能有效地促进学生的全面发展，那么班主任的专业发展也将变得毫无意义。因此，高中班主任在构建自身职业生涯发展路径时，应将学生视为关键因素，确保专业发展计划充分融入学生需求的考量。高中班主任是直接与一群独特的高中生开展互动的。这些学生有个性化的需求和期望，如果这些需求和期望没有被认知，就无法真正帮助高中生实现个性化的成长，同时也有可能阻碍班集体的健康成长。因此，学生的需求理应被视为推动班主任专业发展的关键动力因素。高中班主任应该努力提升对高中阶段学生发展规律的认知，并在此基础上，对每个学生展开深入调查和了解，从而更加准确和清晰地获得对学生需求的认知。这里需要强调的是，学生的需求既有个人发展的需

---

① 陈云龙、翟晓磊:《教育数字化转型的构想与策略》,《中国电化教育》2022 年第 12 期。

② 郭绍青、林丰民、于青青等:《数字化赋能教师专业发展实践探索》,《电化教育研究》2023 年第 7 期。

求，也有获得集体认可和关注的需求，还有生活上的需求，高中班主任必须通过合理的途径予以了解和把握。

第三节　高中班主任专业发展的路径研究

高中班主任专业发展是一种教育追求和教育理想。研究促进高中班主任专业发展的路径，对学生的健康成长、班主任职业幸福感的提升、学校教育质量的提高乃至整个社会的进步都具有积极影响。对学生而言，班主任是学生的心灵导师，通过专业发展，可以提高自己的教育能力和指导技巧，有助于学生获得更高水平的个性化教育指导，培养更全面的个体。对教师本身而言，班主任专业发展是班主任职业的生命，是班主任工作的根基。对学校而言，班主任专业发展可以提高班主任的管理和领导能力，更好地协调学校内部的资源，实现家校社共育。对社会而言，要实现社会主义现代化，就必须要实现教育现代化，实现教育现代化的主力军必定是广大教师群体，作为教师中的核心力量，班主任的专业发展在实现教育强国、教育现代化方面有着独特贡献。基于此，研究班主任专业发展路径的重要性不言而喻。

高中班主任的专业发展是一个由自在自发转向自觉自信的过程，是外部因素和内在因素共同驱动的结果。[①]据此，以下主要介绍促进班主任专业发展的三种路径。

---

① 《中共中央国务院关于全面深化新时代教师队伍建设改革的意见》，《人民日报》2018年2月1日。

一、深化高中班主任专业发展相关制度的顶层设计

（一）设立或进一步完善班主任资格证书体系

资格证书制度就是以制度的方式规定学科教师具备什么样的素养或经过怎样的岗位培训才能担任班主任工作，并以证书的方式认定具有上述资质的班主任。简而言之，班主任须持证上岗，岗位要求合乎班主任核心素养标准。[①]之所以要建立班主任资格证书制度，是因为并不是所有人都愿意或者有能力当班主任，它是有一定素养要求的。为了确保只有合适的教师担任班主任职务，建议采用系统的标准化选取方法，而非仅依赖于领导层的观察或教师个人的自愿申请。引入一种专门的班主任资格认证机制将是一个有效的解决方案。通过这个机制，教师们需要经过一系列精确设定的评价标准和程序，从而获得担任班主任的资格。这样的评价和认证流程将全面考量候选人在个人素养、专业技术和团队协作等多个关键领域的能力，以保证他们具备必要的资质来胜任班主任的各项职责。[②]高中班主任可以通过两个渠道获取资格证书，一是岗位培训，二是班主任职业倾向测试，并且以"自愿申请为主、领导指定为辅"的方式进行选聘。[③]通过这种制度化的措施，能够提高班主任队伍的整体素质和专业发展水平，进一步提升学校管理水平和优化教育教学质量。

提议构建全新的职称评审机制，以加强学校高中班主任的职业发展机遇和职称水平，进而增强其职业晋升的激励效果。普通中小学教师的职称评定能

---

① 郑东辉、张赵姝影：《班主任专业发展的制度诉求：来自 664 位班主任的调查数据》，《当代教育科学》2016 年第 12 期。

② 郑东辉、张赵姝影：《班主任专业发展的制度诉求：来自 664 位班主任的调查数据》，《当代教育科学》2016 年第 12 期。

③ 郑东辉、张赵姝影：《班主任专业发展的制度诉求：来自 664 位班主任的调查数据》，《当代教育科学》2016 年第 12 期。

有效提升教师专业发展的自主性，但我国却没有专门针对班主任的职称晋升制度，政府部门理应关注到这一漏洞，建议新增班主任职称系列，包括初级、中级和高级职称，并明确各级班主任的评审条件。若由于条件限制而难以独立推行班主任职称系列，可以考虑将其纳入已实施的德育职称系列中，并允许班主任在该系列中晋升。总体而言，必须为高中班主任设立独立的职称系列，以更好地体现其专业发展路径。[1]

（二）建立一个全面而健全的高中班主任激励制度框架

第一，提升高中班主任的福利待遇，这是促进高中班主任专业发展的基础和保障。班主任职业的吸引力源于多方面因素，不仅包括薪酬福利，还涵盖相对稳定的职业前景、优越的社会保障以及良好的社会地位等方面。[2] 班主任待遇不仅要包括货币性报酬，还要包括工作环境、获得感等非货币性报酬。[3] 加强高中班主任待遇保障制度的建设是实施关键政策的关键工具，这有助于构建教育强国。[4] 基于此，为了提升高中班主任的福利待遇，建议逐步将教育行业人员在城镇非私营行业就业人员中平均工资的排名提高到前五名；[5] 赋予学校更广泛的教师聘任、薪酬分配和职称评聘的自主权，构建学校内部独立运作的

---

① 郑东辉、张赵姝影：《班主任专业发展的制度诉求：来自 664 位班主任的调查数据》，《当代教育科学》2016 年第 12 期。

② 李廷洲、吴晶、郅庭瑾等：《国家教师发展报告（2019）》，华东师范大学出版社，2021。

③ 常淑芳、于发友：《党的十八大以来改善中小学教师待遇的政策背景、实践成就与未来进路》，《国家教育行政学院学报》2023 年第 2 期。

④ 李廷洲、李阳杰、童春林：《构建面向教育强国的教师待遇保障制度》，《教育研究》2023 年第 9 期。

⑤ 李廷洲、李阳杰、童春林：《构建面向教育强国的教师待遇保障制度》，《教育研究》2023 年第 9 期。

监督、制约和激励机制，推动学校实现自主治理。[①] 为了解决城乡贫困地区和偏远农村地区的问题，应建立一种以补偿为导向的高中班主任待遇保障制度，并积极向乡村和农村偏远地区倾斜。进一步贯彻乡村和农村偏远地区高中班主任生活补助政策，多次提高"特岗教师"工资性补助标准。[②]

第二，分级评聘，设立不同层次的高中班主任荣誉制度，以调动高中班主任的工作积极性。[③④] 班主任作为社会中的一员，自然渴望获得他人的认可，也渴望像学科教师那样享受骨干教师、特级教师、名师等荣誉，为实现这一目标，建立一个完善的社会荣誉体系显得至关重要。为此，建议教育行政部门为高中班主任设立专门的荣誉体系，使其能够像学科教师一样享受不同层次的精神奖励，并引入职级制度，即为不同水平的高中班主任设定层级，分别授予资深班主任、一级班主任、二级班主任、三级班主任等不同的精神奖励，以激发他们更好地投入工作并取得卓越成绩。[⑤] 同时，教育行政部门或者学校可以制定相应的"职级制"[⑥]制度，作为制度保障。

（三）制定高中班主任的专业发展标准

高中班主任专业发展的全面推进不仅仅需要确立资格证书、培训、工作和激励等诸多制度，更需要这些制度之间紧密衔接，形成一个有机的整体。实现

---

①　李廷洲等：《中小学教师编制的理论逻辑与治理思路》，《教育研究》2022 年第 5 期。

②　李廷洲、李阳杰、童春林：《构建面向教育强国的教师待遇保障制度》，《教育研究》2023 年第 9 期。

③　马玉芳：《基于职级管理的班主任激励机制探索》，《中国教育学刊》2014 年第 1 期。

④　郑东辉、张赵姝影：《班主任专业发展的制度诉求：来自 664 位班主任的调查数据》，《当代教育科学》2016 年第 12 期。

⑤　郑东辉、张赵姝影：《班主任专业发展的制度诉求：来自 664 位班主任的调查数据》，《当代教育科学》2016 年第 12 期。

⑥　马玉芳：《基于职级管理的班主任激励机制探索》，《中国教育学刊》2014 年第 1 期。

这一目标，关键在于建立起相互关联、相辅相成的机制。而这一机制的中枢则是高中班主任专业发展标准，这些标准以翔实的方式呈现了高中班主任在各个发展阶段所需具备的具体内容和要求。这一标准体系既能够引领各项工作有序推进，也能够为高中班主任的培养、准入、培训和考核等方面提供明晰而全面的指导依据，^① 从而确保高中班主任在其专业发展的各个阶段都能够获得必要的支持和指导。鉴于我国目前尚未确立班主任专业发展标准，我们可以以《中学教师专业标准（试行）》为模板，并结合《中小学班主任工作规定》的要求，明确定义高中班主任的专业形象。需要将班主任的入职门槛、工作职责和发展要求具体明确并规范化，以制定指导性文件，从而推动班主任专业发展标准的建立。这些标准将有助于引导相关制度的建设。^②

综上所述，在高中班主任专业发展标准的指导下，以班主任资格制度、培训制度、工作制度和激励制度构成的整体不再是一个零散的结构，而是一个以工作制度为核心凝聚起来的有机整体。^③

二、优化高中班主任专业发展的学习与培训体系

（一）构建多层多维的高中班主任培训体系

根据班主任的人口学特征，制订一套精准培训的专业发展支持计划来提高培训的针对性和有效性。一方面，在构建多层次和立体化培训体系时，建议做

---

① 郑东辉、张赵姝影：《班主任专业发展的制度诉求：来自 664 位班主任的调查数据》，《当代教育科学》2016 年第 12 期。

② 郑东辉、张赵姝影：《班主任专业发展的制度诉求：来自 664 位班主任的调查数据》，《当代教育科学》2016 年第 12 期。

③ 郑东辉、张赵姝影：《班主任专业发展的制度诉求：来自 664 位班主任的调查数据》，《当代教育科学》2016 年第 12 期。

到以下几点：首先，为了解决高中班主任在工作和学习之间的时间冲突问题，我们迫切需要创造一种新环境，使班主任能够在工作时间内参与培训而不影响其职责履行。培训政策应该积极倡导将班主任培训纳入整体工作时间规划，使培训与工作相辅相成，避免因调课、看班等问题而削减班主任参与培训的时间和机会。这种做法有助于确保班主任能够全身心地积极参与培训，无后顾之忧。同时，为了提高培训的实际效果，我们需要适度减轻培训负担，以保证培训的深度和广度。在制定培训政策时，应该以班主任的实际需求为依据，精心设计培训计划，使其既实用又切实可行，实现班主任培训的有效管理，这被认为是班主任培训的一种"精简优化"策略，目的是确保培训更贴近实际需求，提升培训效果。其次，需要建立一套以高中班主任视角为基础的培训评估和反馈机制，以及时调整或更换被广泛认为无效或低效的培训内容和方式。这一机制旨在通过持续的反馈和改进，逐步完善培训供给，确保提供符合班主任实际需求的培训项目。为了激励高中班主任积极主动地参与培训，我们可以引入奖励机制或提供个性化的发展计划，以更好地满足他们的专业成长需求。通过这样的方式，我们能够建立起一个灵活、高效的高中班主任培训体系，从而更好地支持他们在教育领域的专业发展。同时，配合建立共享式的高中班主任培训流动空间。在设计教师培训流动空间时，应当关注不同地区班主任的个性化需求，提供多样化、模块化和可选的培训内容。倡导开展地方性培训和学校内培训，以更具针对性地满足班主任在实际工作中的需求。这样的设计有助于构建灵活而适应性强的培训框架，使班主任能够选择最符合其需求的培训内容。[①]做到培训供给与培训需求的精准对接，实现培训服务与培训实施的精准对接，协调培训治理与培训实践的精准对接，以及使培训成效与教师发展和教育改革

---

① 国建文、郭绒：《教师培训流动空间：内涵、构成和建设路径》，《教师教育研究》2023 年第
1 期。

精准对接，[1] 赋能高中班主任专业发展。

另一方面，目前，我国在支持高中班主任专业发展方面的实际策略大多以整体统一的理念为基础，更偏向于强调效率为首要原则。[2] 虽然这种模式导向下的支持体系可在短期内产生即时效果，但这种模式过于注重短期成果，而忽视了高中班主任个体的长期职业发展和专业成长的需求，难以迈向可持续发展的道路。[3] 此外，不同的班主任在性别、身份、年龄、教龄、受教育程度、职称方面都存在显著差异，在过分强调班主任群体专业发展的情况下，很可能会疏忽对于班主任个体及不同类型班主任所需的伦理关怀。这种单一聚焦于群体层面的做法忽略了高中班主任作为个体的需求和多样性发展，以及他们所面临的独特挑战和情境。为有效促进高中班主任专业发展，班主任培训需要走向个性化。[4] 因此，教育管理者应基于班主任的人口学特征，构建一套差异化的专业发展支持体系，以促进每位高中班主任在其个体差异的基础上实现个性化的专业成长。

（二）构建跨领域学习共同体，激活班主任专业发展内在动力

班主任的专业发展不仅依赖于有利的外部生态环境，更需要班主任本身具备专业自觉性和专业自信心。在班主任专业化的进程中，专业自觉达到了最高水平，这意味着班主任以积极主动的姿态主导着自己的专业发展。

---

[1] 冯晓英、林世员、何春：《深化教师精准培训改革：概念模型与实施路径》，《中国远程教育》2023 年第 10 期。

[2] 程豪、李家成、胡雯婷：《哪些支持对中小学班主任专业发展更加有效——基于对 X 省 8925 名班主任调研的证据》，《湖南师范大学教育科学学报》2021 年第 5 期。

[3] 程豪、李家成、胡雯婷：《哪些支持对中小学班主任专业发展更加有效——基于对 X 省 8925 名班主任调研的证据》，《湖南师范大学教育科学学报》2021 年第 5 期。

[4] 程豪、李家成、胡雯婷：《哪些支持对中小学班主任专业发展更加有效——基于对 X 省 8925 名班主任调研的证据》，《湖南师范大学教育科学学报》2021 年第 5 期。

　　班主任专业自觉的确立是一个漫长而不断延续的过程。尽管外部条件的优越性可能在一定程度上推动班主任的专业发展，然而最终的效果仍然取决于班主任个体内在的专业自觉。班主任的专业自觉在其职业成长过程中扮演着至关重要的角色，成为决定其发展方向和深度的核心因素。一方面，只有高中班主任拥有自主发展的觉悟，方能积极主动地深度学习与班主任工作相关的理论知识，并主动参与学校和各级教育行政部门组织的培训活动。这种自觉性使其能够巧妙地将理论知识与实际班级管理经验相融合，推动班主任工作实践的持续发展。另一方面，只有高中班主任具备专业自觉，方能在履行班级管理职责时深刻体悟其使命感、责任感和自豪感，实现将个人专业发展与学生、班级以及学校整体发展有机统一的目标。这种专业自觉性使班主任能够持续提升个体能力，逐步实现自我超越，为学生和整个教育机构的发展做出更为显著的贡献。

　　专业自信是班主任对自身专业发展的坚定信心，是在专业自觉的基础上形成的一种坚定信念，是推动其不断专业化的内在动力。这种自信源于班主任在班级管理中所获得的成就感。班主任只有通过深度参与班级管理工作，认识到自身的职责，并成功制订和执行班级发展规划，才能培养并巩固自己的专业自信。这种专业自信不仅是对过去工作的反思，更是对未来挑战的积极迎接。通过在实践中积累的经验和取得的实际成果，班主任能够建立对自己专业知识和专业能力的自信心，进而更加坚定地投身于专业发展的道路。

　　育人工作属于一个复杂的系统，它要求高中班主任协同团队的力量，共同致力于这一使命。跨界学习目前正成为促进高中班主任专业发展的新兴趋势，急需建立一个由高校专家与一线班主任组成的跨界学习共同体。在突出专家主体地位的同时，还要强化高中班主任的自我认知，坚持内驱与反思并行。一方面，高校专家应将理论传播与实践指导进行有效融合，以一种合理共情的方式与高中班主任沟通，及时了解双方在相关问题上的思考和发现，更有利于推动新知识的获得、理解和应用，进而建立互相信任的情感基础，促进班主任自身的专业发展，最终发挥榜样的力量。另一方面，高中班主任应追求自我突破的内在动机，在自身批判性反思的基础上实现融合互动，创生新的知识。①

此外，创建"让学习成为享受"的共同体氛围②也是缺一不可的因素。对跨界学习来说，重要的是来自共同体相互学习、合作分享、互动质疑、批判反思的学习氛围。最后，要回馈组织系统，以发挥辐射影响力为目标的专业发展。③恩格斯托姆提出，"不同活动系统之间构成的跨界学习共同体最终结果是各自回到工作场所的情境中，并在学校共同体和教师学习能动性方面发挥作用。"④高中班主任在重返本校活动系统后，其组织影响力主要体现在两个关键方面。首先，通过积极带动本校其他班主任参与学习活动，形成一种集体学习的氛围，推动整体教职团队的专业提升。其次，通过对学校班主任队伍建设和文化建设等方面的深刻思考和积极参与，对学校体制和文化的积极变革产生影响。这两方面的影响相互交融，共同促进学校高中班主任队伍的整体发展和文化氛围的积极变迁。

在高中班主任专业发展的征程中，我们看到了坚韧与奉献，见证了成长与担当。班主任不仅是课堂的引领者，更是学生成长道路上的陪伴者。通过不懈的努力与不断的学习，班主任们超越了自我，不仅在专业上展翅翱翔，更在学

---

① 孟彦、李宝荣:《跨界学习共同体如何促进教师专业发展？——基于扩展性学习理论视角的案例研究》,《教师教育研究》2023 年第 4 期。

② 孟彦、李宝荣:《跨界学习共同体如何促进教师专业发展？——基于扩展性学习理论视角的案例研究》,《教师教育研究》2023 年第 4 期。

③ 孟彦、李宝荣:《跨界学习共同体如何促进教师专业发展？——基于扩展性学习理论视角的案例研究》,《教师教育研究》2023 年第 4 期。

④ Wong A, Edwards G, *Connecting communities of practice* [M] // Tsui A, Edwards G, et al, *Learning in school-university partnership: Sociocultural perspective* (New York: Routledge, 2009), p.132-148.

生成长的芬芳岁月中留下了深刻的足迹。在未来，高中班主任的专业发展之路将更加宽广。面对多变的教育环境，班主任需要不断拓展自己的知识领域，善于应对新的挑战。同时，班主任也需要保持对学生的关怀之心，用真诚和智慧引导他们走向更美好的未来。让我们共同期待，高中班主任将会在专业发展的旅途中不断精进，为培育更优秀的学生贡献自己的智慧和力量。因为，班主任的教育梦想，正是每一位学生成就未来的起点。

三、新兴技术赋能高中班主任专业发展

新兴技术，如人工智能、虚拟现实、大数据等，在教育中的融合应用催生了教育生态的智能升级、数字化转型和系统性变革。因此，高中班主任专业的发展需顺应教育领域的这一发展变革。[1] 新兴技术在教育领域中的应用为高中班主任专业发展提供了全新的路径选择。重新定位与认知高中班主任专业发展需要从生态视角进行全局考量，探索生态所涉及的空间、要素、运行及上位的制度、理念等新路径（见图 1-1）。[2]

---

[1]　郝建江、郭炯:《新兴技术赋能教师专业发展：诉求、挑战与路径》,《开放教育研究》2023年第 1 期。

[2]　郝建江、郭炯:《新兴技术赋能教师专业发展：诉求、挑战与路径》,《开放教育研究》2023年第 1 期。

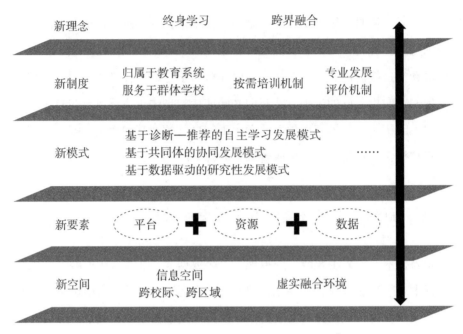

图 1-1　高中班主任专业发展新生态[1]

（一）新空间：虚实融合，边界拓展

新空间为高中班主任专业发展开辟了新的实践领域，可用于构建多元融合的智能学习环境，建立多样化的培训共同体组织，为高中班主任实现多元化的专业成长提供支持。[2] 信息空间的时空跨度和灵活性为班主任打造了一个跨越学校、跨地域的专业发展联盟。这种环境使得班主任能够轻松协同合作，包括与其他学校的同行、教研人员、高校专家以及教育机构等社会资源进行合作。通过互联网构建的信息空间为他们提供了便捷的渠道和方式。这种协作模式不

---

[1]　郝建江、郭炯：《新兴技术赋能教师专业发展：诉求、挑战与路径》，《开放教育研究》2023年第1期。

[2]　曾海、李娇儿、邱崇光：《智慧师训——基于新一代信息技术的教师专业发展新生态》，《中国电化教育》2019年第12期。

仅提高了合作效率，同时也促进了高质量资源的交流与分享。特别是对于乡村地区的高中班主任而言，基于互联网构建的信息空间有助于他们获取高质量资源，建立城乡教研共同体，从而有力地推动了他们的专业发展，进而缩小城乡差距，实现教育公平。

（二）新要素：平台、资源、数据

要素通常是构成事物必不可少的基础内容，而新要素则是支撑教师专业发展所必需的内容。从技术功能的应用以及新模式下的高中班主任专业发展来看，平台、资源和数据将成为高中班主任专业发展的关键要素。[1] 一是平台要素。[2] 实现技术功能通常需要依赖于相应的平台载体，这些平台为高中班主任提供了可获得、可应用、可持续、可信赖的专业发展途径。根据国家教育信息化发展的战略规划与布局，未来的智慧教育平台、网络学习空间以及"互联网＋教育"大平台等将成为高中班主任专业发展中至关重要的组成部分。这些平台不仅为高中班主任提供支持，使其能够开展新模式的专业教学，还为他们提供了获取优质资源、组织研修、进行自主或协作教研等活动的支持。[3] 二是资源要素。[4] 技术的广泛应用产生了多种类型、多样形式的资源。数字资源、智力资源以及人工智能资源已经成为高中班主任专业发展的关键要素，为高中班主任的专业

① 王陆、彭玏、马如霞等：《大数据知识发现的教师成长行为路径》,《电化教育研究》2019 年第 1 期。

② 郝建江、郭炯：《新兴技术赋能教师专业发展：诉求、挑战与路径》,《开放教育研究》2023 年第 1 期。

③ 郝建江、郭炯：《新兴技术赋能教师专业发展：诉求、挑战与路径》,《开放教育研究》2023 年第 1 期。

④ 郝建江、郭炯：《新兴技术赋能教师专业发展：诉求、挑战与路径》,《开放教育研究》2023 年第 1 期。

学习提供了重要的支持。三是数据要素。[1] 在当前的教育环境和方法论中，数据已经变得至关重要，尤其是在高中班主任的专业成长中。利用最新技术，可以实现对高中班主任工作的全面数据收集、记录和分析。这不仅包括日常工作的各个方面，还涵盖了对他们专业发展所需的精准诊断、资源分配和培训活动的支持。这样基于数据的方法推动了高中班主任从传统的以经验为主导和"一刀切"的发展模式，向更加专注于满足个体需求的定制化成长策略的转变。

（三）新模式：需求导向，精准研修[2]

传统的高中班主任专业发展方式常常脱离班主任的实际需求，因此难以取得真正的培训效果。[3] 然而，新兴技术的应用可以拓展高中班主任专业发展的途径，支持高中班主任以自适应、自组织、自探索等模式进行精准的研修，从而更好地满足班主任的个体发展需求。[4] 具体可以分为以下三个部分：首先，采用基于诊断—推荐的自主学习发展模式。智能技术有能力向班主任推送专门针对其需求的高质量教育资源，实现对高中班主任学习需求的精准匹配，从而为其提供支持，使高中班主任能够开展自主学习和研修，满足其个性化的发展需求。[5] 其次，采用基于共同体的协同发展模式。[6] 这种模式促使高中班主任

① 郝建江、郭炯：《新兴技术赋能教师专业发展：诉求、挑战与路径》，《开放教育研究》2023年第1期。

② 郝建江、郭炯：《新兴技术赋能教师专业发展：诉求、挑战与路径》，《开放教育研究》2023年第1期。

③ 崔允漷：《学校本位教师专业发展：框架及其意义》，《教育发展研究》2011年第18期。

④ 李阳、曾祥翊：《人工智能赋能教研高质量发展：智能精准教研的理论框架、实践蓝图与发展脉络》，《中国电化教育》2022年第11期。

⑤ 郝建江、郭炯：《新兴技术赋能教师专业发展：诉求、挑战与路径》，《开放教育研究》2023年第1期。

⑥ 郝建江、郭炯：《新兴技术赋能教师专业发展：诉求、挑战与路径》，《开放教育研究》2023年第1期。

形成一个共同体，通过共享经验、知识和资源，实现协同发展。最后，采用基于数据驱动的研究性发展模式。[①] 通过新兴技术，高中班主任能够利用数据进行研究性学习和发展。这种模式侧重于以数据为基础，通过全面的数据收集和分析，为高中班主任提供更深层次的理解和支持，推动其专业发展达到更高水平。

（四）新制度：创新机制，优化保障

教师专业发展在新空间、新模式、新要素下的有效实施和持续推进需要有系统的制度支持。为了实现这一目标，必须克服制度层面的障碍，打破固有的思维模式，改变传统观念，创新体制机制，并通过多方协同的方式来支持适应新时代的高中班主任专业发展。[②] 首先，需要超越班主任专业发展限于单一学校范围的限制，基于新兴技术的教师专业发展，打破原有的教师单一归属学校的体制机制壁垒，建立与完善教师归属于教育系统、服务于群体学校、统筹于县域的体制。[③] 其次，在高中班主任培训研修机制上需进行深刻的变革。通过利用新兴技术对高中班主任专业学习需求进行准确的诊断和分析，以及通过智能化的方式精准推送高质量教育资源，可以为高中班主任专业发展提供新的模式和途径。这使得高中班主任专业发展不再受制于过去的集中式、指令式的固定培训机制，而能够实现更为精细化、个性化的培训。[④] 最后，对高中班主任的专业成长评估体系进行全面革新至关重要。借助新技术的发展，可以构建

---

① 郝建江、郭炯：《新兴技术赋能教师专业发展：诉求、挑战与路径》，《开放教育研究》2023年第1期。

② 郝建江、郭炯：《新兴技术赋能教师专业发展：诉求、挑战与路径》，《开放教育研究》2023年第1期。

③ 秦玉友：《农村义务教育师资供给与供给侧改革》，《教育研究》2020年第4期。

④ 郝建江、郭炯：《新兴技术赋能教师专业发展：诉求、挑战与路径》，《开放教育研究》2023年第1期。

一个更加科学和精确的班主任评估体系。这包括引入各方参与者，如教研人员、学生和家长，参与到情境化评估、任务导向评估以及基于实践的评价中。这种多方参与的方式能够提高班主任工作评价的科学性和准确性。通过多角度评估，班主任可以获得更全面和深入的反馈，从而更有效地推进其专业成长和发展。[①]

（五）新理念：终身学习，跨界融合

在高中班主任的专业发展中，"终身学习"与"跨界融合"的理念尤为重要。这一新理念特别强调了新兴技术在教育领域的应用，鼓励班主任利用这些技术不断更新和扩展自己的教育技能。终身学习不再仅限于对传统教学和管理方法的掌握，而是包括对最新教育技术如人工智能、虚拟现实、大数据分析等的理解和应用。这些工具不仅能够提高教学效率，还能帮助班主任更深入地了解学生的需求和行为。同时，跨界融合的理念鼓励班主任打破教育与其他学科的界限，将诸如心理学、社会学、数据科学等领域的知识与教育实践相结合。例如，利用数据科学的方法分析学生的学习模式和行为，从而为学生提供更加个性化的教育支持。或者通过心理学的视角来理解学生的情感和社交需求，进而创造更加具有包容性和支持性的学习环境。这种以新兴技术为驱动的终身学习和跨界融合理念，不仅提高了班主任的教育质量，还使他们能够适应日益变化的教育环境。班主任通过实践这些理念，不仅能够提升自己的专业能力，还能更有效地促进学生的全面发展。

---

① 郝建江、郭炯：《新兴技术赋能教师专业发展：诉求、挑战与路径》，《开放教育研究》2023年第 1 期。

第二章

高中班主任培训课程的研究进展

第一节　班主任培训课程的概述

"班主任"是随着班级授课制的出现而产生的，《教育大辞典》中指出，班主任指的是在学校中全方位管理班级的教师。[①]《中小学班主任工作规定》中指出："班主任是组织班级工作的人员、指导班级进行集体建设的人员、带领中小学生健康成长的人员，也是进行中小学思想道德教育的核心力量，是促进家长和社区进行沟通的桥梁，是确保素质教育全方位展开的关键。"可见，班主任在学校教育中，是特殊的一群人，他们担负着多项责任，不仅要负责促进学生的学习、情感和社会发展，还要负责管理好班集体，推动家校社的合作与互动。

本书针对的是高中班主任培训。高中生学习的课程内容和学术要求相对更加复杂和深入，学生面临着更大的学习压力和挑战。因此，高中班主任更强调学术管理、课程选择和大学准备等方面的工作。家长和社会普遍认为，高中阶段对学生的未来发展有更大的影响，相比小学、初中班主任来说，高中班主任面临着家长和学生更高的期望和要求。

[①]　顾明远:《教育大辞典》，上海教育出版社，1998。

一、培训与班主任培训

在《教育大辞典》中，培训的定义是培养训练，也就是专门针对在职或者在业人员展开的训练或者短时间的再次教育，比如，师资培训、工人岗位培训等。

培训也指一种教育或指导过程，旨在帮助个人或组织获取特定的知识、技能、经验或能力。培训可以针对不同的目标进行，包括提高职业技能、提升工作绩效、解决问题、提高安全性，或实现其他学习和发展目标。

"班主任培训"是教育领域一个重要的概念。顾名思义，班主任培训是指对班主任的培训。它旨在通过为班主任提供系统的学习经验和学习活动，促进在职班主任在专业、学术和人格层面的全面发展。简而言之，班主任培训旨在适应社会发展趋势，满足教育和课程改革对教师专业化的需求。通过有计划地组织在职班主任参与各种层次和形式的学习活动，促使他们在专业、学术和人格方面取得可持续的进步和提高。[①] 班主任培训可以采用多种形式，包括研讨会、工作坊、在线课程、教材和实际体验。它的目标是提供班主任所需的知识、技能和资源，以便他们更好地履行其职责，支持学生的学术和情感发展。

二、高中班主任培训的意义与价值

2004 年 2 月 26 日，中共中央、国务院以中发〔2004〕8 号印发《关于进一步加强和改进未成年人思想道德建设的若干意见》。意见中指出："要完善学校的班主任制度，高度重视班主任工作，选派思想素质好、业务水平高、奉献精神强的优秀教师担任班主任。"为贯彻中央 8 号文件，2006 年，教育部颁布

---

① 徐宁瑜：《T 学院外语系教师培训体系设计》，硕士学位论文，西南交通大学，2011。

了《关于进一步加强中小学班主任工作的意见》（以下简称《意见》），指出：
"做班主任和授课一样都是中小学班主任的主业，班主任队伍建设与任课教师
队伍建设同等重要。"在《意见》中，教育部再次强调："中小学班主任是中小
学教师队伍的重要组成部分，是班级工作的组织者、班集体建设的指导者、中
小学生健康成长的引领者，是中小学思想道德教育的骨干，是沟通家长和社区
的桥梁，是实施素质教育的重要力量。"并且在班主任工作量的计算、班主任
津贴的发放等方面都做了明确规定，《意见》中强调："要将班主任工作记入工
作量，并提高班主任工作量的权重。各地要根据实际，努力改善班主任的待
遇，完善津贴发放办法。要适当安排班主任的教学任务，使他们既能上好课又
能做好班主任工作。"从政策上改变了过去"班主任工作只是副业，兼一兼、
代一代就行"的传统观念和做法。

2006 年，教育部启动实施《全国中小学班主任培训计划》以来，班主任
培训被纳入教师继续教育体系，班主任的专业培训如雨后春笋般竞相开展。国
家、省、市、县、校组织了各级各类的班主任培训，如全国中小学骨干班主任
培训、省百千万中小学名班主任培训等，不断激活班主任专业发展的意识，且
受到班主任的普遍欢迎。教育部 2009 年 8 月颁发《中小学班主任工作规定》，
第五章"培养与培训"中第十七条规定：教育行政部门和学校应制订班主任培
养培训规划，有组织地开展班主任岗位培训。第十八条规定：教师教育机构应
承担班主任培训任务，教育硕士专业学位教育中应设立中小学班主任工作培
养方向。国家对于班主任队伍建设包括高中班主任队伍建设的重视程度可见
一斑。

此外，立足学校的场域，高中班主任是学校文化的传播者和守护者。通过
培训，他们可以更好地了解学校的愿景和价值观，从而更好地传播这些价值观
给学生、家长和教职员工。这有助于提高学校的发展和凝聚力，确保学校能够
朝着既定的目标前进。培训还可以就家校关系展开，让高中班主任学会建立积

极的家庭和学校之间的合作关系，这种合作对于学生的成长至关重要，因为它可以促进家长和学校之间的有效沟通，更好地满足学生的需求。

最后，高中班主任培训有助于提高班主任的专业知识和技能，包括了解教育管理的原理、教育心理学、教育法律法规等方面的知识。在学校管理中，高中班主任需要处理各种与学生、家长和教职员工相关的问题，因此需要具备丰富的专业知识来更好地应对这些挑战。培训还可以帮助高中班主任掌握一系列管理和领导技能，包括团队管理、决策制订、问题解决和危机应对等。这些技能对于有效地管理班级事务和推动班级的发展至关重要。

现实中，绝大多数班主任都是渴望学习与发展的，他们迫切想要解决在现实教育中遇到的困难与问题，使他们能够在"做中学，学中做"。因此，在教育实践中开展教师教育，探索"以校为本"的高中班主任培训路径是非常明智和务实的选择。

综上所述，高中班主任培训有助于提高班主任的专业素养和领导能力，帮助其更好地管理班级事务、促进学生的综合素质发展，维护学生的权益，提高教育质量，促进家庭和学校之间的合作，从而对整个教育体系产生积极的影响。因此，高中班主任培训是教育领域中不可或缺的一部分，对学校和学生的综合发展都具有重要的意义和价值。

三、高中班主任培训现存的问题与挑战

尽管班主任培训正在逐年受到重视，但在当今国内外的班主任培训中还存在着一系列问题。这些问题可能因地区而异，但通常也包括一些普遍性问题，阻碍了他们更好地履行职责。本小节将对这些问题进行深入剖析，以期能够为全面提升班主任培训的质量提供改进方向和策略。

（一）课程内容过于理论化

已有文献研究显示，当前许多的高中班主任培训课程在内容方面仍然存在偏理论的问题。因为大多数培训都采用集中、大班的授课制，受制于这种培训形式，因而很多的培训往往过于泛化，偏重理论的讲解，缺乏实际操作的指导和练习，以致培训过后，高中班主任仍难以解决实际问题，包括学生管理、危机干预、家长沟通等。

理论化的培训学习，从一定的程度上可以帮助班主任更新教育理念，了解教育改革的前沿动态，但相对而言，实践指导性则不那么强。同时，因为培训的人数、场地等条件限制，使得培训形式单一，这也会影响班主任培训的课程设计。

（二）情感支持和心理健康培训不足

随着培训的不断推进，一些培训者已经留意到了培训课程的理论化问题，并开始尝试实践问题的解决，但目前仍主要停留在处理学生日常事务等方面。即便采用案例分析和经验分享、观察学习等方式，仍然是以经验传递为主，囿于经验性的班级管理知识学习。然而，随着时代的发展，当今的高中生比以往任何一个时代的孩子，都更需要情感的支持和心理的疏导，然而，我们的班主任还是缺乏相关心理健康教育方面的培训。高中生由于面临升学考试的巨大压力，同时又有青春期成长的适应性压力，导致在生活中常常出现各种情感和心理健康问题，这就需要班主任给学生提供情感支持，并懂得危机干预。这对于高中班主任培训来说，是重要的一部分，但目前仍存在不足。

（三）培训方式和手段单一

传统的面对面授课方式在一定程度上限制了班主任培训的灵活性和互动性。这种单一的培训方式难以满足不同班主任的学习需求，也无法充分激发他们的学习兴趣。因此，需要引入多元化的培训方式，如在线学习平台、研讨会、沙龙、实地考察等，以满足不同班主任的学习风格和时间安排需求。与此同时，当前的班主任培训，尤其是高中班主任培训，因为受制于工学矛盾的问题，常常难以深度展开，缺少培训的互动性。许多时候，依然是通过教师听、做笔记、反思等方式来进行学习，现场面授也成了合理的唯一培训形式。可以说，当前高中班主任培训的方式和形式单一问题，依然没有得到改善。事实上，小组讨论、角色扮演、问题解决等活动，实质上都能促进他们之间的交流与合作，从而增强培训效果。此外，可以在高中班主任培训中加入现代技术手段，如虚拟现实技术、在线协作工具等，创造更具创新性和趣味性的培训体验。

（四）培训资源不均衡

高中班主任的培训资源，相对于其他学科的教师培训或者其他学段的班主任培训而言，存在明显不足。这可能是因为长期以来，人们普遍认为高中生的自我管理能力强，所以班主任工作并不是非常重要，班主任的主要精力还是应放在学生的学习上。事实上，这种错误的认识已经持续性地影响了高中班主任的培训工作，包括培训资源的建设工作。

当前，在国内的各大培训平台上，针对高中班主任的专门培训资源仍然是有限的，亟待开发。同时，横向来说，各地域、各学校的培训资源也存在着不均衡的现象。一些地区和学校由于条件限制，无法提供高质量的培训资源，导致班主任在培训中面临知识和信息的匮乏，未来亟待加强高中班主任培训资源的整合和共享。

（五）培训评估体系不完善

培训结束后的评估是培训体系中至关重要的一环，但迄今为止，所有教师培训的成效性评估始终存在不完善的问题。尽管已有一些机构在尝试和探索，甚至还引进了第三方的评估机构，但依然无法科学地评判培训究竟起到了多大的效用。大部分培训机构采用学员的反馈意见和满意度评定来评价培训，而至于培训对教师、班主任本身的专业发展到底起到了多大的成效，对教师所在学校、所教学生又起到了怎样的成效，关于这些成效都鲜有科学而全面的评估体系。

可以说，当前所有教师的培训，当然也包括高中班主任的培训，其成效的评估仍然存在很大的发展空间。缺乏有效的评估和反馈，对于改进培训课程、培训内容和培训方式也是有制约的。

（六）缺乏持续的培训机制

很显然，一次性的培训既难以满足高中班主任不同阶段的需求和成长，更无法持续性地对班主任的专业予以支持，产生持续性的培训效用。然而，当前的大多数培训，都以短期集中为主，短、平、快成了当前高中班主任培训的主要特点。大家都认为，只要听几节课，就能更新理念、改变方法，提升水平。事实上，这都是关于培训的理想。真正有效的培训，一定是持续性的。

高中班主任都是在职教师，成年人的教育要想产生成效，比儿童接受学习来产生变革要难得多。要想高中班主任产生变革性的成长，不仅需要一定的时间周期来持续性接受学习，更要通过实践来予以变革行为。为此，未来期待能制订定期的培训计划，提供进阶课程和专业领域的深度培训，同时，可以建立职业发展规划和导师制度，为班主任提供个性化的职业指导和支持。通过持续的培训机制，不断提升班主任的专业水平。

四、高中班主任培训课程的主要类别

随着教育界对班主任培训重视度的逐年上升，现在国内外的班主任培训如雨后春笋般相继展开，以下是常见的班主任培训课程内容：

（一）教育管理与领导力培训类

这类课程主要关注班主任的管理和领导能力的提升。它们通常涵盖教育管理理论、组织管理、沟通技巧、决策制订等内容，旨在培养班主任的领导潜力和管理技能。班主任在学校中通常扮演着多层次的领导角色，从班级管理到协调学校活动，与学生、家长、同事和学校管理层互动。这类培训通常着重培养班主任多层次领导能力。

（二）人际关系技能培训类

这类课程主要关注班主任与学生、家长和同事建立积极的人际关系的能力，通常强调人际关系和沟通技能的培养，包括解决冲突、积极倾听和建立支持性关系等方面。

（三）教育心理与情感辅导培训类

这类课程重点关注班主任在学生心理健康支持和辅导方面的能力培养。班主任在学生心理健康和情感支持方面扮演着重要角色。培训内容包括心理学基础知识、情绪管理、学生辅导技巧、危机干预等，以提升班主任的心理辅导能力。培训课程通常关注情感智能的发展和如何为学生提供情感支持，以帮助班主任更好地理解与支持学生的情感和心理需求。

（四）专业学科教学与课程设计培训类

这类课程侧重于培养班主任的学科教学知识和能力。它们涵盖了课程设计原则、教学方法、评估策略等内容，以帮助班主任更好地设计和实施教学计划。教育领域不断发展，需要班主任不断更新知识和技能。因此，班主任培训

通常鼓励班主任持续提高专业发展能力，包括参加研讨会和培训课程。

（五）校园文化和特色教育培训类

这类课程旨在培养班主任对校园文化建设和特色教育的理解和实践。涉及校园文化塑造、学校特色课程开发、校本教研等内容，以推动学校整体发展和提升教育质量。

（六）家校合作与家庭教育培训类

这类课程关注班主任与家庭的合作与沟通。培训内容包括家庭教育理论、家校合作模式、家长沟通技巧等，以帮助班主任建立积极的家校关系，促进学生的综合发展。

（七）多领域综合知识类

这类培训课程内容涵盖多个领域，包括教育法律、学生发展心理学、班级管理、文化多样性、情感智能、家庭沟通等。例如，由于涉及学生和家庭的权益，班主任培训通常会包括教育法律和伦理问题的培训。这种多领域的知识培训与单一学科的培训不同，是为了确保班主任具备综合性的知识。

（八）个性化培训类

考虑到每位班主任的需求和背景不同，不同班主任面临着不同的挑战和需求，因此班主任培训课程通常具有一定程度的个性化，以满足不同班主任的需求。

（九）实践导向和情景模拟类

班主任培训通常强调实际应用和实践技能的培养。这类课程通过实地观察、模拟情景、导师指导和案例研究等方式帮助班主任将所学知识转化为实际行动，以应对各种挑战和问题。

上述各类课程具有一定的重叠和交叉，许多培训机构会根据多种内容来提供综合性的班主任培训。此外，还有一些课程会采用研讨会、案例分析、角色扮演等互动的教学形式，以提供实践和参与的机会，帮助班主任学以致用。需要注意的是，每个培训机构和课程的具体特点可能有所不同，每个班主任的需求也不尽相同。在选择合适的班主任培训课程时，可以考虑培训内容的相关性、实用性、实施形式以及师资力量等因素，以满足个人的培训需求和职业发展目标。

第二节　班主任培训课程开发的概述

培训质量的保障取决于培训课程的设计。2009年，教育部组织"知行中国——中小学班主任教师培训"项目，在全国10省（市）首批实施"国培计划——骨干班主任教师培训"项目，并委托6所部属师范高校实施培训。随后，各省市教育行政部门开展了各级各类班主任培训，已形成"以学校及区县级培训为培训主体、国家级培训为指导、市级培训为依托的培训体系"。① 纵观当前国内外的班主任培训项目，不难发现，班主任培训课程的设计主要遵循以下步骤：培训需求分析、培训课程的目标定位、培训课程的内容选择、培训课程的方法设计再到培训课程的实施与评价。

---

① 迟希新：《班主任培训应立足其专业发展需求》，《教育理论与实践》2008年第4期。

一、高中班主任培训的需求分析

培训需求分析是指在进行培训计划前，系统地研究和评估组织或个体的培训需求，以确定培训的目标、范围和重点。它是对培训对象的知识、技能和态度进行的全方位的了解和分析。对于高中班主任培训来说，需求分析是确保培训方案切实满足班主任专业发展需求的关键步骤。具体而言指的是，在高中班主任的职业生涯阶段，发现他们在专业知识、专业能力和专业情感方面的水平未能达到组织和教育教学现状或理想教育目标的要求，因此产生了继续学习的需求。教师培训需求分析模型，体现了教师专业特质、要求对教师培训需求获取方法以及需求分析路径的抽象描述，阐明了整个需求分析的路径及分析与获得需求的方法，是培训预设、实施及评估的基础。[①]一般来说，需求分析可以从两个视角出发来予以展开：

（一）基于班主任专业发展的需求分析

不同的教龄、学历、专业、个体差异和所在学校环境等内外因素导致了高中班主任在专业发展阶段和程度上存在差异。这种差异性直接影响到高中班主任在职培训中的需求及侧重点。高中班主任除了在日常承担班主任事务和班级管理工作、处理突发事件之外，还面临学科教学任务、考评、科研任务、各级各类不同类型的教研活动等工作，这使得班主任的工作任务相当繁重且琐碎。由于高中生都面临着很大的升学压力，这也就导致高中班主任常常在进行班级管理之余，还要关注学生的学习、心理、情绪、情感等方面的发展。因此，从班主任的专业发展需求而言，高中班主任的培训课程应该比小学更加广泛，也

---

① 申军红、王永祥、郝国强：《教师培训需求分析模型建构研究——以海淀区中小学新任班主任为例》，《教师教育研究》2016 年第 6 期。

更加具有发展指导的意义。与此同时，高中班主任的培训还需要根据不同教龄、学校类型等进行分级分类，培训前还应进行培训时间、地点、内容需求的前测调查。从班主任任职的年限、班主任工作实际需求以及班主任未来发展的所需等方向，多维度展开需求的分析。目前，采用较多的是 OTP 培训需求分析模型。这一模型提出对参培者从三维，即组织（Organization）、任务（Task）和人员（Person）展开需求的分析，把参与培训的班主任的个体发展与组织发展联系起来，对培训需求进行合理宏观的规范分析。[①] 未来值得进一步探索和实践。

（二）基于高中生全面发展的需求分析

班主任工作应该始终坚持以学生为本，因此，高中班主任的专业发展也应该围绕高中生的全面发展而展开。

首先，高中生有高中生独有的特点。班主任需要对这些特点进行深刻理解。对于高中生而言，他们正处于身心发展的关键期，面临着性格逐渐稳定、价值观形成巩固、自我意识继续增长、创新思维飞速发展的阶段，同时也面临着更为复杂的情感、学业和职业选择等问题。因此，班主任的培训需求应基于这一特殊年龄段的学生心理和发展特点，从学生发展出发，来调查了解班主任专业发展的需求。

其次，随着信息技术的飞速发展，学生的学习方式也在发生变革。传统的教学模式已不能完全满足学生的需求，班主任需要掌握新的教育技术和方法，使之能够更好地引导学生进行自主学习，培养创新思维和解决问题的能力。因此，培训计划应包括现代教育技术的应用、个性化教学方法的运用等方面的内容。

另外，社会的多元化和国际化也使得高中生正在面对多元的文化和价值

---

① 宫傲：《上海市民办高校新教师入职培训需求调查研究》，硕士学位论文，上海师范大学，2017。

观。因此，高中班主任需要具备跨文化沟通的能力，了解多元文化对学生的影响，引导学生拥抱多元文化，培养跨文化意识。同时，当前高中生的心理健康问题日益突出，班主任还需要具备一定的心理辅导能力。培训计划应涵盖心理健康教育、危机干预技能等方面的内容，使班主任能够更好地应对学生的情感、人际关系等方面的问题。

最后，培养学生的综合素养已经成为教育的重要目标。因此，高中班主任的培训需求还应包括如何引导学生培养团队协作、领导力、创新能力等方面的知识和技能，以更好地促进学生的全面发展。

总之，基于学生的发展，深度分析高中班主任的培训需求，应包括对学生心理和发展特点的深入研究、现代教育技术和方法的应用、跨文化沟通和国际视野的培养、心理辅导和危机干预技能的提升，以及培养学生综合素养的能力等多个方面。

二、班主任培训课程的设计

（一）培训课程设计的理论基础

关于培训课程的设计，当前存在着各种理论流派，重点来说，主要包括两大类型，一种是以教师专业发展理论为基础，另一种是以成人学习理论为基础。

1. 教师专业发展理论

教师专业发展是指教师在职业生涯中，逐渐提升自身素养、知识、技能和教学方法，丰富和完善其内在专业结构以适应不断变化的教育需求和学生群体的过程，[①] 它是促进教学质量提升和教学改革的关键环节。教师专业发展涉及

---

① 朱旭东：《中国教师教育体系研究》，北京师范大学出版社，2020。

49

持续的学习、自我反思和专业共同体的参与，使教师能够不断改进教学实践，适应新的教学方法和工具，并更好地应对不断发展的教育环境。随着教育信息化的不断发展，教师应具有现代化的信息技术知识，这是当代人素质的体现，也与个人专业发展密切相关。[①] 目前，许多的班主任培训课程设计均依据教师专业发展的理论，围绕教师应该具备的知识、能力等展开培训。

2. 体验式学习理论

体验式学习理论强调通过亲身经历与参与活动来获得知识和技能。这一理论的核心观点是学习不仅仅是接收信息，更是通过实际体验、实践和参与来建构知识。在古希腊时期就已经出现了体验式学习的哲学根源，苏格拉底表示，教学过程中的知识传达到学生内心是学生基于自我内心进行了解和分析，而不是通过教学或者直接到达的。在"形而上学"中亚里士多德将蜡块印章比作感觉得到的机理和阶段，并认同了认识的根源在于感觉。随后培根、洛克等大部分学者对知识来自经验进行了分析，并且在教学活动中加入了体验。[②]20世纪初，教育家约翰·杜威提出了经验教育理论，为体验式学习奠定了理论基础。他认为，学习应该是基于实际经验的，而不仅仅是书本中的知识。他主张学生通过参与问题解决、实地考察和社会互动等方式，使学习变得更有意义和深刻。

事实上，体验式学习思想在我国也有着悠久的历史。朱熹认为，学习的方法有博学之、审问之、慎思之、明辨之、笃行之，这进一步重申了学习中最关键的环节是学以致用。魏晋时期的玄学家提出"穷理得意"的教学过程观，表示只有认识了文字之后才可以进行学习，然后在外部的世界使用所学到的知识，进而进行了解和分析，该内容对于所有事物的全面体验和把控更为关注。

---

① 教育部教师工作司：《小学教师专业标准（试行）解读》，北京师范大学出版社，2013。

② Liu C J, "On the Philosophical Grounding of Experiential English Teaching," *Journal of Huzhou University*, 2015.

明朝时期王守仁提出的"知行合一"的理论中反复强调要知中有行、行中有知。近代的陶行知提出了"教学做合一"，蔡元培号召教师应当关注激发学生的个人兴趣，胡适提出"知即从行来，即在行里，行即从知来，又即是知"等观点，都体现了体验式学习思想。

无论国内还是国外，体验式学习理论在学校教育中都得到了实践应用，并且拓展到了培训领域。目前，大多数班主任培训课程设计也会纳入体验式学习，开发了班主任参访、自主体验、合作探究等课程形式，丰富了传统的培训课程。

（二）培训课程的目标定位

有效的学习始于准确理解所需达成的目标，任何一种有意义的学习都离不开目标的指引。课程目标是课程设计的方向，也是统领课程内容的灵魂，其对于制订课程内容、选择培训方式、评价培训效果等起着决定性的指导作用。对于高中班主任培训课程设计而言，目标的准确定位十分关键。只有厘清目标与培训主题之间的关系，才能构建高质量的培训课程体系，为高中班主任队伍建设夯实基础。

1. 目标确立的逻辑

高中班主任培训旨在引领班主任在不断学习、实践和反思中积累经验，逐步形成个人独特的教学理念和管理风格。培训课程目标的确立也应以此为逻辑起点，运用"以终为始"的理念，全面考虑班主任成长的需要。

课程目标应该明确、可衡量，在对培训对象的培训需求进行准确分析和把握的基础上进行归纳和整合，形成培训主题。基于培训需求分析而设计的培训主题，聚焦于培训将要解决的主要问题。确定培训主题是培训设计过程中的重要环节，它对后续的目标设定和课程设计具有指导性作用。培训主题确定后，需要将培训主题具体化，确定培训要完成的任务以及要达成的预期结果，这就是确定培训目标，主要表现为培训对象的变化、提高和发展程度。[①] 从培训需求出发，确定培训主题和培训目标，然后确定培训内容、设计培训课程，是一个循序渐进的过程，每一个环节都是下一个环节的前提和基础，规定着下一个环节的内容和方向；反过来，每一个环节都是前一个环节的逻辑必然，是前一个环节的具体化，是从更具体的实践操作层面对培训规范化。

2. 目标确立的价值取向——能力取向

高中班主任培训课程作为客体以其自身所具有的育人功能和实践取向，在与教师互动的过程中，满足教师获得专业成长的需求；同时，教师作为高中班主任，自身专业发展对课程的需要，使得课程努力做出调适以对应主体的需求。正是在这种密切的主客体关系互动的过程中，课程价值得以体现。这种价值选择并非个体的价值倾向和标准，而是反映了国家教师培训的主导思想，是某一时期教师培训主流意识形态的具体体现。

随着教育改革的深入，社会各界对教师的专业能力提出了更高的要求。班主任作为班级管理的主要负责人，在提升教育教学能力的同时还需注重班级管理能力的培养，以适应教育改革的需要。因此，在设计高中班主任培训课程时，应将能力取向作为目标制定的价值选择。

"能力"一词起源于拉丁文"Competere"，指的是"合适的、适宜的、适当的"，在心理学领域，用于推断个体对环境的某种要求做出反应的能力。[②] 在教育学意义上，能力取向下班主任培训课程要通过纳入新理念、新知识、新技术、新经验、新方法来提高班主任岗位能力；此外，班主任培训课程不仅要注重个体能力的提升，还要观照高中名班主任工作室等能力型组织的建构。能力取向下的高中班主任培训课程应该具备如下特征：第一，实践性，培训内容

[①] 唐良平：《中小学教师培训项目课程设计的逻辑》，《教师教育论坛》2017 年第 10 期。

[②] 张正超、顾小清：《能力取向的终身学习及其评估认证现状》，《远程教育杂志》2009 年第 6 期。

应紧密结合班主任的日常工作，注重实际操作和案例教学，使班主任能够将所学知识直接应用于实践中；第二，系统性，培训课程应涵盖高中班主任所需的各种能力，如班级管理、学生心理辅导、家校沟通、法律知识等，形成系统的培训体系；第三，多元性，课程应涵盖多样化的教学资源和教学方法，包括专家讲座、同行互助、案例分析等，以丰富学习体验。

3. 目标确立的依据

培训课程在目标设计时应始终将参训教师作为培训课程的出发点与落脚点。[①] 布鲁姆教育目标将学生认知过程维度划分成知道、理解、应用、分析、评价以及创造六个阶段。[②] 依据此分类，基于教师的认知规律与发展水平，我们可以将目标划分为以下三个层面：意识态度、核心技能以及思维方法。在核心技能层面，需要明确高中名班主任的"核心能力项"，构建培训目标体系，重点考虑班集体建设、班级活动组织、学生发展指导、沟通与合作等方面的内容。在此基础上，需要进一步细化二级指标，如将班集体建设细分为思想教育、日常管理、环境建设、班风建设，将班级活动组织细分为班会活动、团（队）活动、文体活动、社会实践活动等。目标体系的构建，实质是将对学生的立德树人培养目标转换为班主任的班级管理和教育能力标准。[③]

（三）培训课程的内容设计

《中小学教师专业标准（试行）》将教师专业发展分为专业理念与师德、专业知识和专业能力三个维度。从这三个维度的角度来看，高中班主任培训课程

---

① 何泳忠：《改革教师培训模式 促进教师专业化发展》，《教育研究》2014 年第 1 期。

② Bloom B.S, *Taxonomy of educational objectives: Handbook I: Cognitive domain*, (New York, N. Y: David Mckay, 1956).

③ 王廷波、于伟、卜庆刚：《定调子·照镜子·开方子：走向个性化的中小学班主任培训》，《中小学管理》2019 年第 7 期。

的设计也需要考虑以下两点：首先，班主任成长素养应该具有全面性，培训课程的设计应该从这三个维度出发；其次，根据培训的主题和学时，在选择维度时需要有所侧重。

1. 课程内容的选择

培训课程内容的选择要依据当前课程改革所处的阶段和教师的培训需求，重视课程内容的逻辑结构和心理结构，采取集体审议的方式，构建符合教师培训需求的主题式培训课程。[1]高中班主任的素质结构包括广泛的教育知识、教学技能、学科专业性、学生管理和情感管理等方面。

近年来，在设计班主任培训课程时，应更多地考虑涵盖到以下关键领域：（1）学科知识与教学技能：深入学科知识的更新与提升、教学方法和策略的创新（包括多元化的教学技巧、课堂管理和组织技能的培养）；（2）学生管理与班级管理：班级纪律与行为管理、学生辅导和心理健康支持、团队合作与班级文化的建设；（3）教育心理学和情感管理：学习关于学生发展阶段和心理特点的知识、情感智力和情感管理技能的培养，以更好地了解和应对学生的情感需求；（4）家校合作与沟通技能：建立积极的家校合作关系、有效的沟通和家庭支持策略；（5）危机处理和紧急情况管理：提供危机管理的基本知识和技能、制订有效的紧急情况计划；（6）团队协作与领导力：团队协作技巧和领导力发展、如何在班级中建立团队合作和共同目标。

2. 课程内容设计遵循的原则

除了具有课程设计的一般原则，如科学性、针对性、知识性、指向性，能力取向下的班主任培训课程设计还应遵循以下原则：

（1）对话性原则

一是重视培训课程与参训教师之间的对话和交流。培训课程应该是一个

---

[1] 刘径言：《对教师培训课程设计的思考》，《东北师大学报（哲学社会科学版）》2013 年第 6 期。

互动的、双向的沟通过程，而不仅仅是一个单向的知识传授过程。培训者应该倾听受培教师的声音，了解他们的实际需求、困惑和挑战，然后根据这些信息来设计和调整培训内容。同时，受培教师也应该积极参与到培训过程中，提出问题、分享经验，提高自主反思意识，主动为自己创造个性化的培训课程的空间。

二是要重视参训教师之间的互动交流与经验分享。在对话中，教师可以提出自己在教育实践中遇到的问题和挑战，并共同探讨解决方案。同时，通过分享彼此的成功经验和教学策略，教师可以相互学习，取长补短，共同提高。此外，对话性原则还能够促进教师之间的情感交流，激发出更多的教育智慧与创新思维，建立起积极向上的教育共同体，共同为学生的全面发展贡献力量。

（2）实践性原则

遵循实践性原则，意味着培训内容应紧密联系班主任的实际工作，强调理论知识与实际操作的有机结合。实践性原则要求培训课程从高中班主任在班级管理、学生指导、家校沟通等方面遇到的具体问题出发，提供切实可行的解决方案和策略。通过案例研讨、角色扮演等形式，使班主任能够在实际操作中深化理解、提升能力。此外，实践性原则还鼓励班主任将培训中学到的知识和技能及时应用于日常工作中，通过实践检验培训效果，形成良性循环。综上所述，高中班主任培训课程内容设计要遵循实践性原则，以确保培训成果能够真正转化为班主任的实际工作能力，提高教育质量。

（3）针对性原则

高中班主任培训课程内容应在前期需求分析的基础上，有针对性地设置目标和课程内容，完成从需求到目标、课程内容、方式方法的转化。针对班主任在班级管理和学生指导中遇到的具体问题和挑战进行设计，提供有针对性的知识和技能培训，帮助班主任解决实际问题，提高工作效率。此外，培训课程的具体内容要根据班主任的工作经验和能力水平进行差异化设计，以满足不同层次班主任的学习需求。综上所述，高中班主任培训课程内容设计要遵循针对性原则，以确保培训内容能够紧密贴合班主任的实际工作，为其提供真正有用的指导和支持。

（四）班主任培训的模式

培训模式是指基于学习理论和培训理念，为保证培训活动高效有序开展而采用的逻辑程序。[①] 为避免传统集中式授课模式导致培训效果不显著的问题，高中班主任培训可以根据实际情况在各个培训级别采用不同的培训方式，如混合式培训、任务驱动式培训、网络课程培训等，以确保培训内容全面、实用、互动性强。以下是一些有效的培训模式：

1. 混合式培训

混合式培训是指参与式培训、专题讲座与自主研修相结合。建构主义、混合学习理论以及参与式教学方法都为混合式教师培训提供了理论依据与支持。[②] 参与式培训主要有世界咖啡、培训沙龙、头脑风暴、翻转式培训体验、团队建设体验和微培训等形式。主题性的学习主要采取专题讲座形式，在有限时间内传递更多培训信息。

其中，参与式培训作为一种互动性和实践性较强的培训方式，能够提高参训教师的学习积极性和兴趣。通过模拟真实的教育场景和实践活动，班主任能够将所学知识直接应用于工作中，此外，小组讨论、角色扮演等活动有助于提高班主任之间的团队合作与沟通能力；头脑风暴、问题解决会议等活动能够激发班主任的创新思维，提高其解决问题的能力。通过实际操作和反思，班主任能够更深入地理解和吸收培训内容。

---

① 王冬凌：《构建高效教师培训模式：内涵与策略》，《教育研究》2011 年第 5 期。

② 唐烨伟、王梦雪等：《混合学习环境下智慧型教师培训模式研究》，《电化教育研究》2015 年第 8 期。

尽管参与式培训模式在提升高中班主任的专业发展方面具有显著优势，但该模式仍伴随着一些固有局限性，需要在实施过程中予以考量：参与式培训通常需要更多的时间来组织和管理，可能会增加培训的时间成本；实践性强的活动需要足够的资源和设施来支持，如小组讨论的空间、模拟演练的道具等；由于班主任的经验和能力水平不同，参与式培训可能难以满足所有参训教师的需求。

2. 任务驱动式培训

任务驱动式培训是指教师有着明确的任务活动，通过自主探索与协作交流完成指定任务，通过将所学知识与原有经验相结合的方式促进自身的专业发展。[①] 在高中班主任培训课程中，任务驱动式培训的类型包括：

（1）项目式培训

班主任需要完成一个具体的校园项目，如组织一次家长会、策划一次班级活动等，可通过项目实施来学习相关的知识和技能。

（2）案例研究

培训主办方可以选取一些真实案例让班主任分组进行分析，并进行个人汇报分享，让参训教师能够通过具体情境了解解决问题的方法。也可以让参训班主任将自己工作过程中遇到的棘手事件分享给大家，供大家一起讨论，促使参训教师思考并应用理论知识到实际工作中。

（3）问题解决工作坊

针对具体的教育问题，班主任在工作坊中通过讨论、研究和实验来寻找解决方案。

（4）反思日志

要求班主任记录自己在班级管理中的实践经历，并进行反思，以促进个人

① 张莉、马云鹏：《任务驱动式教师培训中的教师知识学习》，《教育科学》2016年第4期。

专业成长。

任务驱动式培训是一种注重实际任务和问题解决的培训方法，强调参训教师通过实际工作来学习和应用知识与技能。这种培训方式有如下优点：任务驱动式培训将学习紧密结合实际工作，使参训教师能够学以致用，以提高实际工作的效果；通过任务驱动的培训方式，参训教师更容易感受到学习的实际需求，从而激发学习的主动性和兴趣，提高学习积极性；通过任务实施过程中的实时反馈，参训教师可以及时了解自己的表现，并在培训过程中不断调整和改进。

尽管任务驱动式培训在促进高中班主任的专业发展方面显著有效，但该模式同样伴随着一些固有局限性：有些主题并不适合完全采用任务驱动式培训，尤其是涉及基础理论和概念的内容，需要更传统的教学方法；由于实际工作通常会涉及多个方面，参训教师可能无法深入研究某个特定领域，导致对某些知识和技能的深度理解不足；一些参训教师可能更喜欢结构化的学习方式，而任务驱动式培训对于一些参训教师而言过于自主和开放，会导致学习效果的差异较大。

概言之，在设计高中班主任培训课程模式时，可以结合多种方法的优势，灵活运用，并考虑到具体培训目标和参训教师的特点，综合运用不同的培训方法以达到更好的培训效果。

三、班主任培训课程的开展

（一）培训课程的具体实施

根据班主任的培训需求，结合现有资源设计好课程之后，就需要拟定好详尽的实施方案，将集中面授、网络研修、校本研修、现场实践、教师教育联动发展共同体牵引等方式有机结合进行。明确阶段建设和发展任务，采取分阶段集中培训、分时期网络研修结合校本研修的方式，充分调动各方资源，分层次、分梯队对高中班主任进行培训，全面覆盖组织、管理、示范、应用、研究、指导、评价等职能。[1]

为保证培训的效果，培训结束后可以通过定期回访、线上平台交流、现场指导等方式对参训班主任的培训过程和学习结果进行及时的跟踪、诊断与指导。

（二）培训课程的效果评价

对班主任培训课程的效果评价通常可以从课程评估和效果评估两个方面进行。

1. 课程评估可以从以下几个方面展开

①课程设计和内容

课程设计和内容的评估是确保培训质量和学员学习效果的关键环节。评估课程设计和内容需要综合考虑多个方面，以确保其对学生的学术和综合能力的培养具有有效性和可持续性。要评判一个课程是否会有良好的收效，首先得评估课程是否设定了明确的学习目标，这些目标是否与培训对象（班主任）的职责和需求相符。其次是课程的结构，要考察课程是否合理划分为模块或单元，以确保学员能够逐步建立知识体系。最后是案例分析和实例。一期合理有效的班主任培训课程必须包含实际案例和例子，以帮助学员更好地理解理论知识并将其应用到实际情境中。同时要关注课程设计的清晰性和合理性。评估者可以审查课程大纲、教学计划和培训目标，以确保它们明确、具体，并且符合学科发展趋势和学生的实际需求。清晰的课程设计有助于参训教师形成全局性的认

---

① 张雨晴:《基于基准性胜任力的教师培训课程开发——以信息技术应用能力提升工程 2.0 项目为例》，硕士学位论文，华中师范大学，2020。

知。课程内容的更新性和实用性也是评估的重要方面。课程内容应该反映最新的实践发展，以确保学员获得的知识和技能具有现实意义。

评估课程设计还需要考虑到多样性和灵活性。一个成功的课程应该能够适应不同学员的学习风格和能力水平。课程设计者可以通过引入多种教学方法，如讲座、小组讨论、实验、项目作业等来满足学员的多样化需求。另外，评估者可以关注学员在课程结束后的综合表现。通过考察学员在实际应用中的能力表现，例如，实训或项目设计，可以更全面地评估课程对学员综合素养的影响。

反馈机制在课程评估中也是至关重要的一环。定期收集学员对课程设计和内容的反馈，包括课程满意度、难易度感受、改进建议等，有助于及时调整和改进课程。

综上所述，评估课程设计和内容需要全面考虑课程的结构、内容的实用性、多样性、学员参与度以及综合效果。通过持续的评估和反馈机制，可以不断优化课程，提高教学质量，确保参训教师成为具备实际能力和综合素养的专业人才。

②教学方法

教学方法的评估是一个复杂而关键的过程，需要综合考虑多个因素，以确保参训教师在学习过程中能够充分理解和应用知识。首先，教学方法的评估可以从互动性角度入手。一个成功的教学方法应该能激发学员的兴趣，引导他们参与到课堂活动中。通过观察学员的参与程度、提问和回答问题的频率以及小组讨论的质量，可以初步评估教学方法的互动性。如果学员积极参与，交流活跃，则表明该教学方法成功地促进了学生与所学内容的互动。

多样性是评估教学方法的另一个重要维度。教学方法的多样性涉及在课程设计中使用多种教学手段，以适应不同学生的学习风格和需求。可以通过检查课程材料的种类，包括文字、图像、视频等，以及教学方法的多样性，如讲座、小组讨论、实地考察等来进行评估。多样性有助于吸引不同学生，使得课程更具包容性。从评估的角度看，反馈机制也是不可忽视的因素。一个有效的教学方法应该提供及时的、有针对性的反馈，以帮助学员纠正错误、加深理解。可以通过观察教师是否主动给予学员反馈，或者学员是否有机会在学习过程中得到实时的评价来进行评估。

在教学方法评估的过程中，需要采用定性和定量相结合的方法，结合学员、培训者和课程设计者的反馈，形成一个全面而客观的评估体系。这样的评估有助于发现教学方法的优势和不足，为进一步改进提供有效的指导。最终，一个成功的教学方法应在知识传递、兴趣激发、能力培养和态度塑造等方面取得平衡，实现全面的培训目标。

2. 效果评估可以从以下几个方面展开

班主任在学校中扮演着至关重要的角色，他们负责学生的全面管理，因此，对于班主任的培训显得尤为重要。评估班主任培训课程的培训效果是确保培训能够实现预期目标的关键一环。

班主任培训评估应该从培训前、培训中和培训后三个阶段进行综合考察。

①培训前

通过调查班主任的基础知识、技能和态度，可以建立一个基准，用以与后续的培训效果做对比。这可以通过问卷调查、面试、观察等方式收集数据，评估参与培训班主任的现有水平和需求。

②培训中

要确保培训内容的多样性和实用性。评估者可以观察培训课程的教学方式，包括讲座、案例分析、角色扮演等，并通过参与班主任的互动、讨论等方式评估培训内容对于提升他们的管理和关怀能力的实际效果。此外，及时收集培训过程中的反馈，了解班主任对培训内容的理解程度、学习兴趣以及能否学以致用。

③培训后

主要通过两个方面来评估培训效果：知识与技能的掌握以及态度与行为的改变。知识与技能的掌握可以通过考试、实际操作、项目作业等方式进行量化评估。例如，可以考察班主任在处理学生问题、与家长沟通、危机管理等方面的能力是否有所提升。同时，通过定期的观察和实地考察，评估班主任的实际工作表现，包括在班级管理、学生关怀、学科指导等方面是否能够灵活应对，达到预期的培训效果。

此外，还可以通过360°反馈来综合评估班主任的态度与行为的改变。通过收集来自同事、学生、家长等多方面的反馈信息，可以更全面地了解班主任在培训后的综合素养和影响力。这种方式不仅可以帮助评估者更客观地看待培训效果，也能够为班主任提供多元化的发展建议。当然，培训效果的评估也需要考虑到长期效果。班主任培训的目标会长期影响他们的工作，因此，可以通过跟踪调查、追踪观察等方式，了解班主任在一段时间内的工作表现和发展状况，从而更全面地评估培训的可持续性。

评估班主任培训课程的培训效果也需要注重定性研究。包括了解班主任在培训后的自我认知、专业发展意愿、团队协作能力等方面的变化。可以通过深度访谈、焦点小组讨论等方式，收集班主任的主观感受和经验分享，进一步补充定量评估的不足，使评估更加全面深入。

综上所述，评估班主任培训课程的培训效果需要从多个角度、多个阶段进行综合考察，包括培训前的需求分析、培训中的教学方式和反馈机制、培训后的知识与技能掌握、态度与行为的改变，以及长期的影响和定性研究。通过系统而全面的评估手段，可以更好地了解培训效果，为班主任的专业发展提供科学依据。

班主任培训课程的设计、开发与实施对于学校的发展和学生的成长有着深远的影响。首先，通过提升班主任的专业素养，可以增强学校管理的科学性和有效性。优质的班主任团队能够更好地协调学生、教师和家长之间的关系，营造更加和谐的学校氛围。其次，良好的班主任培训活动有助于促进学生的全面发展。班主任在学生日常生活中扮演着导师和引导者的角色，他们的素养和能力直接关系到学生的成长。通过培训，班主任可以更好地关注学生的个体差异，更有效地引导学生发展自身潜能，促进学生的全面成长。班主任培训的设计、开发与实施也是学校建设学习型组织的一项重要举措。培训可以激发班主任的学习兴趣和学习动力，推动他们不断提升自身的专业水平，有助于形成积极的学习氛围，促进学校全体成员的共同进步。

总之，班主任培训课程的设计、开发与实施对于学校和学生的发展至关重要。科学合理的设计、实用性强的培训内容以及多样化的培训方法将有助于提升班主任的专业素养，进而促进学校管理的科学性和有效性，推动学生的全面发展，以及促进学校建设学习型组织。

第三章

高中名班主任核心素养的指标体系构建

第一节　高中名班主任核心素养的概念

2009 年，教育部颁布了《中小学班主任工作规定》，其中提到"班主任是中小学的重要岗位，从事班主任工作是中小学教师的重要职责"，班主任是指学校中全面负责一个班级学生思想、学习、健康和生活等各方面事务的教师。在高中阶段，班主任对于提高班级凝聚力，促进学生各方面的发展扮演着中流砥柱的作用。2022 年，教育部印发的《义务教育课程方案和课程标准（2022 年版）》提出了"课程建设要以核心素养为导向，要将核心素养落地"，这被视为我国教育改革的中心任务。核心素养由文化基础、自主发展和社会参与三个部分组成，其中文化基础包括人文底蕴和科学精神，自主发展包括学会学习和健康生活，社会参与包括责任担当和实践创新。班主任核心素养是指在教学工作中班主任应该具备的基本素质和能力，以便于更好地履行教育管理和学生辅导的职责。班主任作为教学工作的主要引导者，核心素养是其必备的素养。

第二节　指标体系构建的主要原则

一、目标一致性原则

以核心素养为本的高中名班主任的培养总目标为促进高中名班主任核心素养的发展，实现高中名班主任的专业发展，提升高中名班主任的品牌创新意识，形成班主任的工作特色专长。通过"LEA"课程模式，帮助高中名班主任树立核心理念，深入学习针对新时代高中生身心发展特点的班主任工作专业知识，熟练掌握高中班级管理与教育的技能，总结与优化、提升班主任的工作经验；结合时代发展的特点，培养名班主任的研究意识，提高名班主任的研究能力，以研究促跨越发展。最终造就一批教育理念先进、师德师风高尚、教育综合技能扎实、班级管理水平高、教育研究能力强，具有创新意识、国际视野、示范性强，具有班主任核心竞争力以及较大社会影响力与知名度的高中名班主任。基于该培养目标，构建核心素养的指标体系，具体包括学生发展指导素养与心理领导力、价值观教育素养与道德领导力、跨学科素养与课程领导力、班级管理素养与信息领导力、教科研素养与创新领导力五个部分。班主任核心素养的一级指标以及二级指标与培养目标一一对应，并与其是始终保持一致的。

二、全面性原则

在构建指标体系的过程中，充分考虑到了学生的需求以及班主任自身应该具备的专业知识和教育技能；除了关注班主任个体的需求外，在宏观层面，我们还依据时代发展对于班主任提出的要求进行了综合考虑。理想的名班主任应当具备有思想、能创新、有特色专长、有工作品牌、有一定影响力等特质。为了有针对性地培养这些素养，我们强调培养班主任的研究意识和研究能力。该指标体系包含了班主任发展的多个方面，旨在促进班主任的全面发展，遵循全面性的原则。

三、科学性原则

该指标体系遵循了科学性原则。首先，指导思想是科学的。为深入贯彻落实习近平总书记系列重要讲话精神，以《班主任教育振兴行动计划（2018—2022 年）》《中小学德育工作指南》为重要指导纲要，基于对"高中班主任"育人重要作用的认识，构建了高中名班主任核心素养的指标体系。其次，构建过程是科学的。前期的调研发现广东省的高中优秀班主任在专业发展过程中遭遇了两大瓶颈问题：理论基础薄弱和缺乏特色创新。针对这些问题，结合"为广东省培养一批卓越的高中名班主任，以期进一步落实立德树人"的根本任务，构建了五大指标，为班主任寻找个性化的创新生长点。

四、可行性原则

该指标体系从广东省班主任现实存在的问题出发，贴近教师的生活，使评价指标更直观，方便教师以此为标尺来进行自我核查和同伴监督，有助于理论思想的贯彻与落实，从而促进培养卓越教师目标的实现。

第三节　高中名班主任核心素养指标体系构建

为了更科学、有效地培养高中名班主任，本项目基于培养目标，构建了高中名班主任核心素养指标体系，形成了由 5 个一级指标和 20 个二级指标构成的指标体系。本项目围绕这五大核心指标进行培训，采用集中研学、跟岗参访、返岗实践、名著阅读、支教送教等培养方式，同时，结合班主任个人特色专长来进行名班主任工作室的打造，最终帮助高中名班主任实现"宽厚基础、分类生长"的成长目标。

一、学生发展指导素养与心理领导力

提升班主任的学生发展指导素养与心理领导力是高中名班主任项目的培养目标之一，目的是提升班主任了解、接纳学生的能力，积极探索高中生身心发展状况，熟练掌握心理咨询的相关理论，关注个体成长；建立高中生涯规划意识，在教育教学、班级管理中寻求生涯信息，提升生涯教育指导技巧。具体包括以下内容。

（一）生涯规划与指导素养

生涯规划与指导素养是一种教育理念和实践，旨在协助学生获取未来生涯发展所必要的知识、技能和自我认识，以做出明智的职业和生涯决策。

当下，个体对于自身的发展规划日益重视。前瞻性的思考要求个体不再仅以"船到桥头自然直"的心态去面对眼前的工作和生活，而更注重制订全面的未来职业规划。在这一过程中，个体采用小步子的原则，目前所学习的知识、培养的技能以及做的决定都是为了未来规划的实施。因此，生涯规划素养在当代社会发展中显得尤为必要，成为班主任关键的品质和核心能力。

对于学生而言，高中阶段是学生从青少年走向成年的关键时期，也是进行职业规划的黄金时期。要求学生在高中阶段就着手进行未来的职业规划，而不再等到高考出成绩后再决定所要专攻的领域。此外，党的十八大以来，要求学校要构建学生的核心素养体系，培养学生终身学习和自我规划的能力，在这个基础上，生涯规划指导就成为关键的一环。

　　高中班主任作为高中阶段学生学习的引导者，必须具备生涯规划与指导素养，才能更加有效地培养学生。不仅包括协助学生制订良好的未来发展规划，还需培养学生自我规划和终身学习的意识和能力；同时，教师个体也需要做出生涯规划，特别是青年班主任。经过师范教育以及工作岗位的培训，青年班主任虽然具有专业的知识和教学技能，但是，青年教师在职业初期大多是身兼数职，从事着教学工作、技术服务工作、教务工作、科研工作等，有的还要考虑进一步深造和"双师型"的转变，方向多、目标不清晰。某些高校中青年教师对学校和本专业总体发展规划和脉络不清晰，所以对自身的职业理解不够，只能被动地发展。[①] 培养青年班主任的生涯规划素养，首先有助于其更好地明确自己的职业发展方向，确立与实际相匹配的目标，有针对性地提高自身的教学能力，增强发展的主动性，实现持续学习和成长。其次，对于经验丰富的班主任而言，有了明确的职业规划可以在一定程度上避免职业倦怠。同时，通过"师徒制"的方式，班主任可以以身作则，提高新教师的相关素养，促进高质量教师队伍的形成。

（二）心理健康与咨询素养

　　教师心理健康被定义为教师在工作状态下能够保持愉悦的心理状态，即教师的内心力量与客观环境的一种平衡状态，自我认知与他人之间的一种良好关系的维持。[②] 心理健康与咨询素养是指一个人在心理健康领域具有的知识、技能和态度，使其能够有效地理解、评估和处理个体或群体的心理健康问题，并提供恰当的支持、指导或治疗。

[①] 李卓君：《高校青年教师的职业生涯规划研究》，《就业与保障》2021 年第 18 期。

[②] 高代宝、周媛媛：《关注教师心理健康，构建"和合"校园》，《河南教育（教师教育）》2023 年第 11 期。

近年来，随着生活压力的增大，心理咨询成了社会普遍的现象，再加上一些学生和教师由于无法承受压力而出现一系列心理问题，心理健康问题就成了现在社会关注度极高的问题之一。2018年，教育部办公厅、中国心理学会等联合召开了全国首届中小学教师心理健康教育工作研讨会，在这次研讨会上，专家提出了加强教师心理健康教育与管理的措施及建议。

现代的班主任相比于之前的班主任而言，承受着更大的压力和负担。首先，班主任面临着过重的职业压力。高中班主任是高中年级的中流砥柱，高中是学习生涯中最关键的阶段，学生和老师都要为高考做准备，在这个过程中，班主任除了负责日常的教学工作之外，还需要负责班级各项工作的管理与统筹，需要面对家长对教师给予的高度期望，还肩负着学校所给的升学压力，以及自身的升职压力，这些使得教师肩上的负担越来越重，心理健康问题愈加明显。其次，班主任面临着学生的心理健康问题。随着竞争力的变强，大多数家长为了让自己的孩子可以在高考中脱颖而出，付出了过多的时间、精力和金钱，随之而来的就是高中学生不仅需要面对学习的负担、高考的压力，还需要尽力满足家长过高的期望，因此，高中学生的心理健康问题成了当代社会的热门议题，引起了广泛的关注，而班主任作为每天陪伴学生时间最长的教师，就承担起了关注学生的心理健康问题，并且及时地采取恰当的方法进行干预的重任。

"高中名班主任"的培养项目旨在通过提高班主任心理健康方面的知识、技能，使其有意识和能力去对自己以及学生进行心理辅导，从而提升心理健康素养。一方面，班主任可以对自身进行心理疏导，达到主观内心和客观现实之间的平衡。采取恰当的策略应对工作中的压力和负担，保持积极的工作态度，在一定程度上克服职业倦怠，保持终身学习。另一方面，教师要及时地察觉到学生的心理问题，通过谈话、鼓励以及采取有针对性的策略和方法，来辅助心理医生对学生进行疏导，避免悲剧的发生。例如，教师可以通过发扬学生的优点，来激发学生的自信心，避免学生将过多的精力放在自己焦虑的事情上，缓解学生的压力，逐渐帮助学生恢复身心健康。

（三）学生成长指导素养

当前，我国教育的宗旨在于促进学生的全面发展，全面发展不仅意味着取得优异的成绩，还包括拥有健康的身体和心理状态、良好的品德、欣赏美的能力与劳动技能。班主任是学生成长路上的引路人，不仅担任着"教书先生"的角色，还担任着"知心姐姐"的角色。为了实现教育目的，使学生成为全面发展的人，班主任应该具备学生成长指导素养，注重对学生日常学习与生活的指引。

班主任的学生成长指导素养是指班主任在教育过程中所具备的一系列能力。这包括对学生的个体差异和发展需求的了解，以及为学生提供相应的支持、指导和引导，以帮助他们实现学业、职业、社交、情感和心理等多方面的发展目标。

除了生涯规划与身心健康之外，班主任还要促进学生的社交与人际关系的发展。随着数字化时代的到来，人们面对着海量的信息和日益复杂的工作，以往那种"单打独斗"的处事方式已经无法很好地应对纷繁复杂的社会了，团队协作成为当下的主流趋势。高中生正处于完善行为思维和方式的关键时期，班主任要培养其人际交往和协作能力。在教学过程中多采用小组作业的形式，学生在与小组成员互动的过程中，不仅锻炼了表达能力，而且可以取长补短。

二、价值观教育素养与道德领导力

提升班主任的价值观教育素养与道德领导力是高中名班主任的培养目标之一，目的是规范个人道德，了解班主任职业道德内涵，坚定政治立场；提升班主任文化素养，立足中国文化，加强价值观教育；促进班主任哲学反思能力，通过思辨与研究，深化价值观内涵，创新价值观教育方式；促进班主任分析能力的提升，以学生为主体，分析价值观取向，引导学生形成正确的价值观，加强班主任影响力，提升班主任道德领导力。具体包括以下内容：

（一）政治素养

我国的教育方针是教育必须为社会主义现代化建设服务、为人民服务，必须与生产劳动与社会实践相结合，培养德智体美劳全面发展的社会主义建设者和接班人。在此背景下，教师的政治素养就显得尤为重要。班主任的政治素养是指班主任在教育管理工作中所具备的与政治相关的素养和能力。

高中阶段是学生成长的阶段，正处于世界观、人生观、价值观的形成与发展阶段，是人生发展的关键时期。[1]班主任在教学过程中要以身作则，老师的政治立场、思维方式、思想境界和行为习惯会在潜移默化中对学生产生影响，为了贯彻落实我国的教育方针，班主任要有过硬的政治素养，这是党和国家对教育工作者的要求，也是新时代班主任必备的素质。

首先，班主任应具备正确的政治思想观念，了解和坚持党的基本路线、方针政策以及教育方针政策，具备正确的历史唯物主义和辩证唯物主义世界观，形成正确的爱国主义、社会主义核心价值观等政治价值观念，以此来引领学生的思想和行为规范。

其次，班主任要具备较高的政治理论水平，熟悉党的理论和指导方针，了解国家法律法规和教育相关的政策，能够把握党和国家的方针政策在教育管理工作中的具体要求，做到思想和行动上与之保持一致，从而帮助学生形成正确的政治立场。

---

[1]　刘兵、龙娟：《新时代背景下班主任应具备的素养》，《新课程导学》2022年第19期。

（二）文化素养

党的十八大以来，习近平总书记多次强调了"文化自信"，中国优秀传统文化是我们民族的"根"和"魂"。传统文化中蕴含着丰富的爱国家、爱民族、促团结的民族文化与道德品质文化，对平衡人与自然之间的关系以及和谐社会的构建等均具有重要意义。[①]《义务教育课程方案（2022年版）》强调了课程的育人价值，要求教师不能仅仅让学生理解文本中的词汇，掌握解题的技巧，更重要的是要通过听、说、读、写等方式引导学生理解和掌握传统文化。

为了发挥课程的育人价值，促进学生的全面发展，弘扬优秀的传统文化，班主任要具备文化素养。班主任的文化素养是指班主任不仅自身具有强烈的文化意识和丰富的文化知识，而且还具有较强的文化交流能力，引导学生树立正确的文化观念，培养学生高尚的文化品味和道德情操。

（三）哲学反思素养

随着数字化时代的到来，我国教育日益国际化、全球化、全民化、数字化、终身化，班主任面临的工作纷繁复杂、日新月异。随着生成式人工智能逐渐进入课堂，人工智能作为"代具性工具"赋能教育发展，不仅为学生营造了虚拟的学习空间，促进学生的具身体验和深度学习，也使教师从繁重的工作中抽身，有更多的闲暇与反思提升时间，[②]但是同时，也给教师带来了巨大的挑战，班主任面对人工智能提供的海量数据与信息，如何批判性地选择恰当

---

① 单昭：《渗透传统文化 提高语文素养——小学语文教学中传统文化教育探讨》，《考试周刊》2023年第42期。

② 张惠：《固守或超越：人工智能时代高校教师的角色重塑》，《黑龙江高教研究》2023年第9期。

的信息，实现人与技术主体性间的弥合？[①]班主任的哲学反思素养就显得尤为重要。

　　教育哲学的反思性是其最关键的特征，这种反思性知识的作用在于唤醒教育者被程式化了的麻木的意识，引发教育者对教育问题进行追根究底的反思，促使教育者重新审视自己的认识框架和行为模式，提高教育者对教育生活的感受力、理解力和判断力。[②]

　　班主任要培养良好的哲学反思素养，首先，要有自我认知和批判思维。班主任应该对自己的教育理念、职业信仰和行为准则有一个清晰的认知。通过批判性思维，班主任可以对自己的观念进行审视，不断反思自己的决策和行为是否符合教育目标和价值观。其次，要加强对于教育哲学的学习与运用。班主任需要对教育哲学进行深入学习，了解不同的教育理论、伦理学观点以及人生观等。将哲学思考融入实际工作中，班主任不仅能够更好地回应教育中的伦理难题，还能提高对教育工作的理论指导。再次，要不断地学习与适应变化。班主任的哲学反思素养需要包括对教育变革和社会发展的敏感性。通过不断学习，班主任能够更好地适应新的教育理念、政策变化，使自己的工作保持前瞻性和创新性，例如，在当前的数字化社会，班主任要不断学习人工智能的相关知识，培养自身的"人—机"协同素养，促进自身的专业发展。最后，要进行持续的自我反思与调整。哲学反思并非一次性的活动，而是一个持续的过程。班主任应该养成定期对自己教育实践反思的习惯，不断调整自己的教育理念和实际行为，以适应不断变化的教育环境。

---

　　① 李明超：《人工智能时代教师的技术隐忧与角色纾解——基于"主体性"教育哲学的视角》，《当代教育论坛》2023 年第 11 期。

　　② 郭三玲：《新时期中小学校长应具备良好的教育哲学素养》，《培训与研究（湖北教育学院学报）》2004 年第 6 期。

（四）个人道德素养

良好的个人道德素养也是对新时代班主任的必然要求。班主任具备了较好的道德素养，就可以保证德育的政治方向；具备了较高的道德品质，就能感染和带动学生追求真善美，建设文明、团结、严谨、务实、进取的良好班集体。班主任的道德素养是指班主任在教育管理的过程中应该具备的良好品质和职业道德水平。班主任是一本行走的教科书，潜移默化中成为学生所标榜的对象。具体来说应该有以下两方面的素养。

第一，要有责任心和敬业精神。班主任的道德素养表现为对工作的高度责任心和敬业精神，应当做好自己的本职工作，以专业化的水准站在讲台上，要仔细研读新课标的变化，及时调整自己的授课方式和内容，尽心地履行自己的职责，对学生担负起引导和关爱的责任。避免"一言堂"现象的出现，班主任要充分地了解学生，根据不同学生的特点，在教学过程中进行多样化教学，提高学生的学习效率。

第二，要关爱学生。道德素养要求班主任具备深厚的人文关怀和爱心。基础教育具有一定的特殊性，因为教育的对象是处于未成年阶段的学生，他们处于身心发展的关键时期，也正处于叛逆期，班主任作为与学生朝夕相处的人，只有充分地关心学生、爱护学生，定期与学生沟通交流，了解学生的需求和困境，学生才能与班主任产生情感上的共鸣，这样有利于形成班级凝聚力，营造良好的氛围。

三、跨学科素养与课程领导力

提高班主任跨学科素养与课程领导力是高中名班主任项目的培养目标之一，目的是更新班主任的教育教学理念，提升科研素养，通过科研方法指导，巩固研究思维；加强合作研究意识，提升研究效率，总结研究成果提炼的方法；通过专题学习与研讨，促进表达，提升写作质量。以研究促发展，以发展求创新，通过管理、教育教学、研究能力的提升，拓展视野，训练思维，促进班主任创新领导力的发展。具体包括以下内容：

（一）学科互动素养

《义务教育课程方案和课程标准（2022年版）》提出要将"跨学科学习"作为"拓展型的学习任务群"之一，要求要跨越学科界限，将多个学科组合在一起，在更广阔的领域中引导学生学习。《中小学综合实践活动课程指导纲要》强调了学校要组织学生进行综合实践活动，其中就包括了跨学科的实践活动。不同于以往教学内容单一、边界明显的特点，"跨学科教学""学生的全面发展"是当代教育的核心思想与目标，而教师作为教学活动的主体，肩负着教学工作的责任，应该具备学科互动素养。学科互动素养是指班主任在教学和学习的过程中，通过不同学科之间的合作、交流和融合，促使知识在跨学科的范围内得以整合与应用的能力。学科互动可以发生在教师与教师之间、学生与学生之间以及教师与学生之间。

班主任有意识地进行学科互动，为培养学生的综合能力、创新思维和激发学习兴趣赋能。首先，培养了学生的综合能力。学科互动有助于学生打破学科之间的界限，将不同学科的知识进行整合，形成更为综合和全面的理解。例如，数理化三门科目之间的部分内容以及解题思路是相同的，老师进行学科互动就可以帮助学生融会贯通，培养跨学科的思维和解决问题的能力，从而提高其综合素养。其次，培养了学生的创新思维。学生接受不同学科的知识，可以帮助自身跳出思维定式，激发学生对于知识的创造性运用与发展。最后，可以激发学生的学习兴趣。单一性科目的学习难免会枯燥乏味，但是学科互动可以使学生投入其中，用自己学到的其他学科的知识成功地解决问题，可以增强学生的自信心。老师可以组织项目式学习，例如，以小组为单位开展一个以"我国教育目的对比分析"为题的项目，学生需要从语文、历史、地理等各个学科的角度进行学习和思考，在完成作业的过程中也深化了对知识的理解。

（二）课程资源开发与整合的素养

自"双减"政策颁布后，如何实施与落实好这项政策成为学校和教师面临的一项严峻挑战。转变教育教学观念、提升课堂教学质量、优化学生作业设计等都是非常合理的举措，而依托教师对学科、学生的深刻认识，发挥自我创造力，开发相对成熟、较为有效、易于操作、基于学生学科核心素养的校本课程并加以实践、尝试，也是一条非常合理、科学的途径。[①] 基于此，班主任的课程资源开发与整合素养显得尤为重要。该素养是指班主任在教育管理工作中有效地规划、组织和整合各类教育资源，以促进学生的全面发展。

在课程资源开发方面，首先，要开发个性化的学习资源。班主任可以通过了解学生的兴趣、特长和学习风格，开发个性化的学习资源，以满足不同学生的需求。其次，要开发实践性教学资源。学校可以鼓励和支持教师开发实践性的教学资源，例如，做实验、实地考察、项目式学习等，以促进学生的实际操作和应用能力。最后，班主任要善于开发数字化的教育工具。利用现代技术，班主任可以开发和整合数字化教育工具，如在线教材、学习应用程序等，以提高教学的灵活性和吸引力。

在课程资源整合方面，首先，班主任要进行跨学科整合。班主任可以促进各学科之间的协作，通过跨学科的整合，帮助学生理解知识之间的联系，提高他们的综合素养。其次，要发掘和整合道德与品德教育。班主任要注重学生的道德教育，通过日常管理和相关活动，培养学生的品德和道德观念。

---

① 吕英:《课程资源的开发、整合与实施》,《小学教学研究》2023 年第 7 期。

（三）合作教学素养

合作是构建良好人际关系、提高工作效能、促进创新和解决复杂问题的关键因素。在现代社会中，越来越强调团队合作和跨学科合作，这反映了合作在各个领域中的重要性。班主任的合作教学素养也显得分外重要。合作教学主要体现在两个方面，一方面是班主任在教学模式上要注重学生的合作学习，另一方面是班主任在教学过程中，要注重和其他教师之间的合作。

从课堂改革的趋势来看，现代课堂教学正在从"以教为中心"向"以学为中心"转变，构建"以学为中心"的课堂是当代课堂教学改革的基本取向。[①]高中生相比于其他阶段的学生而言，已经具备了比较系统完善的知识体系，因此采用小组合作教学的模式是能快速提升学生学习素养的关键方式。教师要转变自己传统的教学观念，变"满堂灌"为"学生自主合作学习"，突出学生的地位，提升学生的合作意识和人际交流能力。

数字化时代的教育以"融合"与"协作"为核心要素，强调打破学科界限，实行跨学科教学。单个老师的知识储备和能力是有限的，因此教师之间要注重合作，各抒己见，集思广益，完善课程教学的知识框架与体系；此外，针对新教师，要实行"师徒制"，经验丰富的老教师对新教师进行指导和交流，不仅可以帮助新教师树立正确的职业规划目标，而且老教师也可以学习到新的教学模式与方法，共同构建高质量教师队伍。

（四）教学评价素养

2020年，中共中央、国务院印发的《深化新时代教育评价改革总体方案》明确提出了要把"改革学生评价，促进德智体美劳全面发展"作为教育评价改

---

① 李春梅、陈妍慧、尹德忠：《"以学为中心"人才培养模式在教学中的探索》，《教育教学论坛》2021年第20期。

革的重点任务。由此可见,"以评促学""以评促教"将会是今后我国教育的重要发展路径,而班主任的教学评价素养就是进行教育评价的关键环节。

传统的教育评价多为采用试卷的方式进行结果性评价,这种评价主观性强、不能准确地说明学生的发展情况,在数字化时代,教师对于学生的评价可以借助 AI 技术,将学生的学习成果及课堂表现输入智能评价系统,人工智能则会进行储存并分析。学生通过 AI 技术生成的学业评估报告可以了解自身学习状况,如知识掌握程度、学习习惯、高阶能力发展等,为制定适合的学习目标提供依据。[①]"以评促学",促进学生的进步。

此外,还要强调对于教师教学的评价。传统的评价方式大多基于所谓的"五唯",即唯论文、唯帽子、唯职称、唯学历、唯奖项,而忽视了教师在教学过程中的成果和贡献,所以造成班主任的职业动力不足、老教师出现职业倦怠的现象,甚至教师的身体健康也失去了保障。教学评价素养强调教师之间要采取小组互评的方式,除了上述标准之外,还要注重对教师在合作、创新、个人素质、师生关系等方面的评价,此外,还要使用 AI 技术对教师的课堂进行评估,生成评估报告,以利于教师进行自我评价与自我完善。

四、班级管理素养与信息领导力

高中名班主任需要具备"班级管理素养与信息领导力"的重要性不言而喻。首先,班级管理素养是构建和谐班级关系、促进学生全面发展的基石。通过情感管理、行为管理、学业管理和时间管理等方面的技能,名班主任能够有效地引导学生,提升班级凝聚力和学生的学习积极性。其次,信息领导力在信

---

① 阮婷婷、黄甫全、曾文婕:《智能化学本评估初探——基于 AI 教师主讲课堂的试验研究》,《教育研究与实验》2021 年第 2 期。

息化时代具有关键作用。名班主任需要善于利用信息技术，获取并分析班级学生的各类信息，从而更准确地了解学生的需求和问题，制订针对性的管理策略。通过信息传递与沟通，名班主任能够与学生、同事、家长以及社区建立有效的联系渠道，促进校园内外信息的畅通流动。此外，信息管理与应用使名班主任能够有效地管理班级数据和资源，为教学和管理决策提供科学依据。综上所述，"班级管理素养与信息领导力"不仅是名班主任成功管理班级的关键要素，也是实现教育目标、提升教育质量的必备能力。具体包括以下内容：

（一）班级文化建设素养

班级文化是德育的主要载体之一，也是对学生进行道德教育的重要途径。班主任的班级文化建设素养是指班主任在管理和引导班级的过程中，能够积极培养和促进良好的班级文化，形成一种积极向上、凝聚力强的集体氛围。这需要班主任具备一系列的素养和技能，以推动班级文化的形成和发展，创造有利于学生全面发展和学习的环境。

班主任加强班级文化建设对于学生的发展十分重要。良好的班级文化有助于滋润学生心田、规范学生行为，激发学生的主人翁意识和责任感；有助于产生向心力，激励学生同向同行，形成良好的班风和学风，促进学生健康成长。[①]

提高班主任的班级文化建设素养，需要注重一些关键方面的培养。首先，班主任的领导和激励能力。班主任具备领导能力，能够激发学生的学习热情和积极性。通过积极正面的榜样作用，引导学生形成积极向上的学习态度。其次，培养学生正确的品德和价值观的能力。班主任需要通过榜样的力量和相关

---

① 孙景川：《立德树人　凝神聚力——加强班级文化建设的路径探析》，《河南教育（基教版）》2023 年第 Z1 期。

教育活动，鼓励学生积极参与社会公益活动，培养社会责任感。最后，班主任的问题解决能力。班主任需要具备解决问题的能力，及时妥善处理班级内的矛盾和问题。通过有效的沟通和决策，保持班级稳定，营造和谐的文化氛围。

（二）班级活动组织素养

高中名班主任需要具备丰富的班级活动组织素养，这不仅是提高学生综合素质的重要途径，也是促进班级凝聚力和团队合作精神的关键因素。班级活动组织素养涵盖了多方面的技能和能力，其中包括班会设计与组织、班级艺术体育活动的组织等。因此，首先，名班主任需要具备良好的策划能力，能够根据学生的特点和学校的实际情况，设计并制订出富有创意和吸引力的班级活动方案。其次，沟通和协调能力也是不可或缺的，名班主任需要与学生、家长、学校管理者以及外部资源的合作伙伴等多方进行有效的沟通和协调，确保活动的顺利进行。在活动执行过程中，名班主任需要具备较强的组织能力和领导能力，能够有效地指导学生分工合作，保证活动的质量和效果。此外，名班主任还应当关注活动的评估和反馈，及时总结经验教训，不断完善活动组织的方法和手段。综上所述，班级活动组织素养是名班主任成功开展班级活动、促进学生全面发展的重要保障，对于班级建设和学生成长具有重要意义。

（三）教育沟通协调素养

高中名班主任需要具备丰富的教育沟通协调素养，这是实现有效教育管理和促进学生发展的重要因素。教育沟通协调素养包含了多方面的能力，其中包括沟通能力、协调能力、领导能力和解决问题能力等。首先，名班主任需要具备良好的沟通能力，能够与学生、家长和其他教育工作者之间建立起良好的沟通渠道，理解并解决他们的需求和问题。其次，协调能力也是十分重要的，名班主任需要协调各方资源，包括学校资源、家庭资源和社会资源，为学生提供全面的教育服务。在班级管理中，名班主任还需要具备较强的领导能力，能够有效地组织和指导班级教育工作，推动教育目标的实现。同时，名班主任还应当具备解决问题的能力，能够应对各种突发事件和挑战，保障教育工作的顺利进行。综上所述，教育沟通协调素养是名班主任成功开展教育工作、促进学生健康成长的重要保障，对于教育管理和班级建设具有重要意义。

高中是人生的转折阶段，班主任和与学生相关的各方加强沟通、共同努力对于学生有着重要的作用，其重要性主要体现在学习成绩方面。第一，共同监督学业进展。沟通协调可以让学校和家庭密切关注学生的学业表现。通过定期的家长会、成绩单分析等方式，学校和家长可以共同监督学生的学习进展，及时发现并解决学生学业上的问题。第二，共同设定学业目标。沟通协调可以促使学校和家庭共同设定学生的学业目标。明确的学业目标有助于学生明确方向，增强学习的动力和目标感，提高学业成绩。第三，协同解决学业问题。沟通协调有助于及早发现学生学业上的问题，家长和学校可以共同制订解决方案，提供必要的支持和资源，以确保学生在学业上能够充分发展。

（四）教育机智素养

高中名班主任需要具备教育机智素养，是指在面对复杂多变的教育环境和学生需求时，具备能够灵活应对、善于把握机遇并有效解决问题的能力。教育机智素养包括但不限于以下几个方面。首先，名班主任需要具备敏锐的洞察力和判断力，能够快速准确地分析问题，识别教育工作中的关键因素，并制订相应的应对策略。其次，名班主任需要具备较高的应变能力，能够在突发事件或不确定情况下迅速作出决策，并采取有效的行动，保障教育工作的顺利进行。此外，名班主任还应当具备创新思维和解决问题的能力，能够通过新颖的方法和策略解决教育工作中的难题，推动教育目标的实现。综上所述，教育机智素养是名班主任成功开展教育工作、应对各种挑战的重要保障，对于提升教育质量和促进学生全面发展具有重要意义。

（五）信息化班级管理素养

随着社会的发展，数字化时代的到来，我国教育制度也在不断地完善。人工智能进入高中课堂，班级管理模式也在与时俱进。对于高中班主任来说，信息化管理是指在班级管理中融入信息资源，然后利用一些信息技术手段进行管理的一种方式。[①]

信息化班级管理提高了管理的效率，增强了班级凝聚力。一方面，在信息化发展的今天，教师可以运用信息技术来提高自己的管理效率，甚至可以运用科学技术更快地处理班级事务。自从信息技术诞生后，教师就可以运用信息技术来处理档案，按照要求更快更好地筛选和整理数据，用更少的时间来达成工作要求，[②]减轻了班主任的压力，使其有更多的闲暇时间去自我提升和促进自身的专业发展。另一方面，班主任通过建立班级群来与学生进行交流，在群内，学生可以分享自己关于某个观点的见解，同学间相互沟通交流，拉近了他们之间的感情；老师也可以在群内帮助学生解答问题，及时指出学生一些不恰当的行为，突破了传统的时间和空间的限制，长此以往，可以营造良好的班级氛围，形成正向的班风。

为了更好地落实信息化班级管理，首先，班主任要建立班级在线平台。如班级微信群、学习管理系统等，用于及时沟通、发布作业、共享学习资源等。班主任应当学会管理这些平台，保持信息的及时更新和整理。其次，要进行数字化档案管理。班主任要学会使用数字化工具管理学生档案、考勤记录、成绩

---

① 宋海立、于潇：《基于信息化发展视角下高中班主任管理策略之我见》，《教育信息化论坛》2019年第1期。

② 胡呈慧、左琼：《基于信息化发展视角下高中班主任管理策略探究》，《教育信息化论坛》2019年第2期。

单等信息。这有助于提高档案管理的效率，也方便随时查看学生的学习和发展情况。最后，班主任要持续学习和更新知识。信息技术日新月异，班主任应保持持续学习的态度。定期参加培训、研讨会，了解最新的教育技术发展趋势，更新信息化管理的知识和技能。

五、教科研素养与创新领导力

班主任的教科研素养与创新领导力是高中名班主任项目的培养目标之一，其目的是提升班主任的科研素养，促进班主任创新领导力的发展。具体包括以下内容：

（一）理念更新与选题素养

在教育现代化、全球化的背景下，要求教师在教育理念方面能够趋同化、求异化、[①] 不断与时俱进，在教学过程中，班主任要具备适应变革的心态，敢于挑战传统观念，善于接纳新思想、新技术，不断调整自己的教育理念。班主任的理念更新是指不断反思、调整和更新自己对教育、学生管理以及班级发展的观念和信念。这是一个不断适应时代变化、教育理念演进的过程。在信息化时代，理念更新显得尤为重要，因为教育领域的变革和技术的迅猛发展对教育者提出了新的要求。

一方面，班主任要将信息技术融入教育过程，关注数字化时代学生的特点和需求，善于利用现代科技手段提升教学效果和班级管理水平。另一方面，班主任要坚持科学的教学理念与方法。科学教育是以培养学生科学素养与科学价值观为教学目的的一种实践过程，教师在教学过程中应当遵循科学的教学方

---

① 王新：《论全球化背景下高等教育理念更新》，《中国成人教育》2016 年第 9 期。

法，对教学的各个环节进行合理安排与布置，从而促进学生科学素养、数学素养、思维能力、创新能力以及自主探究能力的综合提升，实现教学效果的优化。①

此外，班主任还应具备选题素养。选题素养是指在科研或教学工作中，班主任对于选题的把握和处理的能力。一个优秀的班主任不仅要在管理学生、组织活动上有一定的经验，还需要具备一定的研究素养，能够选取与学生、班级管理相关的有深度、有价值的课题进行研究。这就要求班主任要具备敏锐的问题意识，能够从实际工作中发现值得研究的问题，关注学生、家庭、教育环境中存在的困扰和挑战。与此同时，选题素养不能仅仅停留在理论水平，还需要关注研究成果的实际应用，能够为班级管理提供切实可行的建议和解决方案。

（二）教科研方法素养

教育科研素养是教师专业成长的导航灯，②而教师专业发展决定了教育的品质，因此，现在国家日益加强对教师科研素养的重视，并把它作为教师职称评定的重要参考标准。班主任的教育科研素养是指班主任在教育实践中所具备的科学研究的能力和素养。包括对教育问题的深刻理解、科学研究方法的掌握，以及能够将研究成果转化为实际教育工作的能力。班主任教科研素养不仅体现在其对学科知识的了解，更强调在实际工作中能够运用科学的研究方法解决教育问题，推动班级管理和教育工作的不断提升。

但是，调查结果表明，目前教师存在教育科研理论知识薄弱，研究能力缺失；研究内容"狭窄"化，研究结论"具体"化；科研型教师数量不足，研究

---

① 霍克蓉：《以科学教育理念更新提升高中数学教学效果》，《考试周刊》2017年第39期。

② 徐万山：《正高级教师应有更高的教育科研素养》，《河南教育（基教版）》2013年第10期。

型团队发展缓慢以及教育科研素养发展不均衡等问题。[①] 针对这些问题，除了问题意识之外，第一，班主任要系统地学习教育科学理论。班主任可以通过参加培训课程、研讨会、学术会议等方式，系统学习教育科研方面的基本理论知识，包括研究方法、教育心理学、教育统计学等方面的知识，以建立坚实的理论基础。第二，加强研究方法培训。培养相关素养，提高研究方法的应用水平是关键。班主任可以参加相关的研究方法培训，学习定量和定性研究方法，提高设计实验、调查和分析数据的能力。

班主任具备教科研素养具有重要的意义，不仅对教育工作本身有益，还对学校和学生的综合发展产生积极影响。首先，可以提高教育质量。班主任具备较高的教科研素养，能够更好地理解和应用教育科研成果，更科学地制订和调整教育教学方案，从而提高教育质量。其次，可以推动学校改革。具备教科研素养的班主任能够积极参与学校的改革和创新，促进教育教学模式的升级，推动学校朝着更加科学、有效的方向发展。最后，可以培养学生的创新思维。通过科研活动，班主任可以培养学生的独立思考能力和创新精神，帮助他们养成探究问题、解决问题的能力，这对学生的综合素质提升至关重要。

（三）合作研究素养

教育研究涵盖广泛的领域，需要不同学科的学者共同参与，而在这个探索过程中，合作成为至关重要的要素。作为教育研究的一部分，班主任在合作研究中担任着重要角色，其卓越的合作研究素养显得尤为关键。班主任的合作研究素养指的是班主任在教育实践中，通过与其他教育工作者和同行合作开展研究的能力和素养。这种素养对于促进教育教学的创新和提高学校整体教育水平

[①]　刘文甫、李国元：《中小学教师教育科研素养现状成因及对策研究》，《中小学教师培训》2010 年第 7 期。

非常重要。

班主任具备合作研究素养对教学工作有多方面的积极影响。首先，有利于班主任实现教学方法的创新。合作研究使班主任能够接触到来自不同领域的专业人士的意见和建议。这种多元化的交流可以激发新的教学方法和策略的创新，帮助班主任不断改进自己的教学方式。其次，提高班主任的问题解决能力。合作研究培养了班主任解决问题的能力。在与他人合作研究的过程中，班主任可能会面临各种教学上的挑战，通过团队的智慧和协同努力，他们能够更好地解决这些问题。最后，推动了教育创新。通过合作研究，班主任有机会参与到教育创新的前沿。他们能够了解和应用最新的教育技术、方法和理论，从而更好地引领学生面对未来的教育挑战。

（四）写作与表达素养

班主任作为研究者，除了需要具备相应的学科知识、拥有批判和创新思维、具有良好的沟通能力之外，还需要具备出色的写作和表达能力。班主任的写作与表达素养是指他们能够清晰、准确地表达思想观点、有效地沟通交流，包括书面和口头表达能力。这种素养不仅包括语法、词汇的运用，还涉及如何组织和呈现思想以及如何提升学生的表达能力。

在教学工作中，写作与表达素养的重要性不言而喻。班主任需要与学生、家长和同事进行有效沟通，清晰地表达教学计划、学生进步情况以及任何与教育相关的事务。良好的表达素养可以增强班主任与学生、家长和同事之间的信任与合作，提高信息传达的效率。班主任的写作与表达素养直接影响教学工作的质量。良好的表达能力有助于班主任清晰地解释复杂的概念、指导学生理解课程内容，以及表达对学生学习的评估和反馈。同时，这种能力也有助于班主任与家长和同事有效地沟通，促进合作、了解学生需求和学校内外的信息交流。良好的写作与表达素养也能增强班主任在学术和专业领域的声誉，鼓励学生模仿良好的表达方式，提高学校整体教学环境的素质。因此，这种素养在培养学生、与家长和同事交流以及推动学校教学水平提升方面具有不可或缺的作用。

六、总结

该指标体系涵盖了班主任在多个领域的素养要求，强调了班主任不同方面的专业知识和领导能力。

在学生发展指导素养与心理领导力方面，有助于班主任更好地关心学生的心理健康，提供专业的生涯规划与咨询服务。

在价值观教育素养与道德领导力方面，反映了班主任在培养学生良好价值观和道德观念方面的期望，倡导培养具备社会责任感和文化素养的学生。

在跨学科素养与课程领导力方面，要求班主任具备跨学科的综合素养，能够有效整合各学科资源，推动合作教学，并通过教学评价不断提升教学质量。

班级管理素养与信息领导力强调了班主任在建设良好的班级文化、促进家校合作以及灵活运用信息技术方面的重要性。

教科研素养与创新领导力要求班主任在教学研究中不断更新理念，运用先进的研究方法，促进合作研究，同时通过有效的写作和表达传播研究成果。

综合而言，该指标体系的要求展现了班主任全面发展的需求，涵盖了心理、教育、领导等多个方面。通过培养这些素养，班主任将能够更好地履行其教育使命，为学生成长提供全方位的支持和引导。

第四章

基于高中名班主任核心素养的培训课程设计

第三章已经对高中名班主任核心素养指标体系的构建进行了详细且深刻的阐述，该指标体系涵盖了班主任在多个领域的素养要求，强调了不同方面的专业知识和领导能力。本章将在这些核心素养要求的基础上提出培训课程设计方案，对设计的基本思路、培养目标设计、课程内容模块设计和课程实施设计依次展开阐述，旨在以科学且详实的课程内容，帮助名班主任更好地理解并全面掌握其工作所需的各项能力和素质。

第一节　名班主任培训课程设计的基本思路

名班主任培训课程设计思路见图4-1。

图 4-1　名班主任培训课程设计思路

名班主任培训课程设计的总体思路（见图4-2）是以成果产出为导向，采用目标倒推的方法，即从期望的最终结果出发，逐步分解为具体的培训内容和活动。这意味着在设计过程中，首先明确期望的班主任培训的终极目标，然后逐层分解为各个具体的学习目标、技能和知识点，确保整个培训过程有明确的方向和层次。

在这个总体思路的基础上，课程设计还依赖于两个关键要素：课程支撑和评价保障。一方面，课程支撑指的是通过合理的培训方法、培训内容选择、案例分析等手段，确保培训内容能够系统、全面地覆盖培训目标，提供学员所需的理论知识和实践技能支持。这确保了培训课程的实质性和有效性。另一方面，评价保障强调在培训过程中设置科学合理的评价机制，以确保学员的学习成果能够被准确地测量和评估。这包括制定清晰的评价标准，使用多样化的评价方法，以及及时反馈学员的学习表现，从而帮助他们不断提升。

因此，名班主任课程设计的总思路可以总结为在目标倒推，以终为始的导向下，围绕培养目标精准分析培养对象应具备的能力特征与能力模块，为其"画像"。接着分析不同能力的独特生成路径，再设计有针对性的课程模块、内容和方式，保证培养目标能够实现。最后基于培养目标的考核评价，检查培养目标是否达成，再进一步细化培养目标，达成验收指标，通过不断健全的课程支撑和评价保障，实现一个内容和路径不断优化的闭环，使得名班主任培训课程能够有序、全面、有效地达到预期的培训效果。

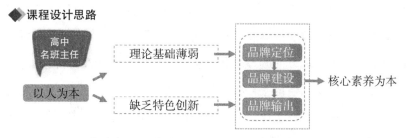

图4-2 核心素养为本的高中名班主任工作品牌建设驱动式培养模式

在广东省高中名班主任培训课程主题确立的过程中，秉持着以终为始和以人为本的原则，对培训对象展开了深入和精准的群体调查研究，前期调研发现，广东省高中优秀班主任在专业发展过程中遭遇了两大瓶颈问题：理论基础薄弱和缺乏特色创新。

理论基础薄弱意味着班主任在教育理论、心理学、教学方法等方面的知识储备不足，这可能导致在实际工作中理论知识对于教学与管理的支持和指导不够充分。此外，这些优秀班主任还面临着缺乏特色创新的问题。在班主任工作中缺乏特色和创新，可能导致工作的单一性和缺乏吸引力，难以在竞争激烈的教育环境中脱颖而出。

因此，解决这两大瓶颈对于广东省高中优秀班主任的专业发展至关重要，而突破这两大瓶颈的解决路径也逐步形成了以核心素养为本的高中名班主任工作品牌建设驱动式的培养模式。该模式能够帮助高中名班主任根据自身的独特优势明确个人教育品牌定位；通过加强对教育理论知识的学习与应用，同时鼓励创新思维和实践，来开展个人教育品牌建设；教师个人品牌不仅仅是教师的名字或头衔，更是教师在教育界的影响力和认可度，高中名班主任不仅要注重品牌建设，更要注重品牌输出，在输出的过程中，通过对自身教育理念、教学方法和管理风格的深刻反思，从而不断丰富理论，创新实践，完善品牌的定位和建设。而在整个品牌定位、建设和输出的过程中，名班主任的核心素养提升在其中起到了核心作用。

高中名班主任既是优秀的教育者也是卓越的领导者，既需要具有深厚的科学人文素养、教育教学素养和学科素养，更需要掌握前沿性的理念和相关课堂教育教学、班级管理方面的技术和方法，还需要有创新性的特色专长并能引领他人发展。可以说，名班主任必须是有思想、能创新、有特色专长、有工作品牌、有一定影响力的班主任。因此，培训课程将以提升高中名班主任的核心素养为本，通过输入教育前沿理念，提升高中名班主任的素养，再根据不同班主任的教育风格和自身特性，为其提供个性化的指导，打造高中名班主任特色品牌。

第二节　名班主任培训课程的培养目标设计

一、课程目标设计的基本理论

课程目标设计是教育领域中的重要活动，在设计课程目标时，需要考虑到课程开发的基本原理和理论流派，这些理论有助于确保目标具有明确性、可测量性、可行性和与学习者的需求相匹配。拉尔夫·泰勒于 1949 年出版了《课程与教学的基本原理》，该书被认为是现代课程理论的奠基石，对课程理论的发展有重大推动作用。此后，课程理论成为教育学中的一个重要分支，形成了各种理论流派。本部分内容主要介绍一些与课程目标设计相关的课程开发理论。

（一）泰勒的目标开发模式

拉尔夫·泰勒是美国当代著名的课程和评价理论专家，被誉为"现代课程理论之父""当代教育评价之父"。在《课程与教学的基本原理》中，他提出了一种经典的课程目标开发模式，他认为开发任何课程和教学计划都必须回答四个基本问题，这四个基本问题构成了著名的"泰勒原理"。

本次课程设计思路以泰勒的目标开发模式理念为基础，以下是泰勒的课程目标开发模式的主要内容：

1. 基本观点

泰勒认为，课程编制应该围绕四个基本问题进行：

（1）明确教育目标：泰勒原理的实质是以目标为中心的课程组织模式，因此又被称为"目标模式"。确定教育目标既是课程开发的出发点，也是课程开发的归宿，目标因素构成课程开发的核心。泰勒认为课程设计的第一步是明确学习目标。这些目标应该清晰、具体，能够明确指导教学活动。目标应该涵盖学生在知识、技能和态度方面所需的各个层面。

（2）选择教育经验：选择什么样的教育经验最有可能达到这些目标？教育者应该选择和设计能够实现教育目标的教学活动、教材和资源，以实现教育目标。

（3）组织学习经验：在泰勒的模型中，一旦制定了明确的学习目标，就需要有序地组织学习经验，以促进学生的学习。怎样有效组织这些教育经验是要重点考虑的问题，因为选择教育经验和组织学习经验是主体环节，指向教育目标的实现。

（4）评价和测量：泰勒强调了对学生学习成果的评价和测量的重要性。评价应该与明确的学习目标相一致。这有助于教育者了解学生是否达到了预期的学习水平，同时也为学生提供了反馈，帮助他们改进学习。泰勒模型中还包括对学生表现的反馈机制。这有助于教育者理解教学的有效性，并在需要时进行调整。泰勒强调了不断迭代和改进课程的过程，以适应学生的需求和教学实践的变化。

2. 课程编制者要考虑三方面的因素

（1）学科的逻辑。即学科自身知识、概念系统的顺序。

（2）学生的心理发展逻辑。即学生心理发展的先后顺序、不平衡性和差异性等。

（3）社会的要求。如经济、政治、职业的要求等。

3. 目标模式的优点

泰勒原理是课程开发的经典原理，它确定了课程开发与研究的基本思路和模式，提供了一个课程分析的可行思路，具有逻辑严密的课程编制程序，有较强的引导性和调控性，各程序层次分明，一直被视作课程开发的基本框架。它强调了目标的作用，突出了知识的连续性与系统性；适用范围广，任何学科均可使用；突出了教师的主导性。

4. 目标模式的局限性

泰勒原理是课程开发的一个非常理性的框架，它不可避免地带有"科学至上"的时代印记。它对课程编制的认识具有简单化、机械化的倾向，并具有较强的主观性。预先确定严格的行为目标与手段，也不利于发挥教师教学的灵活性。

（二）斯腾豪斯的过程模式

斯腾豪斯在 1975 年出版的《课程研究与开发导论》中，对目标模式的课程理论进行了分析、批判，由于受到进步主义教育理论和发展心理学的影响，他提出了和泰勒原理截然不同的过程模式的课程理论。

1. 过程模式的主要观点

课程的研究和开发不应按照某些事先决定的行为目标制订出一套方案，然后加以评价，而应当是一个动态的、持续的过程，主张教育要关注具有内在价值的活动。斯腾豪斯认为，教育与课程意味着向学习者传授具有价值的东西，即发展学习者的知识和理解力，所以教育与课程有自己固有的内在价值和优劣标准。斯腾豪斯引用了拉思提出的一套选择课程内容的标准。[1]1971 年，拉思在《教育领导》杂志上发表了一篇题为《没有特定目标的教学》的论文，提出了鉴别教育活动内在价值的十二条标准。如"在所有其他条件相同的情况下，如果一项活动在学习情境中允许学生充当主动的角色而不是被动的角色，则这项活动比其他活动更有价值"。关于评价方法，斯腾豪斯认为，课程评价不应

---

[1]　杨开城:《课程开发模式的新构想》,《中国电化教育》2004 年第 12 期。

以目标的实现情况为依据，更应重视课程教学过程中的形成性结果，更应倾向于形成性评价和教师的诊断。

2. 过程模式的优点

过程模式追求课程内容的内在价值，更强调学生的主动参与；强调教育是一种过程。通过主动的探究学习和建构的过程，促进学生学习能力和认知技能的发展；改变了传统的教师角色。教师不再是知识的传授者，而是学生学习的引导者、解释者、咨询者和参考资料的提供者。

3. 过程模式的局限性

过程模式在课程开发的程序设计上没有提出一个更为明确的方案，可行性比较弱。如果没有方案，课程开发者会因缺乏具体的步骤而难以开展卓有成效的工作。此外，过程模式否定了教育目标的价值。在否定目标模式通过目标来开发课程的同时，又走向了否定目标的反面，把整个课程开发局限于对学科体系进行抽象、演绎的单一来源中，忽视了社会需要、知识的实用性以及学生的可接受性。过程模式在实践上还存在一些困难。一方面，对学生学习情况进行评价存在困难；另一方面，过程模式对教师的要求过高，在实践中困难重重。

（三）施瓦布的实践模式

施瓦布是美国著名的课程理论专家，参加过结构主义课程改革运动。但是结构主义课程改革运动遭遇挫折后，施瓦布针对以理论模式、目标模式为代表的传统课程理论进行了反思，指出了传统课程的弊端，进而提出了实践模式。

1. 实践模式的主要观点

实践模式追求课程的实践性。施瓦布主张课程研究应当立足于具体的课程实践状况，从课程实践的各种事实出发，而不是从现在的所谓普遍、科学的课程原理出发。还强调了教师和学生的主体作用，一方面，他认为教师是课程的主要设计者，在课程编制中起主导作用，主张发挥教师的创造性；另一方面，学生虽不能开发、设计课程，但是有权选择课程，并向教师提出质疑。

施瓦布提出了一种新的课程开发运作方式——集体审议。具体步骤如下：

（1）确定迫切需要解决的问题。

（2）对各事实判断和价值判断形成暂时的共识。

（3）拟定备选的解决方案。

（4）权衡各备选方案，选择最佳方案。

（5）对确定的方案进行"预演"。

（6）反思已确定的目标，形成最终的一致性意见。集体审议的主体是"课程集体"，以学校为基础，由校长、教师、学生、社区代表、课程专家、心理学家和社会学家等人员组成，并从中选出一位主席来领导整个审议过程。

2. 实践模式的优点

实践模式非常重视教育实践情境中教师和学生的主体地位，这是超越泰勒原理的地方，即把控制师生的过程变成充分发挥师生作用的过程。实践模式重视一线教师在课程开发中的作用，改变了由专家开发课程的思想，突出了教师、学生、家长等各方面人员对课程开发的参与，从重视理论研究转向了重视实践研究，更加贴合实际需求和学生的实际发展水平。

3. 实践模式的局限性

实践模式忽视了理论的价值。过于注重实践性的研究，这就容易导致忽视理论研究，走向相对主义的极端。此外，实践模式的可行性薄弱。集体审议是一种理想的实践模式，在现实中很难做到。

总的来说，根据高中名班主任的群体特征、培训目的、培训形式、培训时长以及资源支持综合来看，泰勒的课程目标开发模式强调了学习目标的明确性、组织性和评价的关键性，可行性强，这一模式在教育领域得到广泛应用，为名班主任培训课程设计提供了一个系统性的框架。

二、总体目标设计原则

基于泰勒的目标模式原理进行高中名班主任核心素养的培训课程设计，首先要制定培训课程的总体目标。确立高中名班主任的培训课程，其目标的设计要坚持以下基本原则：

第一，要体现思想性。深入贯彻落实习近平总书记系列重要讲话精神，以《教师教育振兴行动计划（2018—2022 年）》《中小学德育工作指南》为重要的指导纲要，要基于对高中班主任育人重要作用的认识，以进一步落实立德树人的根本任务，始终坚持育人为本、德育为先，坚持为党育人、为国育才的目标，以培养学生良好思想品德和健全人格为根本，目标中要体现中小学德育工作的时代性、科学性和实效性，体现高尚的师德师风以及深刻的教育思想理念。

第二，要体现特色专长。以名班主任五大核心素养为本，确立培训的主题，通过三年的系统培养，促进高中名班主任核心素养的发展，实现高中名班主任的专业发展，提升高中名班主任的品牌意识，形成个人的班主任工作特色专长，打造出高中名班主任的德育工作品牌。

第三，要体现创新性。高中名班主任无论是工作理念、思想还是方法手段，都应该具备一定的创新性，以引领团队的发展。所以必须帮助高中名班主任树立核心理念，深入学习针对新时代高中生身心发展特点的班主任工作专业知识，熟练掌握高中班级管理与教育的技能，总结与优化、提升班主任的工作经验；结合时代发展的特点，培养名班主任的研究意识，提高名班主任的思想创新性和研究能力，通过课题研究进而产出成果报告，以研究促进发展。

最终，根据体现思想性、特色专长和创新性的要求，基于高中名班主任核心素养的培训课程设计的总体目标，可以造就一批教育理念先进、师德师风高尚、教育综合技能扎实、班级管理水平高、教育研究能力强，既具有创新意识、国际视野、示范性强，又具有班主任核心竞争力、有特色专长、有工作品牌以及较大社会影响力与知名度的高中名班主任。

三、培训的具体目标设计

明确高中名班主任培训总体上体现思想性、特色专长和创新性的要求后，根据第三章高中名班主任核心素养的指标体系建构的相关论述，可以确定高中名班主任的五大核心素养模块，具体培养目标主要包含以下五个方面：

①提升学生发展指导素养与心理领导力；
②提升价值观教育素养与道德领导力；
③提升跨学科素养与课程领导力；
④提升班级管理素养与信息领导力；
⑤提升教科研素养与创新领导力。

四、培训课程的年度目标设计

基于高中名班主任核心素养的培训课程，需要通过三年时间的系统培养，除了制定整个培训课程的总体目标外，还需进一步制定每一个年度的具体目标，以确保培训课程的阶段性成效。

（一）第一年度

初步搭建完成特色名班主任工作室；学员顺利完成理论集中研学，并围绕个人的班主任工作特色专长申报相关课题；学员精心提炼个人的班主任工作思想，通过深入研究和实践的结合，形成独具特色的理论框架和实践经验，为今后的工作打下坚实的基础。

（二）第二年度

通过不断优化特色名班主任工作室的研学机制，确保其更加高效和灵活；学员积极参与跟岗出访，通过实地体验学习不断拓展视野；在此过程中，学员紧密围绕个人的班主任工作特色专长，精心拟定相关课题的成果标题，为进一步的研究和实践奠定基础；同时，学员在实践中逐步完善个人的班主任工作思想，通过经验总结和理论深化，为未来的工作提供更为成熟和系统的指导。

（三）第三年度

完善特色名班主任工作室的建设与支教帮扶；学员总结提升个人的班主任工作特色专长，并开发相应课程，开始巡讲并与其他班主任分享自己的工作心得和成功经验，通过经验交流促进共同成长；学员完成班主任工作特色的成果提炼，梳理出一套成熟而独特的工作方法和理念。

第三节　核心素养为本的课程内容模块设计

一、核心素养为本的培训主题设计

（一）培训主题分析

确立培训主题后，需要综合考虑班主任的职责、学校的特点以及教育环境的需求。具体可以从以下七个方面来进行主题的确立。

1. 核心素养分析

首先，可以对高中名班主任的核心素养进行深入分析。要确定本次培训中，重点提升与培训的素养和目标，以及如何统筹兼顾其他素养的提升，这对于培训主题的确立最为重要。

2. 高中学校的发展愿景

确立培训主题，需要考虑到高中学校的整体发展愿景和使命，确保培训主题与学校发展的整体目标相一致。培训主题应能够顺应学校的发展方向，并为班主任在实现学校目标时提供关键支持。

3. 学科特色

如果高中学校有特定的学科或教育特色，培训主题可以与之相关。例如，如果学校注重 STEM 教育，培训主题可以围绕如何在班主任工作中促进高中学生对科学、技术、工程和数学的兴趣展开。

4. 学生需求

提升名班主任核心素养的根本目的是育人，要落实立德树人的根本任务，就要考虑学生的需求和挑战。因此，培训主题可以聚焦于班主任如何更好地理解和满足学生的个性化需求，以提高学生整体的学习兴趣和发展水平。

5. 社会背景

确立培训主题也要考虑当前社会背景和教育领域的变革。培训主题可以涉及如何适应时代变革，促进学校和班级的创新与发展，例如，"人工智能赋能班主任核心素养的提升"。

6. 教育政策

要考虑国家和地区的教育政策，确保培训主题与政策要求相符，有利于班主任更好地履行职责。

7. 班主任专业发展需求调查

要对整个地区班主任的需求进行调查，了解他们认为自己需要提升的方面。可以通过问卷调查、座谈会等形式进行，以便更全面地把握培训的方向。

综合考虑以上因素，可以选择一个或多个培训主题，确保它们能够全面覆盖高中名班主任的核心素养，同时与高中学校的整体发展目标相契合。这有助于提高培训的针对性和实效性。

（二）培训主题确定

基于高中名班主任的五大核心素养目标，本培养方案的课程内容具体包含以下几个模块，见表4-1：

表4-1　高中名班主任培训课程的主题模块

课程模块	课程主题				
价值观教育素养与道德领导力	政治素养	文化素养	哲学反思素养	个人道德素养	/
教科研素养与创新领导力	理念更新与选题素养	教科研方法素养	合作研究素养	写作与表达素养	/
班级管理素养与信息领导力	班级文化建设素养	班级活动组织素养	教育沟通协调素养	教育机智素养	信息化班级管理素养
跨学科素养与课程领导力	学科互动素养	课程资源开发与整合素养	合作教学素养	教学评价素养	/
学生发展指导素养与心理领导力	生涯规划与指导素养	心理健康与咨询素养	学生成长指导素养	/	/

如表4-1所示，为了有效地提升高中名班主任的理论基础，围绕高中名班主任的特征，在三年的培训过程中将开设以上课程模块，各模块主题内容的选择可以参考以下的内容。

1. 价值观教育素养与道德领导力模块

（1）政治素养

提升班主任的政治素养很关键，因为他们在学校管理和教育工作中需要处理各种复杂的政治关系和社会问题。为帮助提升班主任的政治素养，可以选择以下的课程培训内容：

①教育法律法规培训：提供详细的教育法律法规培训，使班主任了解国家和地方教育法律法规，以确保他们在管理学校事务时遵守法律规定。

②政治理论讲座：包括马克思主义基本原理、中国特色社会主义理论等，通过这些理论讲座，班主任能够更好地理解国家政治制度、政策方向以及社会发展趋势。

③社会热点问题研讨：针对当前社会热点问题，组织研讨课程，让班主任了解社会舆论和公众关切，培养他们敏锐的政治洞察力。

这些课程培训有助于提升班主任的政治素养，使其更好地理解和应对学校所处的政治环境，更加灵活地处理复杂的学校事务和社会关系。培训的形式可以包括讲座、研讨会、案例分析等，以确保培训的全面性和实效性。此外，还可以将提升政治素养融合于平时的培训课程内容中。

（2）文化素养

提升班主任文化素养的课程培训旨在通过多样化的学科和领域，使班主任能够更好地理解和应对性格多样的学生，更富有文化修养地履行班主任的教育职责。可以选择以下的课程培训内容：

①文学与艺术鉴赏：开设文学、艺术欣赏课程，帮助班主任提高对文学作品、艺术品的鉴赏水平，培养他们的审美情趣，以更好地引导学生在文学和艺术领域的发展。

②地方文化传承：强调地方文化的传承，帮助班主任了解学校所在地区的传统文化、风土人情，有助于他们更好地与学生和家长建立联系。

③多元文化教育：开设多元文化教育课程，引导班主任关注和尊重不同文化的差异，培养他们在跨文化环境中的教育领导力。

④国学经典阅读：鼓励班主任阅读国学经典，包括古代文学、哲学经典等，以提高他们对传统文化的理解和把握。

（3）哲学反思素养

提升班主任的哲学反思素养是培养其深刻思考能力、明辨问题本质、在复杂情境中做出明智决策的重要环节。提升班主任的哲学反思素养，可以选择以下的课程培训内容：

①哲学基础课程：提供哲学基础知识培训，包括伦理学、认知科学、哲学思想史等，通过相关课程建立班主任对哲学概念和思维方式的基本理解。

②问题导向学习：引导班主任参与问题导向学习，培养他们通过提问、讨论和研究问题来提升思维深度，形成对教育问题的深刻理解。

③教育伦理学：通过教育伦理学课程，让班主任深入思考在教育领域中面临的伦理挑战，培养他们正确的职业操守和价值观。

④自我反思训练：提供自我反思的技能培训，帮助班主任建立定期自我评估的机制，通过反思实践经验来不断提升自身专业素养。

（4）个人道德素养

提升班主任的个人道德素养是教育工作中至关重要的一环，可以选择以下的课程培训内容：

①教育伦理学课程：提供伦理学基础培训，使班主任深入了解伦理学原理和道德规范，从而更好地引导学生、处理纠纷，以良好的道德标准来履行自己的职责。

②职业操守培训：强调教育从业者的职业操守，包括对学生、家长、同事的慎重承诺，鼓励班主任始终保持高尚的职业道德。

③情感智慧培训：帮助班主任培养情感智慧，使其更好地理解和管理自己的情绪，以更积极、健康的心态对待工作和生活。

④团队合作与社交技能：强调班主任在团队协作中的道德责任，培养他们的团队领导能力和社交技能，以建立良好的人际关系。

⑤反思与自我成长：鼓励班主任进行反思，定期审视自己的行为和决策，

以促进个人成长和道德意识的提升。

2. 教科研素养与创新领导力模块

（1）理念更新与选题素养

提升班主任的理念更新与选题素养，可以选择以下的课程培训内容：

①教育理论与实践：这项培训可以包括最新的教育理论和方法，帮助班主任了解不同的教学方法和教育模式，并将其融入课堂教学和学生指导中。

②课题研究与选题指导：提供选题指导技巧，帮助班主任在学生的课题选择、课题设计和研究过程中提供更有针对性的指导，包括研究方法、文献查找与综述等方面的技能。

③跨学科教育：探讨跨学科教育的重要性以及如何在教学中融入不同学科的知识，促进学生的跨学科思维和综合能力的提升。

④创新教学设计：提供创新的教学设计理念和方法，如项目式学习、合作式学习、实践性教学等，帮助班主任更好地设计课程和教学内容。

（2）教科研方法素养

提升班主任的教科研方法素养，可以选择以下的课程培训内容：

①研究设计与方法论：介绍不同的研究设计和方法，包括实证研究、案例研究、行动研究等，帮助班主任选择适合自己的研究问题的方法。

②文献检索与综述：教授班主任如何有效地进行文献检索，评估文献质量，以及编写综述的技能，使班主任能够了解已有研究成果并建立自己的研究框架。

③数据收集与分析：提供数据收集和分析的基础知识，包括定量和定性研究方法，培养班主任运用统计工具和分析软件的能力。

④研究伦理与知识产权：强调研究过程中的伦理标准和知识产权保护，确保班主任的研究活动合乎道德规范和法规。

⑤学术写作与发表：提供学术写作的技能培训，包括研究报告、论文和期

刊投稿等，以提高班主任的研究成果传播和发表的机会。

⑥研究项目管理：教授班主任项目管理的基本原理，帮助班主任规划研究进程、合理分配时间和资源，并提高研究项目的执行效率。

（3）合作研究素养

提升班主任的合作研究素养，可以选择以下的课程培训内容：

①团队建设与领导力培养：帮助班主任了解团队协作的基本原则，学习领导和管理团队的技能，以及如何激发团队成员的积极性和创造性。

②有效沟通与协作技能：提供有效沟通的技巧，包括听取他人意见、清晰表达观点、解决冲突等，以营造团队内部的良好合作氛围。

③跨学科合作：帮助班主任理解和应用跨学科合作的理念，鼓励他们与其他领域的专业人员合作，拓展研究视野。

④项目管理与协调：教授班主任项目管理的基本概念，包括制订计划、任务分配、进度追踪等，以确保合作研究项目的高效进行。

⑤团队决策与问题解决：提供决策和问题解决的方法，帮助团队有效地应对各种挑战和难题，促进团队目标的达成。

（4）写作与表达素养

提升班主任的写作与表达素养，可以选择以下的课程培训内容：

①写作基础培训：提供写作基础知识，包括语法、拼写、标点等，以确保班主任有良好的写作基本功。

②文章结构与逻辑：帮助班主任理解文章的结构和逻辑，学会合理组织段落、句子，以及确保文章内容的一致性和连贯性。

③批判性思维与论证：帮助班主任培养批判性思维，学会合理论证观点，以增强写作的深度和说服力。

④专业写作风格：针对教育领域的特点，培养班主任适应专业写作风格，包括撰写教育报告、家长信件等。

⑤多媒体写作：引导班主任掌握多媒体写作技能，包括在电子邮件、博客、社交媒体等平台上进行有效的表达。

⑥实际应用与案例分析：结合实际案例，进行写作练习和分析，让班主任通过实践提升写作素养。

3．跨学科素养与课程领导力模块

（1）学科互动素养

提升班主任的学科互动素养，即他们在学科交流与合作中的专业素养，对于提高学校整体教学质量至关重要。提升班主任的学科互动素养，可以选择以下的课程培训内容：

①跨学科整合培训：通过跨学科的培训，帮助班主任理解不同学科之间的联系，促进学科之间的交叉合作，以更好地整合教学资源。

②项目式学习课程：引入项目式学习培训，让班主任学习如何组织和管理跨学科项目，促使不同学科的教师在项目中紧密合作。

③教育技术与学科整合：提供关于教育技术在不同学科中的应用培训，使班主任能够更好地利用技术工具促进学科间的交流与合作。

④学科团队协作培训：组织学科之间进行团队协作的培训，加强班主任与其他学科教师之间的协作，促进共同教学目标的达成。

（2）课程资源开发与整合的素养

提供班主任课程资源开发与整合的素养培训，可以结合实际教学案例和互动式的学习方式，确保班主任能够将培训中学到的知识和技能有效地应用到实际工作中。此外，培训课程内容也可以结合学校的具体情况和需求进行定制，可以选择以下的课程培训内容：

①课程设计与规划：向班主任提供关于课程设计的培训，包括目标明确、教学方法选择、评估策略等方面，以帮助班主任更好地规划和设计课程。

②多元化教学策略：帮助班主任了解和掌握多种教学策略，包括案例

教学、小组合作学习、项目式学习等，以便更灵活地应对不同学科和学生的需求。

③学习信息技术在教学中的应用：提供有关使用信息技术和在线资源的培训，帮助班主任更好地整合数字教育资源，提升教学效果。

④跨学科整合：引导班主任了解不同学科之间的关联，并教授其如何在教学中整合跨学科资源，提升学科之间的交叉性。

（3）合作教学素养

合作教学素养对于班主任进行团队协作进而高效工作具有重要意义，提升班主任的合作教学素养，可以选择以下的课程培训内容：

①团队合作与沟通技能：帮助班主任提升团队合作和沟通的技能，包括有效的会议管理、团队建设、解决冲突的能力等。

②协同规划与设计课程：教授班主任如何与其他教师共同规划和设计课程，确保教学目标的一致性和整体性。

③团队合作与共享：鼓励班主任在课程资源开发中进行团队合作，以及与其他教师共享成功的资源和经验。

④共享教学资源：引导班主任学会如何分享和利用教学资源，包括教案、课件、评估工具等，促进教学资源的共享与整合。

⑤专业学习社区建设：鼓励班主任参与和建设专业学习社区，促进教师之间的交流与合作，分享成功经验和教学资源。

（4）教学评价素养

教学评价有助于不断反思和精进教学，提升班主任的教学评价素养，可以选择以下的课程培训内容：

①评价理论与方法：提供不同评价理论的概念和基本原则，介绍多种评价方法，如形成性评价、终结性评价、同行评价等，让班主任了解并选择适合自己的评价方式。

②有效评价标准和指标：帮助班主任建立合适的评价标准和指标，确保评价能够客观、全面地反映学生的学习情况。

③任务型评价与反馈：教授班主任如何设计任务型评价，通过项目、作业或实践任务来评估学生的综合能力，并强调提供有效的反馈，促进学生的进步。

④教学评价工具和技术：培训班主任使用各种评价工具和技术，包括在线测验、评分软件、数据分析工具等，以提高评价的效率和准确性。

⑤数据分析与课程改进：教授班主任如何收集和分析评价数据，帮助班主任了解学生的学习情况，并根据数据制订课程改进计划。

⑥合作评价与同行交流：鼓励班主任之间进行合作评价和同行交流，分享评价经验和优秀实践案例，相互学习、共同进步。

4. 班级管理素养与信息领导力模块

（1）提升班级文化建设素养

提升班主任的班级文化建设素养，可以选择以下的课程培训内容：

①班级文化理念与核心价值观：帮助班主任明确班级文化的理念和核心价值观，以确保班级建设的方向和目标明确。

②团队建设与领导力培训：教授班主任团队建设的基本原则和领导力技能，以便班主任能够更好地引领班级并保持积极向上的方向。

③班级规章制度设计：引导班主任设计和建立班级的规章制度，确保学生对于班级文化的认同和遵守。

④班级活动策划与组织：提供策划和组织班级活动的技能培训，包括文体比赛、社会实践、志愿服务等，以提高班级凝聚力和团队合作精神。

（2）提升班级活动组织素养

提升班主任的班级活动组织素养，可以选择以下的课程培训内容：

①主题班会设计与开展：帮助班主任明确主题班会的重要性，学会设计有

效的、有教育意义的主题班会，注重开展班会时的细节。

②日常班级活动组织：日常的做操活动、学校举行的文体活动等，班主任能够组织好班级学生积极参与，并且增进师生之间的交流。

（3）提升教育沟通协调素养

提升班主任的教育沟通协调素养，可以选择以下的课程培训内容：

①沟通技巧培训：为班主任提供有效的沟通技巧培训，包括倾听、表达清晰信息、使用正面语言等，以促进班主任与学生和家长之间的良好沟通。

②文化敏感培训：引导班主任了解不同文化背景的家庭，并学会在跨文化环境中进行敏感而有效的沟通。

③家庭访谈技巧：教授班主任家庭访谈的技巧，包括如何提出问题、如何倾听家长的意见以及如何达成共识等，以建立积极的合作关系。

④信息共享平台：帮助班主任建立和使用学校与家庭之间的信息共享平台，确保信息的及时传递和双向沟通。

（4）提升教育机智素养

提升班主任的教育机智素养，可以选择以下的课程培训内容：

①隐患事件预防：帮助班主任树立全局意识和安全意识，能够对潜在隐患提前注意以及做好防范。

②突发情况处理：帮助班主任形成对课堂教学和日常教育中的突发事件能够保持冷静的态度，具有较强的应变处理能力。

（5）提升信息化班级管理素养

提升班主任的信息化班级管理素养，可以选择以下的课程培训内容：

①学习管理系统（LMS）使用培训：教授班主任如何使用学习管理系统，包括课程发布、作业分发、成绩录入等功能。指导班主任有效地组织和管理班级信息，确保学生和家长可以方便地访问相关内容。

②在线协作工具培训：教授班主任使用在线协作工具，如 Google Workspace、

Microsoft Teams 等，以促进班主任与学生、家长之间的实时沟通和协作。

③数字教学资源评估：帮助班主任评估和选择适合自己班级的数字教学资源，包括在线课程、多媒体资料等。

④数据分析与评估技能：培训数据分析技能，可以帮助班主任更好地理解学生的学习状况，以提供个性化的支持。教授班主任如何使用学生成绩和表现数据进行评估，以调整教学策略。

⑤在线评价和反馈技巧：提供有效的在线评价和反馈技巧，以促进学生的学习和发展。强调如何在数字平台上进行有针对性的评价，帮助学生了解自己的优势和改进空间。

⑥网络安全和隐私保护：介绍网络安全的基本知识，确保班主任能够保护学生和家长的个人信息。指导如何在网络环境中教育学生保护自己的隐私。

⑦远程教学技巧：提供远程教学技巧的培训，包括如何保持学生的参与度、管理在线课堂、应对技术问题等。

⑧家校协同的数字化管理：培训如何使用数字工具促进家校合作，包括定期的家长会议、在线家长沟通等。

⑨创新教学方法：引导班主任采用创新的教学方法，如翻转课堂、项目式学习等，结合信息技术提升教学效果。

5. 学生发展指导素养与心理领导力模块

（1）提升生涯规划与指导素养

提升班主任的生涯规划与指导素养，可以选择以下的课程培训内容：

①职业生涯规划理论与框架：介绍各种职业生涯规划理论和框架，帮助班主任理解学生职业发展的基本原理和方法。

②职业生涯咨询技巧：培训班主任在职业生涯咨询中的技巧，包括倾听、提问、激发学生自我认知等方面的能力。

③学生个性与兴趣评估：帮助班主任学会使用各种工具和方法，评估学生

的个性、兴趣和价值观，以更好地为其提供职业建议。

④职业市场了解：提供有关当前职业市场趋势、就业前景和各行业要求的信息，以便班主任能够更好地指导学生选择适合的职业方向。

⑤实践经验分享：邀请成功职业人士或校友分享他们的职业经验，以启发学生对不同行业的认识。

⑥职业技能培训：提供一些基本的职业技能培训，如求职技巧、面试技巧、职业写作等，以帮助学生更好地进入职场。

（2）提升心理健康与咨询素养

提升班主任的心理健康与咨询素养，可以选择以下的课程培训内容：

①心理健康知识：介绍基本的心理学知识，包括常见的心理健康问题、心理障碍的症状和治疗方法等，以增强班主任对心理健康的理解。

②心理健康促进：探讨促进心理健康的方法，包括生活方式、社交支持、自我关怀等方面的策略，帮助班主任保持积极的心理状态。

③心理危机干预：提供心理危机干预的培训，使班主任能够有效地处理学生可能面临的紧急心理健康问题，如自杀倾向、抑郁症等。

④沟通与倾听技巧：培养班主任良好的沟通和倾听技巧，使其能够更好地理解学生的需求和情感，并为他们提供有效的支持。

⑤团队合作与协作：强调团队合作的重要性，使班主任能够与其他教育专业人员、心理健康专业人员紧密合作，共同关注学生的心理健康。

⑥自我反思与职业压力管理：帮助班主任建立自我反思的习惯，认识和管理自己的情绪，有效处理工作压力。

（3）提升学生成长指导素养

提升班主任的学生成长指导素养，可以选择以下的课程培训内容：

①发展心理学：了解儿童和青少年的身心发展阶段，以便更好地了解学生在不同年龄段的需求和挑战。

②学业规划与生涯发展：提供学业规划的基础知识，帮助班主任指导学生进行职业探索和规划，了解不同职业领域的要求和发展路径。

③学习心理学：深入了解学生学习过程中的心理机制，帮助班主任更好地支持学生的学习，包括注意力、记忆、动机等方面的理论和实践。

④社会情感发展：关注学生的社会情感发展，培养班主任在处理学生间关系和团体动力方面的指导能力。

⑤跨文化沟通：培养班主任与学生之间有效沟通的技能，尤其是在多元文化和跨文化环境中，以更好地理解和支持学生的学习。

与此同时，由于各个老师的水平经验和工作年限不同，可以围绕名班主任的个人班主任工作特色品牌，进行个性化课程内容的设计。

二、核心素养为本的具体内容体系

核心素养为本的高中名班主任课程体系建构可以结合实际情况灵活调整，具体以广东省主题为"宽厚基础、分类生长"的高中名班主任培训课程内容为例，以期对构建不同地区的班主任培训课程具有一定的参照和启示作用。

根据《广东省教育厅广东省财政厅关于印发〈广东省中小学"百千万人才培养工程"培养项目实施方案〉的通知》（粤教师〔2020〕6号）的精神，培训课程（见表4-2）采用集中脱产学习、岗位实践探索、访学交流研修、示范引领帮扶、问题研究提升、工作室研修相结合的培养模式，注重研训结合、训用结合。主要采取"5结合5阶段"的方式进行。"5结合5阶段"即理论研修与行动研究相结合、脱产学习与岗位研修相结合、导师引领与个人研修相结合、国内学习与海外研修相结合、研修提升与示范辐射相结合的方式，为培养对象设计集中脱产研修、异地考察交流、岗位实践行动、示范引领帮扶、课题合作研究等多层次、多阶段的提升性培训模块。

表4-2 核心素养为本的高中名班主任培训课程的具体内容

培训周期	第一年	第二年	第三年
年度目标	优势定位与宽厚基础	拓展思维与分类生长	成果凝练与传播引领
工作室活动安排（MIT）			
1—2月	【工作室活动：7天】 1. 主题：班主任工作实践反思 2. 活动 （1）跟岗学习 到实践导师所在学校或指定学校集中跟岗学习一周 （2）工作室成员集中研讨 从教育实践反思教育理念，导师点评 （3）课题预汇报 各工作室独立进行，双导师与工作室学员共同在场，就培养对象拟研究课题进行汇报与交流	【工作室活动：7天】 1. 主题：班主任工作特色专长凝练 2. 活动 （1）教育思想研讨反思批判 （2）对话助产 专家与培养对象一对一深度对话、教育管理思想助产 （3）论文、课题指导与交流 培养对象论文撰写情况、课题进展情况汇报、导师指导 （4）经典研读分享 学员参与、导师点评	【工作室活动：7天】 1. 主题：名班主任品牌宣讲与传播 2. 活动 （1）论文、课题指导 培养对象结业前论文和课题研究进展情况汇报、导师指导 （2）结业答辩指导 培养对象教育管理思想提炼汇报，导师指导 （3）经典研读分享 学员参与、导师点评
价值观教育素养与道德领导力			
3—4月	【集中研修：7天】 1. 主题：政治哲思与文化底蕴 2. 活动 （1）名家讲坛＋名著研读（L） 政治素养—培养政治素养课程 （2）跟岗学习＋实地考察（E） 文化素养—课程背景下文化建设 （3）互助学习＋团队合作、返岗实践＋课题研究、课程开发＋示范带学（A） 哲学反思素养—哲学与生活	【集中研修：10天】 1. 主题：班主任职业道德表达与实践 2. 活动 （1）名家讲坛＋名著研读（L） 政治素养—班主任政治素养学科表达指导 （2）跟岗学习＋实地考察（E） 文化素养—传统文化漫谈 （3）互助学习＋团队合作、返岗实践＋课题研究、课程开发＋示范带学（A） 哲学反思素养—教育教学中的哲学思考	【集中研修：10天】 1. 主题：个人教学哲学的行程与传播 2. 活动 （1）名家讲坛＋名著研读（L） 政治素养—班主任培养学生政治素养指导 （2）跟岗学习＋实地考察（E） 文化素养—新时代文化建设漫谈 （3）互助学习＋团队合作、返岗实践＋课题研究、课程开发＋示范带学（A） 哲学反思素养—哲学、文化与人生智慧

112

培训周期	第一年	第二年	第三年
3—4月	个人道德素养——如何培养新时代合格公民	个人道德素养——班主任职业道德	个人道德素养——班主任道德讲堂
教科研素养与创新领导力			
5—6月	【集中研修：7天】 1. 主题：教科研基础理论初探 2. 活动 （1）名家讲坛＋名著研读（L） 理念更新与科研选题素养—教育理论学习与课题申报指导 （2）跟岗学习＋实地考察（E） 教科研方法素养—学科背景下教科研方法指导 （3）互助学习＋团队合作、返岗实践＋课题研究、课程开发＋传播分享（A） 合作研究素养—班主任协作研究指导 写作与表达素养—班主任写作与表达技巧指导	【境外学习：25天】 1. 主题：境外科研选题与教科研方法实践 2. 活动 （1）名家讲坛＋名著研读（L） 科研方法论素养学习——教师为本的研究方法 （2）跟岗学习＋实地考察（E） 教科研方法素养—科研素养与科学方法 （3）互助学习＋团队合作、返岗实践＋课题研究、课程开发＋传播分享（A） 合作研究素养—班主任协作素养培养指导	【集中研修：10天】 1. 主题：课题申报经验与成果分享 2. 活动 （1）名家讲坛＋名著研读（L） 理念更新——教育研究的价值追求 （3）跟岗学习＋实地考察（E） 教科研方法素养—科研素养和科学方法进阶指导 （3）互助学习＋团队合作、返岗实践＋课题研究、课程开发＋传播分享（A） 合作研究素养—班主任协作研究实践指导 写作与表达素养—写作与表达创意指导
班级管理素养与课堂领导力			
7—8月	【集中研修：15天】 1. 主题：了解课堂管理的理论基础 2. 活动 （1）名家讲坛＋名著研读（L） 课堂管理素养—学科特点下课堂管理指导 （2）跟岗学习＋实地考察（E） 班级文化建设素养—班级文化建设课程	【集中研修：7天】 1. 主题：课堂管理与班级文化建设实践探索 2. 活动 （1）名家讲坛＋名著研读（L） 课堂管理素养—课堂管理的方法与艺术 （2）跟岗学习＋实地考察（E） 班级文化建设素养—班级文化建设方法指导	【集中研修：7天】 1. 主题：班级管理、课堂管理的优秀案例分享 2. 活动 （1）名家讲坛＋名著研读（L） 课堂管理素养—课堂管理的方法案例指导 （2）跟岗学习＋实地考察（E） 班级文化建设素养—班级文化建设实践指导

培训周期	第一年	第二年	第三年
7—8月	（3）互助学习＋团队合作、返岗实践＋课题研究、课程开发＋传播分享（A）家校合作与沟通素养—有效沟通课程 信息化班级管理素养—信息化素养的培育	（3）互助学习＋团队合作、返岗实践＋课题研究、课程开发＋传播分享（A）家校合作与沟通素养—有效沟通的路径分享 信息化班级管理素养—信息化班级管理进阶课程	（3）互助学习＋团队合作、返岗实践＋课题研究、课程开发＋传播分享（A）家校合作与沟通素养—有效沟通的理论构建 信息化班级管理素养—信息化班级管理实践理论构建
	跨学科素养与课程领导力		
9—10月	【集中研修：10天】1. 主题：课程与教学变革——基于整体主义思维 2. 活动（1）名家讲坛＋名著研读（L）学科互动素养—互动学习方法指导（2）跟岗学习＋实地考察（E）课程资源开发与整合的素养—整合思维下的课程开发理论指导（3）互助学习＋团队合作、返岗实践＋课题研究、课程开发＋传播分享（A）合作教育教学素养—班主任协作教育教学素养研究	【集中研修：7天】1. 主题：整体思维下的课程实施与教学方式变革 2. 活动（1）名家讲坛＋名著研读（L）学科互动素养—互动课程的实践指导（2）跟岗学习＋实地考察（E）课程资源开发与整合的素养—整合思维下的课程开发实践指导（3）互助学习＋团队合作、返岗实践＋课题研究、课程开发＋传播分享（A）合作教育教学素养—班主任协作研究进阶指导 合作教育教学素养—教育教学评价体系研究指导	【集中研修：7天】1. 主题：跨学科课程开发及协作教学的成果提炼与经验分享 2. 活动（1）名家讲坛＋名著研读（L）学科互动素养—互动课程进阶指导（2）跟岗学习＋实地考察（E）课程资源开发与整合的素养—整合思维下的课程开发（3）互助学习＋团队合作、返岗实践＋课题研究、课程开发＋传播分享（A）合作教育教学素养—协作教育教学理论建构 合作教育教学素养—教育教学评价指导
	学生发展指导素养与心理领导力		
11—12月	【集中研修：15天】1. 主题：高中生心理发展特征认识 2. 活动（1）名家讲坛＋名著研读（L）	【集中研修：7天】1. 主题：如何进行高中生健康发展指导？2. 活动（1）名家讲坛＋名著研读（L）	【集中研修：10天】1. 主题：高中生心理干预及生涯指导案例分享 2. 活动（1）名家讲坛＋名著研读（L）

培训周期	第一年	第二年	第三年
11—12 月	生涯教育指导理论—高中生生涯规划指导技巧（2）跟岗学习＋实地考察（E）心理健康教育知识与咨询素养—高中生心理学方面的指导（3）互助学习＋团队合作、返岗实践＋课题研究、课程开发＋传播分享（A）学生发展阶段认识与研究素养—学生健康成长阶段指导	生涯教育指导素养—基于学科的生涯规划指导（2）跟岗学习＋实地考察（E）心理健康教育知识与咨询素养—心理健康教育进阶指导（3）互助学习＋团队合作、返岗实践＋课题研究、课程开发＋传播分享（A）学生发展阶段认识与研究素养—学生健康发展研究指导	生涯教育指导素养—新高考形式下高中生生涯规划课程（2）跟岗学习＋实地考察（E）心理健康教育知识与咨询素养—心理健康漫谈（3）互助学习＋团队合作、返岗实践＋课题研究、课程开发＋传播分享（A）学生发展阶段认识与研究素养—学生发展阶段案例研究

第四节　核心素养为本的课程实施模式设计

一、基于高中名班主任核心素养的 LEA 课程模式建构

核心素养首先是一种综合表现。任何一种核心素养的达成都需要经过理论的学习与观念的更新，需要经验的借鉴与参考，更需要实践的行动，才能真正实现核心素养的发展。基于此，本培训课程拟采用 LEA（Learning、Experience、Action）的课程模式。这一课程模式实施的特色就是在学习中成长，在实践中成长，在示范引领中成长，在传播中成长。

（一）LEA 课程模式简介

Learning（思想观念）：班主任要通过参加讲座、多阅读名著来提高自己的理论素养，更新自己的思想观念。

Experience（方法技术）：通过跟岗、参观访问（包括出国或者出境）、田野学习、案例分析、访问考察等方式来提高自己的方法技术和课堂实践技能。

Action（自主行动）：通过返岗实践、课题研究等提升班主任的教育教学理论知识、提升优点，弥补不足，再通过学员分享自己的经典案例，打造个人的班主任工作特色专长。

LEA 课程模式图见图 4-3。

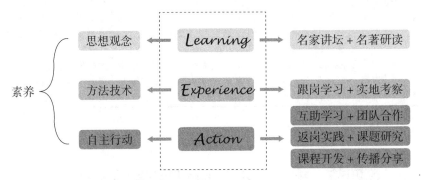

图 4-3　基于名班主任核心素养的 LEA 课程模式示意图

（二）采用 LEA 课程模式理论依据

参与培训的教师群体是高中班主任，他们需要履行多重角色，需要同时面对学生、家长和其他教育工作者，通常面临繁重的工作量，包括教学准备、班级管理、学生辅导、家校沟通等，因此需要良好的时间管理，否则难以有大量的时间来参加教师培训学习。

针对高中班主任工学矛盾的群体特征，LEA 课程模式能够最大限度地帮助班主任实现做中学，做中进步，通过短期的理论学习与实地考察相结合，将知识最大限度地吸收利用，最后通过返岗实践，将学习到的知识与技能进行自主建构，衍生出独特的个人知识体系，再进行新一轮的课程开发和分享，实现知识传播的良性循环。

二、螺旋式上升的课程组织形式设计

（一）螺旋式课程组织形式简介

LEA 课程模式采用的是螺旋式课程组织形式，螺旋式课程组织是一种教学设计方法，其核心思想是通过反复的学习和深化，逐渐增加难度，使学生能够更深入地理解和掌握知识。这种形式的课程设计被比喻为螺旋，因为它重复设计相似的主题，但每次都在之前的基础上进行更深层次的拓展。螺旋式课程组织形式的一般特征在于：

1. 反复性教学

课程在不同的时间点反复回顾核心概念，以强化学习者的理解。

2. 逐层深化

每次回顾都在前一次的基础上深化主题，涉及更复杂、更深入的概念和技能。

3. 综合性学习

通过螺旋上升的方式，促使学生整合先前学到的知识，并形成更全面的理解。

4. 个体差异的考虑

考虑到学习者的个体差异，螺旋式教学提供了多次机会，以满足不同学生的学习速度和风格。

5. 主题强调

通过不同层次的螺旋，突出主题，让学习者逐渐掌握课程的深度和广度。

螺旋式课程组织形式的优势在于：

1. 巩固记忆

通过反复的学习，有助于巩固学习者对知识的记忆，提高长期记忆效果。

2. 深化理解

逐步深化的教学有助于学习者更深刻地理解和应用所学知识，而不仅仅是表面记忆。

3. 培养批判性思维

通过多次回顾和深化，学习者被鼓励思考问题的不同层面，培养批判性思维能力。

4. 适应不同水平

螺旋式课程设计可以更好地满足不同学习者的学习需求，因为它提供了多个学习机会。

5. 强化综合能力

整合之前学过的知识，培养学习者对知识的综合运用能力。

6. 提高学习兴趣

由于不断深化的内容，学习者更有可能保持对学习的兴趣，因为他们在学到新知识的同时获得了成就感。

总体而言，螺旋式课程组织形式旨在通过循序渐进的教学过程，使学生更好地理解和掌握知识。这一方法对于学习者增强深刻的学科理解能力和提高学习动力都有积极的作用。

（二）螺旋式课程组织形式设计

由于培训对象是高中名班主任，他们具有一定的知识水平，且培训周期较长，针对受培训者的群体特征，为了保证培训的有效性，故课程采用螺旋式上升的组织形式，让受训对象在 3 年内不断地围绕着核心素养发展开展相应的学习，学习目标与任务难度都逐年上升。如图 4-4 所示：

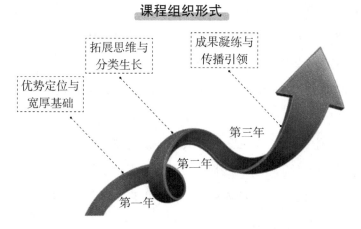

图 4-4　螺旋上升的课程组织形式

（三）优化培养成效的 MIT 导师指导模式

由于一线班主任在学习过程中，常常会遭遇工学矛盾，且集中研学的时间有限，所以整个培训过程将一直使用 MIT 导师指导模式。它是一种辅助课程，最终帮助受训学员实现分类生长，促进班主任品牌特色的形成和发展。如图4-5 所示：

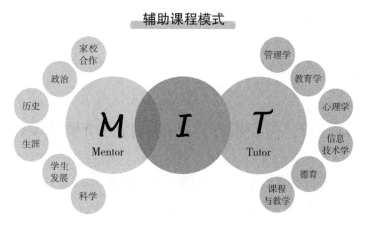

图 4-5　MIT 导师指导模式

Mentor：一线实践导师。导师会在科学、学生发展、学生生涯规划、历史、政治、家校合作等领域给予经验指导，以领域板块来形成团队，合作建立广东省名班主任的品牌。

I：受训学员本人。受训学员自身的特色非常重要，是进行分类生长的重要基础。

Tutor：大学导师。重在思想指引、理论升华。导师在管理学、教育学、心理学、信息技术学、德育、课程与教学等方面给予指导。

基于 MIT 模式，3 年的培养期间，拟根据班主任与两位导师的专长，建立 6 大名班主任工作室，分别是：

①生涯指导与心理咨询名班主任工作室；

②信息化班级管理名班主任工作室；

③教育咨询与学生发展指导名班主任工作室；

④特色化班级管理名班主任工作室；

⑤学科协同化班级管理名班主任工作室；

⑥文化型班级管理名班主任工作室。

围绕名班主任工作室的打造，MIT 模式贯穿 3 年的培训周期，以论坛、送教、研讨、专题研究任务等为具体的活动形式来展开，最终形成优秀班主任品牌。

第五节　核心素养为本的课程评价模式设计

课程评价是评估课程实际教育效果的价值判断活动。它包括了学业评价和对课程本身的评价。课程评价模式是评价人员或研究者依据某种教育理念、课程思想或特定目的，选取一种或几种评价途径所建立起的相对完善的评价体系。

在教育培训中，考核评价是培训工作中不可或缺的一环，只有通过全面、科学的评价体系，才能更好地促进教育培训质量的提升。高中名班主任培训课程设计的评价模式是基于泰勒的目标达成模式，泰勒认为评价就是要衡量学生行为实际发生变化的程度，通过预先规定的行为目标设计课程、评价课程。

高中名班主任培训课程设计的评价模式基于培养目标的考核评价，检查培养目标是否达成，再进一步细化培养目标，达成验收指标。

在评价原则上，采用过程性评价与结构性评价、诊断性评价与形成性评价相结合的原则，在评价要求上，主要划分为年度考核、期中考核和期末考核三个阶段，并对每个阶段的重点进行明确规定。在评价方式上，采取多主体相结合的考核方式，以确保评价结果的客观性和公正性。这种评价方式包括培养对象自评、所在地评价、导师评议、培养机构鉴定和项目领导小组审核等多个环节。

通过在评价中得到的反馈，不断健全课程支撑和细化培训课程目标，实现一个内容和路径不断优化的闭环，使得名班主任培训课程能够有序、全面、有效地达到预期的培训效果，力求培训的科学性和实践性的双向耦合。

第五章
基于高中名班主任核心素养的培训课程实施

　　培养高中名班主任，应根据培训团队专家精心构建的高中名班主任培训课程体系，依计划开展培训课程实施工作。一方面，引领一支包括专业学者、领域专家，以及卓越中小学教育从业者的专业队伍为高中名班主任学员提供专业指导；另一方面，多元化的课程为高中名班主任提供广泛多样的培训途径，丰富学员的体验。在培训课程实施过程中，不仅注重增加高中名班主任的理论知识和实践体验，而且强调"输出为本"的过程性反思和收获。本章通过对培训课程实施的深入研究，凸显培训的关键环节和方法，强调培训过程中的关键问题，以期提高培训的实效性和实际操作性。

第一节　培训课程实施的基本概况

一、参训学员的基本情况

　　根据《广东省中小学"百千万人才培养工程"培养项目实施办法》，除了从政治思想、教育背景和研究能力等方面规定了广东省中小学"百千万人才培养工程"培养项目学员的条件，对于项目中名班主任的成员，在第十五条还作出了特别说明：名班主任培养学员申报者必须是现任班主任或年级长，曾担任班主任5年以上，在班主任工作中积极探索、勇于创新，有丰富的教学工作经验，育人成效突出，在本区域有较大的影响。曾获县（市、区）级以上优秀班主任表彰奖励或在市级以上班主任专业能力大赛中取得优秀成绩，原则上是市级以上名班主任工作室成员。基于此，经过多重考虑与层层筛选，本次广东省中小学"百千万人才培养工程""高中名班主任"培养项目成员从申报者中确定了 30 名"高中名班主任"的最终培养对象名单，并且结合整体性与个性化的培养原则将其分成了六个小组，如表 5-1 所示：

表 5-1　广东省中小学"百千万人才培养工程"首批"高中名班主任"培养项目培养对象名单

组别	序号	姓名	单位
第一组（信息智能化班级管理小组）	1	龙春	佛山市顺德区华侨中学
	2	邱志敏	佛山市顺德区龙江中学
	3	黄叶清	河源市龙川第一实验学校
	4	杨姗	广东实验中学
	5	李辉云	广州市从化区第五中学
第二组（学科协同化管理小组）	6	叶艳民	华南师范大学附属惠阳学校
	7	彭湛英	化州市官桥中学
	8	张洋	潮州市金山中学
	9	杨志泳	饶平县第二中学
	10	胡韦琳	中山市第一中学
第三组（教育咨询与学生发展指导小组）	11	林泽兵	揭阳市揭西县南侨中学
	12	林倚姗	阳江市第三中学
	13	马永刚	东莞高级中学
	14	吴玉婷	华南师范大学附属中学
	15	梁焰	佛山市第三中学

组别	序号	姓名	单位
第四组（特色型班级管理小组）	16	张培涌	揭阳市普宁市第一中学
	17	金玲	南方科技大学附属中学
	18	邝国祥	开平市第一中学
	19	王辉霞	翁源县翁源中学
	20	吴兴宝	河源高级中学
第五组（生涯规划与心理咨询小组）	21	刘雪艳	深圳市红岭中学（教育集团）
	22	陈云冬	平远县教师发展中心
	23	陈玉桂	肇庆鼎湖中学
	24	陈青天	东莞市第五高级中学
	25	何爱莲	广州市番禺区象贤中学
第六组（文化型班级管理小组）	26	肖昌伟	台山市第一中学
	27	徐敏	广州市培正中学
	28	沈文通	阳西县第一中学
	29	吴启霞	清远市第一中学
	30	杨换青	广州市天河中学

此次参训学员非常优秀，且具有代表性。在30名参训班主任中，男教师16人，女教师14人。从地域上来看，项目学员覆盖了珠三角地区和粤东西北地区；从经济发展状况来看，包含了发达地区和落后地区，可谓汇聚了广东省各地区的优秀高中班主任代表。这些教师不但具备高尚的师德、丰富的教学经验，而且专业基础扎实、教育教学能力较强。在此，本次广东省中小学"百千万人才培养工程"培养项目简称为"省百项目"；广东省中小学"百千万人才培养工程""高中名班主任"培养项目简称为"省百高名班项目"；高中名班主任培养学员所组成的班级简称为"高名班"。

二、培训过程与培训主题

"省百高名班项目"所要达到的整体目标即帮助全省高中班主任进一步更新教育理念，根据专业发展的实际需求，切实提高他们的班级管理能力、教育教学能力等高中名班主任所应该具备的核心素养，培训完回到学校后，能更好地在新课程教学中发挥示范引领作用，在省（区、市）级培训和县级培训中发挥骨干培训者作用。在这一大的目标指导下，培训团队按计划实施基于高中名班主任核心素养设计与开发的课程体系，并且在实施过程中灵活地调整，使课程实施过程更能满足高中名班主任的需求。自 2021 年 9 月广东省中小学"百千万人才培养工程""高中名班主任"培养项目正式开班以来，到 2023 年 12 月为止，高名班已经实施了 11 次培训。见表 5-2。

表 5-2　高名班集训时间与主题概览

序号	集训时间	培训主题
1	2021 年 9 月 22—25 日	点燃智慧"高中名班主任"的生命激情
2	2021 年 10 月 22—31 日	提升班主任个人教科研素养和创新领导力
3	2022 年 3 月 27 日—4 月 3 日	教育现代化和现代化的班主任
4	2022 年 7 月 6—15 日	深化班主任品牌建设，凝练提升教研成果
5	2022 年 10 月 21—28 日	面向未来，做有国际素养的班主任
6	2022 年 11 月 26—29 日	基于学生发展指导——创新高质量人才培养模式
7	2022 年 12 月 9—12 日	网络研修——读书会
8	2023 年 3 月 3—9 日	传播为本的班主任品牌建设路径与策略
9	2023 年 7 月 1—14 日	比较浙江与广东德育与班主任专业发展特征；ChatGPT 赋能教师阅读与写作
10	2023 年 10 月 14—23 日	文化领导力与班主任管理工作创新
11	2023 年 11 月 25 日—12 月 3 日	新时代德育工作的创新

三、培训课程具体安排

具体的课程安排见如下数表。

表 5-3　2021 年第一次集训（2021 年 9 月 22—25 日）

时间		课程专题
9 月 22 日（周三）	下午	学员报到
9 月 23 日（周四）	09：00—12：00	师德系列专题报告
	14：30—17：30	更新教学理念，做新时代的大先生
9 月 24 日（周五）	9：00—12：00	习近平总书记教育思想解读及其对广东省基础教育高质量发展的启示
	14：30—17：00	破冰之旅：名班主任学习共同体建设
9 月 25 日（周六）	9：00—12：00	导师见面会："一人一案"——个性化研修计划制订
	14：30—17：00	基于学习心理学的有效班级管理

表 5-4　2021 年第二次集训（2021 年 10 月 22—31 日）

日期	时间	课程形式	课程主题
10 月 22 日（周五）	14：30—17：30		学员报到
10 月 23 日（周六）	9：00—12：00	专题讲座	哲学思维与教育研究
	14：30—17：30	专题讲座	如何撰写实证性教育研究课题申请书
10 月 24 日（周日）	9：00—12：00	专题讲座	德育概念分析与德育实效提高
	14：30—17：30	专题讲座	田野里的声音——质性研究十要略
10 月 25 日（周一）	9：00—12：00	工作坊	课题分组汇报与指导（每班 6 个课室）
	14：30—17：30	自主研修	课题申报书修改
10 月 26 日（周二）	9：00—12：00	教研沙龙	研究课题展示与指导（10 人）
	14：30—17：30	教研沙龙	研究课题展示与指导（10 人）

续表

日期	时间	课程形式	课程主题
10月27日（周三）	9：00—12：00	教研沙龙	研究课题展示与指导（10人）
	14：30—17：30	专题讲座	教师公众演讲
10月28日（周四）	9：00—12：00	专题讲座	教师培训课程开发（一）
	14：30—17：30	专题讲座	教师培训课程开发（二）
10月29日（周五）	9：00—12：00	专题讲座	品牌建设的智慧与实践路径——以情思教育品牌为例

表5-5　2022年第一次集训（2022年3月27日—4月3日）

时间		研修专题
3月27日（周日）	09：00—12：00	【专题讲座】学校教育现代化的几个关键词
	19：00—22：00	【教育沙龙】班主任工作品牌建设进展汇报指导
3月28日（周一）	09：00—12：00	【自主研修】品牌建设研讨与作业撰写（高中班委会）
3月29日（周二）	14：30—17：30	【工作坊】省百课题推进诊断指导（高中2组）
	19：00—22：00	【专题讲座】我的87763——漫谈我的31年班主任工作经历
3月30日（周三）	9：00—12：00	【工作坊】省百课题推进诊断指导（高中5组）
	14：30—17：30	【工作坊】省百课题推进诊断指导（高中1组）省百课题推进诊断指导（高中3组）
	19：00—22：00	【专题讲座】核心素养与校本德育课程开发
3月31日（周四）	9：30—12：30	【工作坊】省百课题推进诊断指导（高中4组）

续表

时间		研修专题
4月1日（周五）	9：00—12：00	【专题讲座】 新时代以学生发展为中心的班级育人方式改革
	14：30—17：30	【工作坊】 省百课题推进诊断指导（高中6组）
4月2日（周六）	全天	【自主研修】 品牌建设研讨与作业撰写（高中班委会）
4月3日（周日）	9：00—12：00	【专题讲座】 以培养学生优秀习惯为己任
	14：30—17：30	【读书分享会】 读一本好书（高中）

表5-6　2022年第二次集训（2022年7月6—15日）

时间		研修专题：深化班主任品牌建设　凝练提升教研成果
7月6日（周三）	14：00—18：00	【报到/入住酒店】
7月7日（周四）	9：00—12：00	【工作坊】 名班主任研修策略与研修愿景
	14：30—17：00	【名师论道】 易卦及其教育智慧
	17：00—17：30	【体验反思】 我今天收获了什么？（主持：高中班班主任）
	19：30—21：00	自主研修：提炼科研成果
7月8日（周五）	9：00—12：00	【名师论道】 名班主任的自我修炼（线上）
	14：00—17：00	【名师论道】 心理学视域中的学生学习心理辅导

续表

时间	研修专题：深化班主任品牌建设　凝练提升教研成果	
7月8日（周五）	17：00—17：30	（高中班）【体验反思】 我今天收获了什么？ （主持：高中班班主任）
	19：30—21：00	自主研修：提炼科研成果
7月9日（周六）	9：00—12：00	【名校参访】 学生发展指导的校本实践案例
	14：30—17：30	【名企参访】 企业发展管理与班主任成长智慧
7月10日（周日）	9：00—12：00	【编辑引路】 论文写作的技巧与策略
	14：30—17：30	自主研修：品牌建设优化与科研论文写作
	19：00—21：30	【名师论道】 班主任品牌建设的思路与策略
7月11日（周一）	9：00—12：00	【自主研修】 品牌建设优化与科研论文写作
	14：30—17：30	【名师论道】 精品课程的开发与录制
	19：30—21：00	自主研修：提炼科研成果
7月12日（周二）	9：00—12：00	【品牌研磨】 分工作室开展
	14：30—17：30	【品牌研磨】 分工作室开展
	19：30—21：00	自主研修：提炼科研成果
7月13日（周三）	9：00—12：00	【小组研讨】 精品课程的开发与设计（高中班各组长）
	14：30—17：30	【案例分享】 精品课程设计
	19：30—21：00	自主研修：提炼科研成果

续表

时间	研修专题：深化班主任品牌建设　凝练提升教研成果	
7月14日（周四）	9：00—11：30	【参与式课程】 班主任沙龙的设计与实施（初中班）
	11：30—12：00	【分享与反馈】 收获了什么？如何改进？
	14：30—17：00	【参与式课程】 班主任沙龙的设计与实施（高中班）
	17：00—17：30	【分享与反馈】 收获了什么？如何改进？
	19：30—21：00	自主研修：提炼科研成果
7月15日（周五）	9：00—12：00	名班主任工作室建设规划的研讨
	14：00—17：30	【自主研修】
	19：00—21：30	【专题讲座】 学生发展与德育实效

表5-7　2022年第三次集训（2022年10月21—28日）

时间		课程主题
10月21日（周五）	15：00—18：00	学员报到
10月22日（周六）	9：00—9：30	开班典礼
	9：30—11：30	国际理解教育的理念与实践
	14：30—17：30	班主任品牌凝练与建设
	19：00—21：00	自主研修，提炼科研成果
10月23日（周日）	9：00—12：00	普通高中教育的国际论坛
	14：30—17：30	
	19：00—21：00	自主研修，提炼科研成果

续表

时间		课程主题
10月24日（周一）	9：00—11：30	加拿大的中学教育
	14：30—17：30	走进芬兰教育
	19：00—21：00	分组研习，课题推进指导
10月25日（周二）	9：00—11：30	团队拓展活动
	14：30—17：30	
10月26日（周三）	9：00—11：30	国际比较教育
	14：30—17：30	各美其美，美美与共——中外基础教育比较
	19：00—21：00	分组研习，课题推进指导
10月27日（周四）	9：00—11：30	教育国际化走向何方？
	14：30—17：30	参访三水外国语学校
	19：00—21：00	自主研修，提炼科研成果
10月28日（周五）	9：00—11：30	学员代表展示培训成果、专家点评指导
	14：30—17：30	学习结束，返程

表5-8　2022年第四次集训（网络研修）（2022年11月26—29日）

时间		课程主题
11月26日（周六）	9：00—11：30	中学生涯教育的探索与思考
	14：30—17：30	育见心灵，预见生涯——共该《知心育人》
11月27日（周日）	9：00—10：10	生涯教育发展与国际经验启发
	10：15—11：25	围绕新高考形势下中学班主任如何做好学生的生涯指导工作
	14：30—17：30	循梦而行　向阳而生——中学生涯规划理论与实践

续表

时间		课程主题
11月28日 （周一）	9：00—11：30	为成长护航——学生成长中风险的预防与处理
	14：30—17：30	中学生发展指导：寻找适合每个学生的成长路径
11月29日 （周二）	9：00—11：30	生涯发展教育教师专业素养和行动策略
	14：30—17：30	"基于学生发展指导——创新高质量人才培养模式"培训成果展示

表5-9　2022年第五次集训（2022年12月9—12日）

时间		课程主题
12月9日 （周五）	9：00—11：30	【专题讲座】 没有美万万不能——漫谈美与人生
	14：30—17：30	【读书沙龙】 《美善相谐的教育》
12月10日 （周六）	9：00—11：30	新时代学校美育的价值与使命
	14：30—17：30	【初中班分享与点评】 苏灿伟　班级境美，久居而善——班级环境管理的效能 罗少霞　教育，向美而生——班级美育的实施与路径 董文平　中国传统美学与德育相融合的路径探析
12月11日 （周日）	9：00—10：30	发现教育之美
	10：50—12：00	我理解与践行的班级美育
	14：30—17：30	爱与美的交响曲——从德育美育一体化，到"按照美的规律"全面育人
12月12日 （周一）	9：00—11：30	【高中班分享与点评】 沈文通　阅读传承经典　美育温润心灵 徐敏　学科融合　以美育人——以语文学科为例 杨换青　活动为媒　育美立美——班级活动中的美育渗透
	14：30—17：30	年度总结与团队建设

表 5-10　2023 年第一次集训（2023 年 3 月 3—9 日）

时间		课程主题
3 月 3 日（周五）	14：30—17：30	报到
3 月 4 日（周六）	9：00—12：00	【专题讲座】 以中国式现代化全面推进中华民族伟大复兴——党的二十大精神学习交流
	14：30—17：30	【专题讲座】 微课设计与制作
	18：30—21：00	【专题沙龙】 个人班主任品牌建设指导
3 月 5 日（周日）	9：00—12：00	【工作坊】 微课打磨与录制（小组活动）
	14：30—17：30	【工作坊】 微课打磨与录制（小组活动）
3 月 6 日（周一）	9：00—12：00	【专题沙龙】 微课精品展示
	14：30—17：30	【学校参访】 广州外国语学校参访
3 月 7 日（周二）	9：00—12：00	【团队建设】 户外拓展
	14：30—17：30	【团队建设】 户外拓展
3 月 8 日（周三）	9：00—12：00	【专题沙龙】 基于品牌的著作撰写经验分享
	14：30—17：30	【工作坊】 课题推进指导（分工作室）
3 月 9 日（周四）	9：00—12：00	【专题沙龙】 阶段学习总结与规划

表5-11　2023年第二次集训（2023年7月1—14日）

时间		课程形式	课程主题
7月1日 （周六）	15：00—17：30	团队建设	学员报到、入住酒店
7月2日 （周日）	9：00—12：00	专题讲座	（合班）教师心理健康与职业发展
	14：30—21：30	团队建设	广州—杭州
7月3日 （周一）	9：00—12：00	专题沙龙	近期学习总结与发展规划
	14：30—17：30	互动讲座	基本功大赛视域下班主任的专业发展
	18：30—21：30	互动讲座	欣赏式探询——"问题学生"的有效管理
7月4日 （周二）	9：00—12：00	学校参访	（合班）科学性与情感性——做好班主任工作的基石
	14：30—17：30	学校参访	应知学问难，在乎点滴勤——我的班主任工作点滴
	18：30—21：30	专题沙龙	阅读德育相关书籍与讨论
7月5日 （周三）	9：00—12：00	学校参访	卓越班级建设的基本策略
	14：30—17：30	互动讲座	（合班）杭州市西湖职业高级中学班主任工作经验交流
	18：30—21：30	工作坊	个人专著撰写与讨论
7月6日 （周四）	9：00—12：00	互动讲座	自媒体时代班主任的角色定位与职业担当
	14：30—17：30	互动讲座	班主任工作中的常见误区与出路
	18：30—21：30	工作坊	个人班主任品牌建设指导
7月7日 （周五）	9：00—12：00	高校访学	杭州师范大学参访
	14：30—17：30	互动讲座	正视问题，明确方向——关于当下班主任工作的几点思考
	18：30—21：30	工作坊	课题推进讨论与指导
7月8日 （周六）	9：00—12：00	研修总结	学习收获与行动计划
	14：30—21：00	团队建设	杭州—广州

续表

时间		课程形式	课程主题
7月9日 （周日）	9：00—12：00	互动讲座	（合班）教育文献的检索与整理
	14：30—17：30	工作坊	课题推进指导（分工作室）
	18：30—21：30	工作坊	课题推进修改
7月10日 （周一）	9：00—12：00	工作坊	微课打磨与录制（分工作室）
	14：30—17：30	工作坊	微课打磨与录制（分工作室）
	18：30—21：30	专题沙龙	微课精品展示
7月11日 （周二）	9：00—12：00	互动讲座	ChatGPT赋能教师阅读与写作
	14：30—17：30	工作坊	专著撰写与修改（小组活动）
	18：30—21：30	专题沙龙	专著写作成果展示
7月12日 （周三）	9：00—12：00	工作坊	论文撰写推进指导
	14：30—17：30	工作坊	论文撰写推进指导
	18：30—21：30	专题沙龙	论文撰写汇报答疑
7月13日 （周四）	9：00—12：00	工作坊	课题研究推进指导
	14：30—17：30	工作坊	课题研究推进
	18：30—21：30	专题沙龙	课题研究汇报答疑
7月14日 （周五）	9：00—12：00	研修总结	学习收获与行动计划
	12：00之后	学员返程	

表5-12　2023年第三次集训（2023年10月14—23日）

日期	时间	内容	地点
DAY 1 14/10 （六）	16：00	酒店迎接，安排入住及晚餐	酒店：南洋酒店（湾仔摩理臣山道23号）
	18：00—19：00	晚餐	皇室堡稻香（铜锣湾告士打道皇室大厦5楼）
	19：00—19：30	乘车返回酒店，休息	

续表

日期	时间	内容	地点
DAY 2 15/10 （日）	9：00前	酒店自助早餐	教联会总行（九龙旺角道33号凯途发展大厦17楼）
	9：00—9：30	乘车前往场地	
	9：30—10：30	讲座：香港总体教育情况（中国语言学系讲师　赖志成博士）	
	10：30—11：00	举行开班礼（双方代表致辞）	
	11：00—12：00	主题讲座：道德教育及品德情意（中国语言学系讲师　赖志成博士）	
	12：00—12：30	乘车前往午餐地点	旺角大将（旺角弥敦道700号 T.O.P This is Our Place 地库 FoodYum R1号）
	12：00—13：30	午餐（自助日式火锅）	
	13：30—14：00	乘车前往耀中国际学校（中学部）	
	14：30—17：30	参观耀中国际学校（中学部）及进行讲座	九龙塘多福道3号
	17：30—18：00	乘车前往晚餐地点	
	18：00—19：00	晚餐（欢迎晚宴）	潮·囍荟（尖沙咀弥敦道100号 The ONE 12楼）
	19：00—19：30	乘车返回酒店，休息	
DAY 3 16/10 （一）	9：15前	酒店自助早餐	
	9：15—10：00	乘车前往香港教育大学	
	10：00—12：00	到香港教育大学，参观及访谈 主题：大学与本地学校的课程发展（包括 STEAM education 及价值教育课程）	香港教育大学（汀角露屏路10号）
	12：00—13：00	午餐（教大中菜厅）	教大—中菜厅
	13：00—13：30	乘车前往元朗官立小学	
	13：30—15：00	参访元朗官立小学及演讲（冯燕仪校长） 主题：实践全人发展，从价值观教育出发	元朗官立小学（新界元朗坳头友全街）

续表

日期	时间	内容	地点
DAY 3 16/10 （一）	15：00—16：00	乘车前往打鼓岭岭英公立学校	打鼓岭周田村
	16：00—17：30	到打鼓岭岭英公立学校举办讲座（教联会的副会长及香港特别行政区立法会议员　朱国强校长） 主题：正向教育	
	17：30—18：30	乘车前往晚餐地点	
	18：30—19：30	晚餐	
	19：30	返回酒店休息	
DAY 4 17/10 （二）	8：45前	酒店自助早餐	
	8：45—9：00	乘车前往创知中学	创知中学（何文田公主道14号）
	9：00—11：00	到创知中学进行交流及演讲（黄晶榕校长） 演讲主题：香港教师的培训与专业发展	
	11：30—12：00	乘车前往午餐地点	
	12：00—13：30	午餐	中国移动5G联合创新中心香港开放实验室（香港科学园第3期10W 3楼316室）
	13：30—14：00	乘车前往中国移动5G联合创新中心香港开放实验室	
	14：00—15：30	参观中国移动5G联合创新中心香港开放实验室	
	15：30—17：00	主题讲座：多元一体：龙的文化教学（讲师—创意教师协会　梁丽婵主席）	
	17：00—18：00	乘车前往晚餐地点	
	18：00—19：00	晚餐，返回酒店休息	

续表

日期	时间	内容	地点
DAY 5 18/10 （三）	9：30前	酒店早餐	
	9：30—10：00	乘车前往香港中文大学	香港中文大学（香港新界沙田）
	10：00—12：00	到香港中文大学参观及进行主题讲座（朱顺慈院长—中文大学新闻及传播学院） 讲座主题：媒体素养	
	12：00—12：30	乘车前往午餐地点	
	12：30—13：30	午餐（沙田凯悦酒店）	沙田凯悦酒店（香港新界沙田泽祥街18号）
	13：30—14：00	乘车前往乐善堂梁銶琚学校（分校）	
	14：00—15：50	到乐善堂梁銶琚学校（分校）进行交流及讲座（刘铁梅校长） 讲座主题：校本创新课程的推动与学生的全人发展	新界元朗天水围天恩邨
	15：50—16：00	前往湿地公园	湿地公园（香港新界天水围湿地公园路香港湿地公园）
	16：00—17：00	参观湿地公园	
	17：00—18：00	乘车前往晚餐地点	
	18：00—19：00	晚餐	
	19：00	返回酒店休息	
DAY 6 19/10 （四）	9：00前	酒店早餐	
	9：00—10：00	乘车前往爱国教育支持中心	爱国教育支持中心（大围丰盛苑径）
	10：00—13：00	参访爱国教育支持中心，分两组参观展览室及参加主题讲座 讲座：学校建设/活动/课程与国民教育的关系（简加言校长）	

日期	时间	内容	地点
DAY 6 19/10（四）	13：00—13：30	乘车前往午餐地点	
	13：30—14：30	午餐	
	14：30—15：30	乘车前往基督教香港信义会元朗信义中学	基督教香港信义会元朗信义中学（新界天水围天耀邨第2期）
	15：30—17：30	到基督教香港信义会元朗信义中学进行交流及讲座（尹浩然校长） 讲座主题：乐学校园（Happydemic）	
	17：30—18：00	乘车前往餐厅	
	18：00—19：00	晚饭	
	19：30	返回酒店休息	
DAY 7 20/10（五）	9：30前	酒店早餐	
	9：30—10：00	乘车前往仁济医院第二中学	仁济医院第二中学（屯门杨青路第三十一区第31区）
	10：00—12：00	到仁济医院第二中学进行交流及讲座（钟伟成校长） 讲座主题：国民教育的课程规划	
	12：00—12：30	乘车前往午餐地点	
	12：30—13：30	午餐	
	13：30—14：00	前往教联会17楼	教联会总行（九龙旺角道33号凯途发展大厦17楼）
	14：00—16：00	主题讲座：学校自评及外评（香港初等教育研究学会荣誉会长　李少鹤校长）	
	16：00—16：30	前往香港故宫文化博物馆	香港故宫文化博物馆（九龙西九文化区博物馆道8号）
	16：30—18：00	前往香港故宫文化博物馆	

续表

日期	时间	内容	地点
DAY 7 20/10 （五）	18：00—18：30	乘车前往晚餐地点	
	18：30—19：30	晚餐	
	19：30	返回酒店休息	
DAY 8 21/10 （六）	全天	到香港教育大学，参加第五届粤港澳大湾区师德论坛	香港教育大学（汀角露屏路10号）
DAY 9 22/10 （日）	9：30前	酒店早餐	香港艺术馆（尖沙咀梳士巴厘道10号香港艺术馆）
	9：30—10：00	乘车前往香港艺术馆	
	10：00—11：30	参观香港艺术馆	
	11：30—13：00	游览星光大道	
	13：00—14：30	集合，前往午餐（尖沙咀新港中心煌府）	尖沙咀新港中心煌府（尖沙咀广东道30号新港中心3楼307号铺）
	14：30后	自由活动（参加者整理学习笔记）	
DAY 10 23/10 （一）	8：30前	早餐	
	8：30	乘车前往教联会	
	9：00—12：00	主题讲座：家校社共育（前葵涌循道中学校长 黄兆雄校长） 结业礼（双方代表致辞及颁发证书）	教联会总行（九龙旺角道33号凯途发展大厦17楼）
	12：00—12：30	乘车前往午餐地点	康得思酒店（旺角上海街555号）
	12：30—14：00	午餐（康得思酒店自助午餐）	
	14：00	返回酒店收拾行李，送一部分学员到高铁站	

＊酒店自助早餐时段由早上7时至早上10时

表5-13　2023年第四次集训（2023年11月25日—12月3日）

时间		课程形式	课程主题
11月25日 （周六）	18：30—20：30	团队建设	学员报到、入住酒店
11月26日 （周日）	9：00—12：00	专题讲座	教师的情绪劳动及其价值与评价——基于中小学老师的案例
	14：30—17：30	团队建设	广州—重庆
11月27日 （周一）	9：00—12：00	专题讲座	核心素养发展与知识学习
	14：30—17：30	学校参访	重庆市朝阳中学德育与班主任工作特色考察
11月28日 （周二）	9：00—12：00	专题讲座	名班主任工作室主持人的五项修炼
	14：30—17：30	专题讲座	脑科学研究与学校德育变革
	18：30—21：30	专题讲座	艺术与美育——以自我摄影探究为例的分享
11月29日 （周三）	9：00—12：00	专题讲座	新时代德育转型及实践路径
	14：30—17：30	学校参访	重庆市第七中学班主任工作室考察
11月30日 （周四）	9：00—12：00	田野学习	重庆红色德育资源考察
	14：30—17：30	田野学习	重庆历史文化教育资源考察
12月1日 （周五）	9：00—12：00	专题讲座	新方案新课标背景下教学理念的转换与方式创新
	14：30—17：30	学校参访	重庆天宫殿学校德育特色考察
12月2日 （周六）	9：00—12：00	专题讲座	中小学德育工作转型路向与实践路径
	14：30—17：30	专题讲座	新时期班主任核心德育能力的自主构建
12月3日 （周日）	9：00—12：00	教育沙龙	重庆研修总结会
	12：00之后	学员返程	

四、培训实施与组织保障

（一）组织保障

1. 组织管理团队

以华南师范大学教师教育学部、华南师范大学省级中小学教师发展中心为校内统筹管理部门，协调全校优质资源，为省百培养项目学员的成长和发展打下了坚实基础。

项目管理团队包含了项目管理小组，主要由学校和发展中心的领导兼任项目专家小组，负责项目申报和方案设计、论证和评估工作，保障项目设计的科学性。还有项目执行小组，由实际负责培训项目实施的专家组成。除此之外，本项目建立"项目负责人＋行政班主任＋学习秘书"三人管理团队。项目负责人负责方案设计和总体统筹，行政班主任负责行政事务、后勤等，学习秘书配合项目负责人搜集整理学习资料、协助方案设计和课程开发。

2. 师资力量

（1）华南师范大学教师教育学部的专家团队

省百高名班项目的负责人和学术班主任为华南师范大学教师教育学部的左璜教授。除此之外，还有教师教育学部的刘华杰博士、王清平副主编等给予省百高名班项目极大的培养支持。省百高名班项目所拥有的师资队伍是一支学术造诣深厚、教学经验丰富、科研能力强大的团队，他们是高名班培训质量的坚实保证，也是该项目取得成功的核心因素。

（2）小组固定的导师团队

省百高名班项目在三年的培训期间，拟根据班主任与两位导师的专长，建立六大名班主任工作室，由此 30 名成员以工作室为主题分为六个小组，每个小组分别配备两位固定的理论导师和实践导师，实行定期指导。培训指导计划表见表 5-14。

表 5-14　培训指导计划表

工作室主题	职务	专业	工作单位	研究专长	类型
生涯指导与心理咨询	教授	心理学	华南师范大学	生涯规划	理论
	副高	美术	广州市番禺区实验中学	生涯规划	实践
信息化班级管理	教授	信息技术	华南师范大学	信息管理	理论
	副高	政治	中山大学附属中学	德育管理	实践
教育咨询与学生发展指导	教授	课程与教学论	华南师范大学	课程领导力	理论
	副高	化学	深圳横岗高级中学	发展指导	实践
特色化班级管理	教授	德育	华南师范大学	班级管理	理论
	副高	语文	广东中山纪念中学	班级管理	实践
学科协同化班级管理	教授	管理学	华南师范大学	班级管理	理论
	副高	化学	广州市玉岩中学	班级管理	实践
文化型班级管理	教授	教育学	华南师范大学	教育哲学	理论
	副高	历史	广东仲元中学	班级管理	实践

　　广东省"百千万人才培养工程"项目办为"高名班"组建了高水准的导师团队，导师教学思想先进、学科思维新颖、理论功底扎实。他们分别是华南师范大学比较教育研究所所长马早明教授、华南师范大学公共管理学院刘志华教授、华南师范大学教育科学学院郑航教授、华南师范大学教育科学学院李志厚教授、华南师范大学教育信息技术学院徐晓东教授、华南师范大学心理学院攸佳宁教授。聘请了业务精湛、实践丰富的六位中学一线专家组成实践导师团，分别是广东仲元实验学校谭方亮校长、广东省名班主任工作室主持人熊峰校长、广东省名班主任工作室主持人万博老师、深圳市龙岗区专家督学陈坚老师、中山大学附属中学正高级教师罗金星老师、擅长生涯规划与学生发展指导教育的王心明老师。

　　（3）特邀的授课专家团队

　　除了主办方所拥有的专家团队，项目负责团队还为班主任邀请了一支多元化且专业的外部师资团队，包括国内知名高校教授、中学名师、学科带头人、名师工作室主持人，以及在演讲、主持、课程开发等领域拥有卓越成就的专家。

外聘师资方面具有显著的专业性和多元性。项目办邀请了来自多个知名高校的专业教育学者，包括北京师范大学和南京师范大学等著名高校教育领域的教授，这些专家在教育理论和实践方面拥有深厚的学科知识，能够为班主任提供前沿的教育理论支持。此外，还有来自广东外语外贸大学的专家，他们不仅专注于语言教育领域，还能够跨学科地将素养教育融入各个学科的教学实践，这样的专业性确保了培训内容的理论性和实践性相辅相成。在强调教育教学理论和实践能力的同时，项目团队还特别聘请了具有卓越演讲和主持经验的专家，注重提升班主任在演讲、主持和沟通方面的实际能力，这类授课专家在表达和沟通方面具有卓越的能力，擅长用清晰、生动的语言传递信息，有助于培训内容更加生动有趣地呈现，提高参与者的学习积极性。通过广东技术师范大学、广州大学授课专家的讲座，强调了职业教育和综合素养的整合，这种多元性有助于培养班主任更全面地关注学生的发展，不仅关注学生的学科知识，还注重培养学生的综合素养。引入国际化的视角也是项目团队邀请师资的一个特色。例如，来自挪威奥斯陆大学和芬兰的研究学者将国际化的教育视角融入培训课程中，帮助班主任更好地理解全球化时代的教育趋势，提高他们的国际化背景和视野。

综合而言，为省百高名班外聘的师资团队在专业性和多元性方面形成了有力的优势，为班主任提供了全面、多层次的培训经验，使他们更好地适应并引领当今复杂多变的高中教育环境。这样的师资优势为班主任的专业发展和学生素养的提升奠定了坚实基础。

3. 组建班级管理委员会

（1）培训班设置学术班主任1名，具体负责、指导与引领受训学员的专业学习；配备行政班主任1名，全程为培训工作提供后勤保障与生活管理。

（2）建立班委会，鼓励学员进行自我管理，确保教学计划顺利实施。班委会中设置班长、学习委员和学习组长等职务，协助班主任完成培训班日常管理工作，班委会认真履行职责。

（3）班长协助班主任统筹管理班级日常事务，负责学员考勤；协助班主任及授课教师开展讨论活动及读书会活动；引领其他学员认真完成各项培训要求；强化学员与授课教师间的沟通交流；班长组织班委会成员负责落实完成学习简报，各学习小组每天轮流负责制作1份学习简报，学习结束后由学习委员组织完成总结性学习简报1份。

（4）书记在班级中起到模范带头作用，带头发扬党的优良传统和作风，掌握全班的思想状况，做好学员的思想政治工作，带领班级学员开展政治学习。

（5）学习委员负责组织简报制作、协助班主任发放、收取各类档案资料、成果材料及其他所需资料，督促学员上交各类学习简报、考察报告等；协助班主任做好学员的日常生活工作；调动培训班内学员培训学习的兴趣及活动的参与度和积极性。

（6）文体委员组织课余文娱体育活动，活跃班级气氛，让培训开展得更开心、更有趣。

（7）生活委员负责组织和协调班级的集体生活安排，及时收集和反馈学员生活需求。

（8）宣传委员负责组织学员利用QQ群、微信群等平台进行互动交流，促进学员间、学员与导师间的沟通。负责班级的对外宣传工作等。

（9）组长工作职责：配合班委会完成各项班级管理任务。

（二）资源保障

1. 专家资源库建设

完善与优化培训师资专家库。充分利用本校师资力量，同时聘请校外知名教育专家、有理论研究又有丰富实践经验的一线优秀校长、班主任，不断充实、优化培训师资，为培训注入新的力量。

2．学员资料库建设

让学员填写"学员档案表"，收集学员相关信息，开展培训跟踪服务。

3．实物资源

（1）对培训班的开班结业典礼、专题报告、案例研讨、观摩考察、讨论等活动进行全程录像、拍照，制成电子文档，供学员参考查阅。

（2）制作培训问卷。针对整个培训情况制作调查问卷，以形成对本次培训的总体认识和了解，通过客观分析，形成总结报告。

（3）收集学员培训心得和培训总结。培训心得和培训总结是学员针对自己的情况和培训的情况进行的真实描述，既可以了解学员的学习情况，也可以掌握培训的情况。

4．网络资源

建立学员微信群，将有关培训资料上传，方便学员查询参考，也为培训后学员的交流探讨搭建平台。

5．媒体资源

（1）邀请国家、省、市、县的各级媒体对该项目进行报道。

（2）在培训期间和结束时，制作培训简报并及时向相关部门汇报，反映培训的进展情况。

（三）后勤服务

1．成立了后勤保障工作组，保障学员生活管理

省级发展中心依托我校教师教育学部打造了一支专业化的教师培训团队，现有教职员工63人，其中事业编制专任教师21人、行政教辅人员5人；非事业编制人员37人。专任教师队伍中14人均为专职教学科研岗、拥有博士学

位，专业学术力量雄厚，熟悉中小学教育教学工作；人均具有 1 ～ 2 门课程教学和若干专题教学能力；具有为教师专业发展制订规划和专项培训项目设计、研究指导的能力，有担任工作室、中小学校或区域顾问或指导专家的能力。省发展中心还通过灵活的用人制度，采用校聘、院聘相结合的办法。聘用和培养了一支富有活力的培训管理和服务团队，具备丰富的专业培训管理、培训服务经验，为我省中小学教师的专业发展研究及培训工作提供了人员保障。

2. 教学条件

学校校园网设施完善，数字校园应用广泛。在全国师范院校中，华南师范大学是第二所联入中国教育和科研计算机网的高校，也是全国 100 所首批联入 Cernet 和 Internet 网的高等院校之一。校园网已实现与中国教育和科研计算机网的万兆互联。目前，学校校园网在建设规模、覆盖范围、网络性能、信息化应用、网络教育和远程教育的应用等方面，均处于国内师范院校的前列。另外，为全面提升培训质量，为培训创设更前瞻的硬件条件，作为省级发展中心专用场地，我校已对中心现有培训课室完成升级改造。在原有智慧课室的基础上全面改造升级为基于人工智能、虚拟现实（AR/VR）、大数据等硬件和技术支撑的满足教师能力测评，以促进教师能力发展的超级课室。

3. 图书资料

学校有三座多功能信息化图书馆，图书馆三校区馆（石牌校区、大学城校区、南海校区）文献资源总量达 438 多万册，各类数据库 77 个，电子文献资源折算纸本文献资源合 132 万册，纸质文献与电子文献等兼备、文字类资源与多媒体类资源互补。丰富的藏书和先进的图书设备等能够为学员提供完善的信息收集条件。我校拥有教育教学图书资料 361 万册，教育教学音像资料 7700GB，教学培训课程资源近 500 门，覆盖了从校长、教育行政干部培训、教师培训、培训者培训、培训管理者培训、师德培训到学科带头人、教研员培训等方面。拥有强大的授课专家资源库，以省内学术及实践专家为主体，涵盖省外及国际专家。拥有一系列教育管理、心理学、教育学专业书籍，整体开发了一系列名校长培训与培养课程资源；附设在我校的广东省中小学校长联合会专家委员会秘书处积极推动培训课程资源的评审工作和资源库的建设。

4. 食宿条件

学校能够为学员提供设备齐全、环境卫生的住宿条件，省发展中心统筹整合校内多部门资源，先后与石牌校区华师大厦、南海校区学术交流中心等签订保障合同，专门用于保障我校教师培训项目开展期间的学员住宿；沁园餐厅、陶园餐厅、学一餐厅和雍园餐厅等餐厅可以为培训班提供优质的用餐条件。

同时，为提升培训服务质量，省级发展中心依托华南师范大学教师教育学部与学校周边 1.5 公里内多家大型酒店签订共享协议，如广州丽柏国际酒店、广州莱福广武酒店、广州尚德酒店等。酒店住宿、用餐及会议培训场地优先保障并以最低折扣共享给我校开展教师培训项目，作为培训期间食宿场地的补充。

5. 医疗保卫

华南师范大学校医院，是一所面向华师广大教工、学生以及周围地区居民的综合性医院，包括石牌校区医院、大学城门诊部、南海门诊部。校医院有一支医德和专业水平较高的医务人员队伍，并且拥有较好的医疗设备，能够为学员提供较好的医疗服务。学校附近有中山大学附属第三医院（三甲）等知名医院。学校治安秩序良好，学校保卫处实行全天 24 小时校内巡逻，为学校的安全保卫工作提供有力保障。

6. 后勤服务

设立培训班"服务团队"，专门负责培训的后勤保障工作，服务内容主要包括：交通指引、校内引领、技术保障、信息咨询等。

第二节　培训课程实施的具体过程

一、第一年度集训（2021 年 9 月—2022 年 7 月）

（一）缘聚华师，情系德育——第一次集训（2021 年 9 月 22—25 日）

2021 年 9 月 25 日，广东省中小学"百千万人才培养工程""高中名班主任"培养项目在华南师范大学圆满完成首期培训。高名班缘聚华师，情系德育，收获满满。

1. 悉心呵护，鼎力相助——强大的导师阵容

为系统提升高中名班主任核心素养和确保培训质量，广东省教育厅和华南师范大学领导高度重视，成立广东省中小学"百千万人才培养工程"项目执行办公室，聘请名家名师为项目负责人、小组导师以及授课专家。

2. 真人指路，拨云开雾——精彩的专家讲座

本期培训的主要课程是树立个人班主任工作品牌，导师为学员制订"一人一案"的个性化研修计划，从理论和实践两方面给予指导。此次学习，学员不仅接触到了华南师范大学最优质的专家团队，而且领略到了全国教育教学领军人物的风采。教育界的学术大家高屋建瓴的讲座，为学员拨开研究道路上的迷雾，对提升教育理念、促进专业发展大有裨益。

3. 明心体悟，甘苦同赴——出彩的学员交流

本次培训采用集中理论学习和交流分享相结合的形式，让学员在体验和碰撞中增强素养，提升能力。体验式学习磨砺了学员精神、分享式学习激活了学员思维、合作式学习振奋了学员精神。学员珍惜学习机会，竭尽全力高质量完成各种作业。学员一起挑灯夜战，一起打磨稿件，一起编制美篇，一起切磋内化白天所学知识。不少学员感叹："我们也见过凌晨四点的美丽羊城。"高名班

用实际行动诠释了积极拼搏、团结奋进的精神。

4. 情真言素，日新脱俗——收获满满的培训

高名班学员通过聆听专家讲座，更加坚定了立德树人的教育信念，学习了最前沿的教育理念，掌握了科学育人的方法，收获满满。在此次培训的最后一节课，每个学习小组都做了精彩的学习汇报。如杨换青老师代表文化型班级管理小组做了"以文化人，行稳致远"的主题发言。她从成员风采、学研之旅、成长愿景、发现路径等方面总结了学习收获。杨换青老师表明，本次研学是一场有深度的学术交流、是一次激情的思维碰撞，她通过具体案例，图文并茂地展示了研学风采和拓展活动锤炼团队的过程。

第一次集训为期四天，是研学之旅，也是收获之旅、成长之旅。这是新的征程，也是新的机遇和新的挑战。全体学员培训后均表示，会珍惜此次项目的学习机会，加快成长，自觉加强理论学习，潜心修炼，不断发挥辐射和引领作用。

（二）课题研究明方向，培训课程展风采——第二次集训（2021年10月22—31日）

深秋羊城，气候宜人，集中研修，再度出发。2021年10月22日至31日，广东省中小学"百千万人才培养工程""高中名班主任"培养项目共30名高名班学员再次齐聚华南师范大学，进行为期10天的第二次集中培训。本次培训侧重于科研素养提升和培训课程开发，引导培养对象掌握学术研究方法，打造培训课程品牌。

1. 教育哲学启思维，德育理念宽视野

在此次集训中，华南师范大学教育科学学院肖绍明教授做了"哲学思维与教育研究"的专题讲座。肖教授是中国教育哲学方面的知名专家，他从何谓"教育"、何谓"哲学"讲起，剖析哲学与教育的内在联系。肖教授认为，哲学

的思考方式其实就是理性的思考方式，哲学本质不是知识，而是系统的反思性、批判性的思维活动，教育哲学即哲学地思考教育问题。关于辩证法及其教育意义问题，肖教授带领学员回归"辩证法"的本义，用"怀疑""对话""绝对的否定"等哲学观点反观教育存在的问题及探讨"辩证法"对教育研究的重要性。关于哲学直观及其教育意义，肖教授认为基于哲学思维的教育哲学是"本质直观式反思"的教育哲学，就是直面教育事实本身，从对教育事实本身的体验和感悟中获得本质直观式的认识，并用这种认识引导、推进教育反思，而不是戴着既有的教育经验或理论的"眼镜"来解读教育，让教育事实来验证已有教育观念的正确性。肖教授将深刻的哲学思维问题，用通俗易懂的语言及一个个哲学故事，深入浅出地娓娓道来，让学员从中获得感悟。教育领域无时无刻不充满着哲学，学习教育哲学，掌握教育哲学思维，将带给教师一种洞察力，让教师更好地反思教育实践，更新教育观念，形成教育信念。

来自北京师范大学公民与道德教育研究中心的檀传宝教授，在此次集训中给高名班的学员做了"德育概念分析与德育实效提升"的专题讲座。檀教授认为，"德育之急 = 德育之重 + 德育之难"。他从社会、个体和教育本身三个方面对德育之急做了解读，认为当前的德育工作面临着很大的挑战，学校应重视对未成年学生开展思想道德教育，"认识 + 情感 + 行为"的改变，才可能带来德育的改变，做好德育工作尤其要和学生建立良好的情感联系。檀教授说，教育的现实形态表现为"直接德育 + 间接德育 + 隐性课程意义上的德育"，承认三种德育形态可以提高教育自觉，拓展德育思路，开展德育活动。檀教授引领学员辩证分析直接德育、间接德育和隐性课程意义上的德育各自的优缺点，建议学员在具体的工作中，要树立人人都是德育工作者的意识，提高直接德育的质量和可欣赏性，发挥学科教学润物细无声的德育功效。谈到教育之义，檀教授用生动的语言、丰富的实例，从德育与心理健康教育、德育与经济教育、德育与政治教育三方面对概念做了辨析。

2. 专家护航明方向，深研课题促成长

华南师范大学华南生态文明研究中心主任黄向教授给学员带来了题为"如何撰写实证性教育研究课题申请书"的专题讲座。黄向教授首先通过实例解释了"实证型研究"和"非实证型研究"的区别。黄向教授提到论文和课题创新的核心是能增加人类知识库存，为人类创造新的知识，一个学术研究的贡献衡量标准就是有没有创造新的知识。

广东外语外贸大学的欧阳护华教授给学员带来了"田野里的声音——质性研究十要略"的专题讲座。质性研究是以研究者本人作为研究工具，采用访谈、问卷、日记、案例分析、行动研究、实物分析等方法，对研究对象进行深入的整体性研究，通过与研究对象互动，对其行为和意义建构获得解释性理解的一种活动。欧阳教授认为，质性研究的十要略包括"如何选题、如何破题、聚焦具化、可行与否、文献综述、证据收集、分析视角、讨论结论、写作发表、业内分享"等十个方面。欧阳教授就学员此前提出的问题，通过具体实例悉心解答，一一分享交流，鼓励学员在课题研究和论文写作等方面，要着眼于最小的点，横向评估并充分发挥自己所长，采用以我为主、采购清单式的阅读方法提升教科研能力。

经过两天的课题研究理论学习，各培养对象边学边思，进一步思考课题的方向，完成了课题初稿。10月25日，理论导师分组对学员进行一对一的指导交流，为学员的课题研究"把脉问诊"，保驾护航。经过理论导师的一对一辅导，各位学员更加明确了课题标题和研究方向。

为了把握课题研究的方向，明确研究的内容，各位学员围绕研修主题，通过PPT的方式展示了课题的整体设计及未来的设想。省百项目专家团队刘华杰博士、王清平主编、戴双翔研究员和徐向阳副主编对各位学员进行指导。通过分享及研讨的方式，使大家实现思维碰撞，经验互补，共同探讨问题解决的路径及策略。经过专家们的指导，大家对课题申报书的撰写和研究内容有了更深的认识，对于文献综述和研究的思路方法有了更新的理解。

3. 专家引领促提升，培训课程展风采

2021年10月27日下午，著名的巾帼演讲家、广东广播电视台制片人、主持人孙愈老师为学员开设题为"教师公众演讲"的讲座。整场讲座充满了欢声笑语，每一位学员的脸上都洋溢着青春的气息，这是上午紧张的课题汇报之后的一种放松。孙愈老师从自我介绍、声音训练、演讲技巧三个方面展开，并对如何演讲进行流程化架构，她总结了拥有好口才的秘诀，同时还教了大家"练声五技"。

2021年10月28日，高名班迎来了雷斌老师题为"教师培训课程开发"的讲座。雷斌老师是深圳市龙岗区教师进修学校教师培训课程开发中心的负责人，他通过形象的比喻、贴切的事例、亲切的互动，为学员讲解了在开发课程以及培训时的要素和方法。他指出，在开发课程时应变"我所知"为"你所需"，抓住两个关键：基于问题解决问题，行为改变获得成果。培训是"缺什么，补什么"，应当定位于"微学习"，以学员为中心，以行为改变为目的。培训课程要做到变输入为输出，变告知为发现，变消费为生产。

2021年10月29日，陈洪义老师做了"品牌建设的智慧与实践路径——以情思教育品牌为例"的讲座。陈老师是广州市基础教育高端人才引进对象，中学正高级教研员，广东省特级教师，广东省名教师工作室优秀主持人，华南师范大学兼职教授和硕士生导师，广东省中小学新一轮"百千万"名教师培养工程特聘导师。通过陈老师三个小时的精彩讲座，深入浅出的讲解，学员了解了情思教育的品牌打造过程。情思教育是一种教育主张，以立德树人为标，以课程育人为径，融通教学与德育两大实践体系，形成育人与育分融通给力的课程综合实施方案。陈老师详细地展示了"四说"的实践路径：什么是好教育？一是"我的假说"：我的假说是教育的主体是人，活动是学习，教就是支架。二是"我的验说"：因脑而教，用脑科学的科学原理解释三重脑的思维，由此产生情、思、行合一的原则。陈老师接着从育人科学、育人目标、学习本质三方面，指出好教育是情感、思维、行为协调发展的过程。三是"我的述说"：陈老师展示了"情思教育"融彻课程实践体系：学科融构课程实践路径和德育融润课程实施路径图。四是"我的行说"：陈老师的品牌实践以思为端口，智力增分；以情为端口，非智力增分；以行为端口，技术增分。陈洪义老师强调品牌形成的起点是实践，终点也是实践。品牌形成的路径有"四格"：入格（形成做法）、定格（明确想法）、述格（形成说法）、亮格（实践做法）。

经过专家的理论指导之后，各位学员边学边思，进一步思考了自身个人品牌培训课。本次培训的最后两天，各位学员通过PPT展示的方式登台展示了自身的品牌培训课。省百项目专家团队刘华杰博士、王清平主编、戴双翔研究员、徐向阳副主编、陈燕博士和郑海燕副教授对各位学员进行指导。通过分享及研讨的方式，使学员实现思维碰撞，经验互补，共同探讨问题解决的路径及策略。经过专家的指导，学员认识到自身品牌培训课存在的不足，明确了下一步改进的方向。

第二次集中培训最后画上了圆满的句号，高名班学员表示在此次培训中掌握了新知识，接触了新理念，经历了新考验，又为未来的专业成长积蓄了更大的力量。大家立志传承百千万的精神，日益精进，拔节生长。相信星光不负赶路人，天道定酬耕耘者。

（三）立德树人培根铸魂，研修引领育人成才——第三次集训（2022年3月27日—4月3日）

又是一年春好日，莫负春光莫负己。春天是播种的季节，我们播下思想的种子，便能期许明日的繁花；我们投身梦想的热土，便能憧憬秋日的丰硕。带着对春日的珍重，对相聚的期盼，对成长的愿景，在羊城三月，省百高名班迎来了2022年的第一次云端相聚。

1. 云端研学此情恰恰，讲座启思其乐融融

2022 年 3 月 27 日上午 9 点，简短的开班仪式如期举行，省百高名班的学术班主任左璜教授主持了仪式，参加此次开班仪式的领导与嘉宾有：华南师范大学教师教育学部副部长、省级中小学教师发展中心副主任黄道鸣、省级中小学教师发展中心副主任张燕玲，以及刘华杰老师（"省百""初中名班主任"培养项目负责人）、雷丽珍老师（"省百""高中名校长"培养项目负责人）、郑海燕老师（"省百""高中理科名师"培养项目负责人）。由于疫情影响，经过多方商议最终决定这一期培训学习采取线上形式。省百项目学员相聚云端，彼此隔着屏幕，但距离无法阻挡热情，屏幕里一张张熟悉的面孔传递着浓浓的情谊。

简短的开班仪式之后，高名班开启了本次集训的第一场专题学习——由北京开放大学校长褚宏启教授带来的专题讲座"学校教育现代化的几个关键词"。

褚宏启教授深入浅出地分析了教育现代化的本质，剖析了教育现代化的两个维度，指出教育现代化的本质是教育现代性的增长，其本质是里子不是面子，需要"有灵魂＋接地气"。要追求培养目标的现代化和课程内容的现代化。教育现代化的目标应服务于社会现代化和人的现代化。教育是不是现代的，关键看能不能培养现代化的人，建设现代化的国家。最好的教育，就是最适合的教育。21 世纪是知识经济时代，现代人最核心的素养就是创新思维与合作能力，除此之外，还要具备从事某种具体职业需要的职业素养。褚宏启教授指出，现代教育的人才培养目标是培养有"聪明的脑""温暖的心"的，具有社会责任感、创新精神和实践能力的实用型人才。其中"聪明的脑"对应的是创新思维，"温暖的心"对应的是合作能力。我们要深入推进以课程为中心的教学改革，不断完善人才培养新模式和管理新模式，为我国的教育现代化作出应有的贡献。

褚教授的讲座引发了高名班学员的思考，唤起了大家的热情，大家一边

听讲座，一边即时交流自己的感受与领悟，课堂氛围非常热烈。学员听课后感慨道：正如褚教授所说，作为教育工作者，我们要"像海水一样冷静，像火焰一样热情"，做既有思想，又有志向，既"有理有据"，又"有情有义"的人。"相信自己的力量，也让每一位老师，每一位学生相信自己的力量"！

2. 课题云端精准把脉，导师引领学员成长

本次集训特意安排了小组与理论导师和实践导师交流的课程，以期帮助学员解决教育研究课题上的疑难困惑。高名班第五组"生涯之光"小组在本次课题推进指导活动中进行汇报展示。第五组的课题指导会议由华南师范大学心理教育学院攸佳宁教授、教师教育学部左璜教授，广东实验中学深圳学校王心明老师等担任指导专家。

本小组课题的研究方向聚焦高中生涯规划工作，课题组成员围绕着课题研究规划、目前已完成的工作、后续的工作计划及个人困惑共四部分分享。

东莞五中陈青天老师对课题"教育戏剧视角下高中生涯剧体验课程开发与实施研究"进行了汇报，陈老师已经开展了6部生涯剧的拍摄，并提出了往生涯教育与德育融合的研究方向上思考。

深圳市红岭中学刘雪艳老师对课题"基于情动理论的中学德育模式构建研究"进行了汇报，刘老师分享了几个体悟式主题班会课例子与学校开展的德育活动。肇庆市鼎湖中学陈玉桂老师对课题"提高中学生自信心的生涯规划教育实践研究"进行了汇报，目前陈老师课题有序开展，已经进行了几节的生涯班会示范课及生涯与英语学科渗透的展示课。广州市番禺区象贤中学何爱莲老师对课题"基于5L&5S理论的生涯规划校本课程开发行动研究"进行了汇报。何老师的课题目前已经完成了三级发展与方法论构建、课题研究前的学生发展评估，构建了体验式生涯课内活动与课外活动课程框架和可推广的模式并开展了多场体验式生涯课内活动。见图5-1。

图 5-1　何爱莲老师课题线上汇报

同时，何老师向专家们提出了生涯规划研究如何更好地与个人的班主任三品德育品牌有机结合起来。

梅州市平远县教师发展中心陈云冬老师对课题"山区高中生涯规划教育常态化课程开发的行动研究"进行了汇报。陈老师带领课题组成员一起开展"五维四层"模式研究，开发了部分生涯规划主题班会课，后续将举办生涯规划讲座，开设生涯规划常态化课程。

每个课题主持人汇报结束后，与会专家分别就课题研究的不同环节进行了具体指导。认为选题从德育实践出发，有意义、有实践性、有可行性，研究具有一定的现实价值；课题开展有序落实。同时专家们对课题的研究内容、研究的具体实施方案提出了指导意见：希望课题负责人对课题研究要以小见大，与课题主题相一致，不要脱离主题的关键词进行研究，将研究成果运用于学校德育工作；希望全体课题组研究人员一定要珍惜机会，积极开展行动研究，要注重结果，更要重视课题研究中每一个过程的积累。活动后，学员们一起学习了攸教授的"攸一说一"视频号关于青少年心理指导的相关短视频，受益匪浅，对班主任工作有深远启发。

（四）益友共进省百路，良师赋能高名班——第四次集训（2022年7月6—15日）

时维壬寅，序属入伏，酷暑增添了求知的热情。广东省中小学"百千万人才培养工程""高中名班主任"顺利开展了2022年第二期培训。

1. 个人总结

徐敏：这次培训可谓带着学习的压力和重逢的期待而来，带着收获的喜悦和对自我的鞭策而归。整个过程"痛"与"乐"交织。"痛"是精品课程构思之痛、向导师汇报的压力之痛、课题与德育品牌艰难推进之痛；"乐"是素养提升之乐、志同道合之乐。有这样深层的"乐"，学习之"痛"当然甘之如饴。

沈文通：始于梦想，终于言值，成于内涵。过五关斩六将，为了一个共同的梦想——做好德育工作。我们来自四面八方，却走在一起，手不释卷，锻炼写作，打造品牌，成果展示，为实现专业化、高质量发展而努力奋斗。

吴兴宝：本次培训内容充实：1杯"咖啡"、2次沙龙、3次团建、4次核酸、5场运动、6次茶聊、7次合影、8场报告。感谢指导与付出，收获精彩与情谊，展望提升与成长。期盼大家"删除"遗憾，"添加"笑语，"下载"希望，"拷贝"快乐，"升级"情感，"收藏"友谊，用情牵手，奋勇前行！

吴启霞：从2021年9月22日大家第一次开启省百的集中学习到2022年的7月15日，近一年的省百培训学习，我们经历了三次集中培训、两次送教下乡活动、一次跟岗学习和一次线上集中培训。虽然学习很辛苦，但是我们收获颇多——在德育路上，我们要不断提高自己的教育科研水平：思想上要时时更新有活力，管理上要独具匠心有创意，知识上要继续学习增底蕴。

梁焰：培训期间给我印象最深的是班主任沙龙活动。两个多小时的沙龙如四季交叠，给了我别样丰厚的馈赠。它有春的意趣，每位参与者脸上都洋溢着春天般的笑意，给人带来满足与快乐；它有夏的热烈，思想交锋、言语交战，以智慧论剑、用情怀交流，给人带来碰撞；它有秋的丰硕，思想交换、视角交融，彼此启发、观点融通，给人带来收获；它有冬的凝练，碰撞中升华、交融中沉淀，给人带来深思。

陈云冬：10天的培训落下帷幕。我们带着期待而来，满载收获而归。从左老师的"世界咖啡模式"到"班主任沙龙"，一场场精彩的讲座让我们的理论素养得到了提升，一次次班级活动让我看到了同学们的多才多艺。同学们的超强能力让我这个粤北地区来的学员倍感压力。但我坚信：道阻且长，行则将至，我们在左老师的带领下一定能越走越好。

马永刚：这次省百千万高中名班主任研修，安排在学期末暑期初进行，这10天的课程，真是精彩纷呈。印象特别深刻的是左璜教授的"世界咖啡"，让我们充分感受到我们的能量超乎想象；刘志雅教授的讲座，深入浅出，幽默风趣；白宏太博士的讲述，深情款款，娓娓道来；蔡辰梅教授讲的教育惩戒，竟让我热泪盈眶，那是因为她自己就是"心中有爱、眼中有光"的良师益友。

金玲：这次培训课程安排突出班主任核心素养的提升，活动形式突出班主任的自主参与。在培训过程中，高名班的班委们发挥了很强的组织协调性，例如，在组织精品课程打造和"智慧碰撞 华师论剑"班主任主题沙龙活动中，班委们前后开了四次会议，一起设计活动形式、确定主题、布置会场、准备物料等。班委们团结一致，共同出谋划策，集思广益，圆满地完成了活动，得到左老师和项目办的好评。

杨换青：省项目办精心设计课程，用心安排活动，才成就了本次"内容丰富、形式新颖、互动高效"的培训。不同领域的专家学者从不同的视角为我们拓宽知识面，提升育人技能，强化职业素养；让我们深刻认识到班主任工作的本质和意义；为我们指明班主任专业发展的方向和路径。我将学以致用，努力生长，争做德育工作的扎根实践者、优秀引领者。

陈青天：疫情下的10天培训，虽然不舍，但终究要结束了。我想用24个字表达我的感受：感恩师者，克难卓越；每日一功，都是非凡；所学即用，达己成人。

在所有同学做完小结后，学习委员邱志敏老师代表班委做了总结性发言。他认为全体同学学习态度端正，积极好学，不少老师勇于克服困难，全程投入学习；各学习小组团结一致，分工合作，高效完成美篇及公众号推文任务，尤其表扬了由杨换青老师担任组长的第六组全体成员。邱老师也代表全体同学真心感激省项目办精心组织本次培训；感谢林振南主任对高名班的鼓励和指导；感谢班主任左璜教授、樊蓉老师对全体学员学业、生活的指导和关心。

2. 导师寄语

班主任左璜老师最后做了主题为"致敬最可爱的高名班老师们！"的总结性发言。发言概述如下：

（1）私人定制、特色点评

高名班的学员是幸福的，左老师用心用情地去担任着这个班的班主任，她根据高名班 30 名学员的个性和特点一一进行了精辟的鼓励性点评，鼓励同学们勇往直前。

（2）学业指引、殷殷期盼

左老师依次从考核方式、考核要求、考核程序和考核结果的运用等四个方面对《广东省中小学"百千万人才培养工程"培养学员考核办法》进行了详细的解读。希望同学们学有所成。

（3）立体关怀、悉心嘱托

左老师嘱咐同学们要从思想、身体、财富等方面实现自由，全面提升个人幸福指数，努力经营好幸福的家庭、和谐的夫妻关系和良好的亲子关系。左老师阐述了非暴力沟通四要素。左老师殷切地期望同学们保持思想的开放与独立，多读书、多写作。

本次培训总结，自由开放，独树一帜，打破了过去那种正襟危坐、照念稿件的方式。既有理性思考的成果展示，也有浓厚的人文关怀色彩。尤其是大家情不自禁地合唱，"这世界那么多人，多幸运，我有个我们"这句温暖深情的歌词，荡起了层层涟漪。"我们"是"百千万人才培养工程"高中名班主任，"我们"是一个充满激情和梦想、富有战斗力的团队。"常让我想啊想出神"，让我们相聚华师，圆梦华师！

二、第二年度集训（2022 年 10 月—2023 年 7 月）

（一）研修时新，共提素养——第五次集训（2022 年 10 月 21—28 日）

为进一步提升班主任的国际视野，从而面向未来，培养更具国际素养的学生，2022 年 10 月，广东省中小学"百千万人才培养工程""高中名班主任"培养项目在广州进行了主题为"面向未来，做有国际素养的班主任"的第三期集训。

1. 集训内容

本次培训主办方华南师范大学以"奋力谱写新时代新征程教育改革发展新篇章"为指导，以打造一支"新理念、宽视野、高格局"的高素质班主任为着力点，以提升班主任国际素养为落脚点，针对学员的特点和实际情况，制订详细的培训方案。

本次培训最具特色的课程是成功地举办了"普通高中教育的国际论坛"和"国外高中教育专题系列讲座"。论坛由左璜教授主持，邀请了国内外诸多教育专家对美国、日本、芬兰、韩国等国家的普通高中教育现状与特色展开了全面的介绍。

华南师范大学教师教育学部部长助理、省级中小学教师发展中心副主任姚轶懿介绍了美国、日本和新加坡等多个国家和地区的核心素养框架，并特别强调了以创新素养为本的美国基础教育。

芬兰坦佩雷应用科技大学研究员陈坦玉博士介绍了芬兰高中课改中以"横贯能力"为重点的核心素养体系。

韩国加图立大学博士曾火奇、韩国首尔大学研究生吴佳恩从韩国留学生的视野，介绍了韩国基于教育目标发展的六大核心素养，以及韩国高中的课程设置、教学方法和管理策略。

华南师范大学教育科学学院国际比较教育研究所所长马早明教授做了题为"国际理解教育的理念与实践"专题讲座，向学员阐述了什么是国际理解，以及国际理解的对象和课程实践。

中国教育发展战略学会教育教学创新专业委员会副秘书长姜先祥教授介绍了加拿大的中学教育。

华南师范大学教育科学学院院长李盛兵教授做了题为"西方教师教育思想"专题讲座，向学员讲述了从苏格拉底到杜威等 14 位教育家的教育思想。

北京师范大学国际与比较教育研究院滕珺教授做了题为"各美其美，美美与共——中外基础教育比较"专题讲座，分享了基础教育国际特色课程教育理念、课程体系、教学方法以及教育国际化发展内容。

佛山北外附校宁彬校长做了题为"教育国际化走向何方？"专题讲座，与学员交流了国际学校和国际化教育相关的问题。

此次集训帮助学员启迪新思维、新知识、新方法，增进专业视野的深度和广度，推进素养成果，提升了学员的视野格局。为促使学员推进素养成果，学术班主任左璜教授紧密围绕培训主题，设置了"班主任品牌凝练与建设—课题研究推进指导—专著推进报告会—德育精品微课报告会"等研修成果推进专题研讨，构建了由指导教师和学员组成的学习活动共同体，提升学员研修效果。

在这个过程中学员们充分交流、分享、碰撞、互动、激励，并充分地发挥学员自身的资源价值，在推进报告会上，学员们分享各自的成果，探讨彼此的困惑，导师帮忙寻找问题解决的策略，提炼出日常工作中积累的生成性成果。

2. 集训创新

班主任工作有道术之分，作为广东省高中名班主任在"术"的层面已经各有建树，此时就更需要追求"道"的提升，提升班主任工作的境界、开拓班主任工作的视野、形成各具特色的德育思想和德育品牌。此次培训恰逢其时，有如下创新之处：

（1）主题新

本次培训的主题是"面向未来，做有国际素养的班主任"，通过对国外先进教育理念的比较和探索，增强对国内教育生态的理解、激发对教育本质的追问，让学员更好地理解教育的底色和特色的关系，为脚下的土壤做出更有热情和实效的工作。

（2）形式新

本次培训采用线上和线下交互、个人展现和小组合作并存的形式展开。线上的论坛展现了教育的多元化，线下的讲座与互动体现了深度思考，让培训既丰富又具有启发性；从每位学员对德育品牌和著作构思的展示到小组合作对精品课程的设计，既有对个人特色的充分尊重，又有对集体凝聚力的默默打造，创新的形式让培训的内容有了极大的加成。

当越来越多的班主任面向未来，放眼世界，既有德育探究个性又以纯粹踏实之心对待教育事业，创新人才的培养便有了坚实的支撑，推进中国式教育现代化便有了强大的精神力量。

3. 集训价值

本次集中培训内容丰富，形式多样，有专家讲座，有游学学者和外籍教授分享在国外的所见所闻，有国际论坛和小组研修讨论，让学员了解国外不同国家的普通教育，在培训过程中希望让学员认识到，每个国家的普通教育都有优点和不足，借鉴国外适合我国普通教育的方式和方法，不断优化并完善我国普通教育才是关键所在。班主任应该积极传承中华优秀传统文化，要坚持道路自信、理论自信、制度自信，最根本的就是文化自信，坚持社会主义核心价值观。中国作为有五千多年历史的文明古国，而能够一直屹立在世界强国之林，说明我们的教育和文化是值得肯定并应该批判性继承的。现代教育在不断地革新，我们教书育人应该把视野放在全球，通过学习、借鉴和创新，最终实现我们国家的教育现代化。

通过这次主题为"面向未来，做有国际素养的班主任"集中培训，让学员纵观不同国家的教育。我们在思考不同国家教育的优点和不足的同时，更应该坚定教育初心，保持文化自信，审视自身教育，寻找教育本真，去探寻更加适合我国的普通高中育人方式改革。

（二）多形式学习生涯规划教育，高质量探索人才培养新路——第六次集训（2022年11月26—29日）

为了提升基层班主任生涯理论水平，培养其生涯规划的践行指导能力，结合疫情实际情况，广东省中小学"百千万人才培养工程""高中名班主任""初中名班主任"培养项目于2022年11月26—29日开展了主题为"基于学生发展指导——创新高质量人才培养模式"的网络研修活动。见图5-2。

广东省中小学"百千万人才培养工程"
"高中名班主任""初中名班主任"培养项目

华南师范大学省级中小学教师发展中心
华南师范大学教师教育学部
二〇二二年十一月

图5-2 "基于学生发展指导——创新高质量人才培养模式"的网络研修活动

在此次线上研修活动中，高名班学术班主任左璜教授和初名班学术班主任刘华杰博士全程参与。按着活动的日程安排，顾雪英教授、薛义荣校长、张楠教授、洪傲副编审、攸佳宁教授、王心明主任、郭冰博士、方晓义教授、宋春燕博士等专家学者从"生涯发展史、生涯教育的国际视野、新高考形势下的生涯教育、中学生发展指导、教师的生涯教育素养"等角度，给学员带来了全面的生涯教育工作的指导。

1．掌握全面的生涯教育手段

随着新高考改革政策的落地，高中生的未来发展将面临新的机遇和挑战，新高考改革使得普通高中学校掀起了生涯规划教育的浪潮，将学生生涯发展教育提到了前所未有的高度，学生必须学会选择，慎重思考未来的发展。但是，目前普通高中学校生涯规划教育以生涯课程为主，主要集中在引导学生自我认知、选科指导等方面，而在学业发展指导、社会职业认知体验及生涯决策能力培养等方面有些缺乏，学校生涯规划教育活动形式单一。

为了提升班主任生涯理论水平和对学生生涯规划的指导能力，本次广东省中小学"百千万人才培养工程""高中名班主任"线上研修的主题为"基于学生发展指导——创新高质量人才培养模式"。

通过几天的学习，学员了解了国内外生涯教育的形式，为进一步开展生涯教育工作带来了启发与思考，如顾雪英教授提出了开展生涯教育的两个关键：一是模式建构与资源建设，二是高层协同与落地生根。

张楠教授则介绍了美国、英国、日本、加拿大等国家，以及中国台湾和中国香港地区开展生涯教育的形式，特别指出英国生涯教育值得我们学习的地方，我们应争取社会资源的支持、政策法规保障实施、指定整体框架、联合校外生涯服务机构、建立完善的评价体系、加强生涯教育师资力量的培训等。

洪傲教授提出新形势下高中生涯教育可以从选科指导和志愿填报入手，以工作坊和团体辅导等方式开展。

结合目前国内生涯教育面临的两大挑战，如何在有限的时间内让生涯教育落地并具有校本特色，如何让生涯教育更有实效，学员们认真总结、归纳了开展生涯教育的形式：

一是重视生涯教育指导，通过系统的生涯教育培训，如校本化生涯规划指导教师培训、班主任生涯教育能力提升培训、学生生涯规划讲座、强基计划解读、志愿填报讲座、校友返校宣讲等活动，提升生涯规划的意识和生涯教育者的能力。

二是以学生选科为抓手，以"路径融合"的理念系统开展生涯教育工作。开发专题生涯课程，如"生涯意识唤醒""自我认知""兴趣密码""学科才能与选择""综合优势探索""深度了解专业""政策解读""选科决策"等，从与学生需求联系最紧密的问题入手，开发适合本学校的生涯校本读物。

三是开展各类实践活动，搭建成长平台。按照学生成长规律和内在需求，结合传统文化和传统节日，开展科技节、艺术节、读书节、体育节、社团节、劳动节、义演、义卖、义工等活动，以及涵盖科技、艺术、体育、创新等类别的社团活动。

四是家、校、社协同发展，全方位引导学生健康发展。举办专题讲座、读书交流、教育沙龙、家长论坛等活动。充分利用家长及社会资源，邀请校内外知名专家，针对当前的教育热点和难点问题，结合学生成长中的关键节点，进行全方位的成长支持。

五是生涯班会课。班主任、生涯老师在生涯班会课上引导学生认识自我，认知生涯，思考学业规划，进行目标管理、时间管理和学业管理。

六是学科融合课。将生涯教育与学科教学融合，鼓励教师挖掘教材中的生涯教育素材，并介绍本学科杰出人物及其故事、学科价值与意义、相关行业前景，激发学生的学习兴趣，引导学生评估自己的能力，提升自我认知，在他们心里播下职业和理想的种子。

七是生涯案例探讨。生涯规划课程教师可结合一些案例故事、音像视频、模拟道具等引出生涯规划话题，激发学生内心的真实感受，让学生认可生涯规划。

八是角色扮演。学校可以在一些生涯规划教育平台上购买职业体验课程，借助课程中角色扮演的教学模式，让学生"身临其境"感受职场氛围，通过展示相应的职场行为特征，激发学生的职业兴趣，帮助学生探索职业发展方向。

九是生涯话题论辩。学校可以通过组织各种职业认知辩论赛，比如"职业认知大比拼"等，让学生认清职业的真正内涵，促进学生对职业和生涯规划的认识，培养学生学会运用生涯规划的方法。

2. 锤炼有特色的生涯教育路径

基础教育阶段实施生涯教育，既是学生健康发展的需要，也是国家选拔培养人才的需要。在高中阶段，加强学生生涯规划教育，铺设学生生涯规划路径（见图5-3），使学生能够结合自己的兴趣爱好、知识结构、思维特点、性格个性等来选择自己的职业发展方向，在高中阶段有目标、有方向，在大学也会具备良好的专业发展基础和前景，有利于高校培养高质量人才。

学校应有开展生涯规划课程的计划和与课程配置相关的设备，并配备专门的教师。生涯课程施教老师（班主任和心理老师）需参加相应的培训，具备一定的施教能力，保证生涯教育的课程质量。学校要保证每个月至少上一节生涯教育课，同时在各学科的日常教学中，教师也应当随时教授生涯教育内容，以此来使学生在教师的影响下形成与生涯规划

图 5-3　学生生涯规划路径

有关的观念意识。

根据专家学者的指导以及初、高名班学员的交流分享，基层班主任若要提升对学生生涯的科学理性指导，可以将指导学生生涯规划路径作如下理解：生涯规划的最终目的是培养人格健全、身心健康的人，回答"培养什么人"这一问题。

要实现这一最终目的，需要四个支撑：健康关系维护、顶层设计规划、多元平台支撑、科学理论引领。

健康关系维护主要解决协同育人的问题，通过打造和谐的亲子关系保证家长的高质量陪伴；通过打造友好的师生关系实现教师的专业引领；通过打造正能量的班风实现同伴的互助互长。

顶层设计规划主要解决各级主管部门政策指导问题，国家层面的相关法律法规，为基层学生生涯规划提供基本遵循；地方制度政策，为基层学生生涯规划提供具体条件保障；学校校本课程，即将国家的相关生涯政策与学校的实际情况结合起来，将生涯规划落地，打通最后一公里。

多元平台支撑主要解决理论与实践相统一的问题，通过专家培训指导，让师生从理论上掌握生涯规划的基本要领；通过职业体验，让学生明确自己未来究竟想要做什么；通过组织学生前往实践基地，让学生清楚自己的梦想需要具备的基本素养。

科学理论引领主要解决生涯规划的可行性佐证问题，工具模型从理论上为生涯规划找准目标与方向；课程资源为生涯规划教学活动提供材料；数据资源指共享相关调查数据，为生涯规划教育提供可靠性证明。

四个支撑回答了"怎样培养人""为谁培养人"这两个问题。

3. 品味书香，悦享成长

2022年11月26日，高名班携手初名班开展了线上读书沙龙活动。阅读，犹如一场奇妙的旅行，总能带给我们丰富的体验，它一点一滴地滋养和改变着我们，将知识变成成长的动力和养分，尤其在本次沙龙活动中更是感悟最深。我们的沙龙活动主题是"育见心灵，预见生涯——共读《知心育人》"。

《知心育人》主编是曾任北京师范大学校长、党委副书记的董奇教授。这是一本教育者日常工作的指导用书，是一本以教师实际工作为切入点的工作宝典，是一本有大量案例可参考的学习范本，更是一本适合每一位教师的心理健康教育指导手册。

本次沙龙活动是我们第一次尝试以网络直播的形式开展，学员们本着守教育之初心，尽师者之责任的初衷，怀揣美好的期待与呼之欲出的迷思，在分享、聆听与碰撞中，思考关于教育意义的答案，一起探索书中的智慧，让超脱于文字之外的烛光照亮彼此的生活，同时保持学习的劲头和向上的力量，让自己在三尺讲台上充满自信，游刃有余。

本次活动依然是在左璜博士和刘华杰博士的引领下开展的，特邀北京教育学院德育与班级管理教研室主任、副研究员、全国德育学术委员会理事、北京师范大学教育学博士郭冰作为点评嘉宾，郭冰博士长期从事德育研究及德育培训工作，近年来承担多项国家级、市级骨干班主任培训、德育校长培训及师德培训工作，她从专业的视角为我们做了"知心育人"的诠释和解读。郭博士把我们带到了一个新的高度，让我们的知识得到充实，思维得到训练，内心得以丰盈，郭博士自己也是一个温暖的读书分享人，为所有学员树立了标杆。

本次线上沙龙活动有三个明显的特点：

一是质量高。所有参与分享的学员都有一个共同的特点，喜欢读书，有个性、有思想，分享的内容让人眼前一亮，豁然开朗。

二是参与广。一个人的读书是学习，一群人的读书是创造。60位学员全员参与，共同分享，从心得体会到育人故事分享，从智慧解读到思维碰撞，让阅读不仅仅是读书，还包括读发展、读思考、读自然、读教育、读人生。

三是有思想。一个民族的精神境界取决于阅读水平，一个人精神的发育史就是他的阅读史。精心设计的活动环节，有时会让我们进入忘我的空间，产生智慧思想共振，有时会引发我们的奇思妙想，灵感爆棚；有时会让我们突然解开自己生命中的某个困惑，明确自己前行的方向。品读一本书，会让每一个人读到不同的层面，收获到不同的启迪，互相交流成长。

本次沙龙活动精心设计了五个环节。

（1）沙龙活动一：雕刻"好时光"，吾心安处是书香

在这个环节里，由六位分享人各自分享自己的读书心得。

陈青天老师基于扎实的日常教育工作经验及严谨深刻的教研精神，提出应通过我们的努力促进学生自身的生涯规划行动的高站位，并提出思考：什么样的生涯教育最科学？让所有师者深切感受到肩上的责任与担当。

邹勇飞老师以"营造兴趣情境，促进兴趣发展"为主题，提出学习情境兴趣发展的几点思考，并结合自身的工作进行了一一解读。

陈云冬老师从生涯教育的内涵、实施途径、生涯意识的唤醒等几个角度，将读书心得与生涯教育深度融合。

周怀平老师从生涯线和生涯导师制两个角度，带领大家深入剖析教师在生涯教育中的角色。

陈玉桂老师从家校互助角度入手，用典型案例剖析，探索打造家校互助生涯平台的模式。

曹智琴老师分析了高一学生在选科问题上存在的困难，带领着我们进行了一次基于学科融合的生涯规划课探索。

几位老师图文并茂的分享内容激起了所有参会人的兴趣，并在分享中感受到了阅读带来的魅力。

（2）沙龙活动二：遇见"真阅读"，育人故事见思想

当你沉浸于阅读分享中，你可以从中领会到分享者曾经历过的风景和思想境界。书本身是一个故事，写书的人身上有个故事，书的流转又是一个故事，

所以阅读一本书，可以收获好几个故事。

　　龙春老师的"规划的人生更精彩"和陈小玲老师的"计划没有变化快"从两个不同的角度讲述了生涯教育故事。我们看到生涯就像一场拼图游戏，可以通过自我和外界的匹配找到自己合适的位置；生涯也像一场长途旅行，每段路程，都可以不同的方式，体验不同的风景。我们更看到了两位和学生一起成长的有大爱、善规划的班主任，在她们跌宕起伏的教育故事里，我们感受着斗转星移的变与不变，在与学生携手前行的悲欢离合间，我们体味着生涯教育的知与未知。我们愿和她们一样，踏路而行，望远前程，心怀理想，为梦躬行。

　　（3）沙龙活动三：道微"明致远"，不畏浮云遮望眼

　　在这个环节里，学员们各抒己见，碰撞思想，邱志敏、金玲、胡韦琳、苏灿伟、梁焰、李奕琳结合自身的育人工作，从不同的角度提出问题和分享思考，给我们带来更多的启迪和思考。康德曾说过："没有目标而生活，恰如没有罗盘而航行。""职业生涯是方格架，而不是竖梯。"方格架可以为更多人提供更宽广的视野，而不是只有那些站在最顶端的人才能看到最美的风景。我们都想找到能让自己兴奋并且感兴趣的工作或职位，但是，这个寻找的过程既需要明确的目标，也需要一定的变通。当时代提出问题，就一定有人给出答案，这些答案让我们拥有无限向上的信念。

　　"长安何处在，只在马蹄下"。生活会有高低起伏，并不能因为眼前的困境而忽略远处的光，真正靠近胜利的人是那些面对重重考验，仍然相信光芒的人，眼前有星辰大海，脚下有沉淀与勇气。理论的学习成果，需要用实践去检验，这也是我们学习的意义。正所谓"知之愈明，则行之愈笃；行之愈笃，则知之益明"。

　　（4）沙龙活动四：高瞻远瞩明方向，掷地有声绘蓝图

　　与会的两位专家都做了暖心的指导，郭冰博士的分享高屋建瓴，从自身在一线的育人经验出发，分享了自己的教育理念，阐释了什么是好的生涯教育，

也深入浅出地讲解了未来努力的方向。这让我们惊叹于专家的博学与专业，同时也更加深知我们必须加快转变自身认识，必须适应改变，追随改革的脚步，勤学勤思，不断更新自己的教育理念，在教育这条道路上行走得更高更远。

刘华杰博士高瞻远瞩，指出一线教师要实时了解国家的教育动态，学习先进的教育理念，转变自身的教育行为。育人先育己，不要用完美的眼光要求学生，教师要不断丰盈自己。教研是教学工作的一部分，是专业发展的必由之路。我们有幸加入广东省百千万这个平台学习，华南师范大学的教育团队通过一个个高瞻远瞩的战略决策、一次次审时度势的精准判断、一层层掷地有声的目标规划，为我们一线班主任指明了方向，绘就了蓝图。让我们充满期待与向往，未来愿身披铠甲心有远方，长风破浪扬帆起航，踏实工作，潜心教研。

（5）沙龙活动五：逐光"再"前行，唯有阅读是日常

细嗅书香，风雅自来。打开一本本未曾阅读的新书，就仿佛打开一个全新、未知的世界，多了几分期许和欣喜。在书香弥漫的日子里，与书籍携手同行，开启教育生涯的心灵之旅，让我们的课堂充满智慧，让我们的教育一路书香，让我们的生命因书籍而更加厚重。我们将追光前行，让阅读成为日常。活动中，学员们纷纷分享书单，相约于书海。活动后，老师们以更饱满的热情投入线下读书中，与学生一起徜徉知识的海洋，逐梦校园。

天道必酬勤，笃行能致远。改变的是模式，不变的是心情。云端读书沙龙活动，是我们的第一次尝试，我们满怀期待和希望，希望通过这次的"云端聚首"，为读书活动创造新的交流模式。愿所有的美好，如期而至。

（三）云端再聚首，共享美学盛宴——第七次集训（2022年12月9—12日）

本次研修活动采取线上研讨的方式进行，通过线上读书沙龙、专题讲座、

主题分享、年度总结等多种形式开展。主题研讨深入、经验交流畅通、资源生成丰富、思维碰撞多元是本次研修活动呈现出的四大亮点。

1. 专家引路看见美

南京大学教授、博士生导师、著名美学家、著名红学家潘知常教授为广东省百千万初、高中名班主任学员做了题为"没有美万万不能——漫谈美与人生"的人文社科素养讲座，他通过"做正确的事与正确地做事""爱美才会赢""学会看待人生""学会对待人生""学会善待人生"五个部分，清晰通透地讲解美在人生追求和远大理想中的巨大作用，带领我们去探索人生中的美学与美学中的人生，为学员带来了一场美学与人生哲理相互交融的盛宴。

当今教育偏向知识但忽略方向。爱美教会我们的是一种看世界的方式："美学"地看世界。爱美的人方向才会对，才能走得远。潘教授引导我们要"做正确的事，正确地做事"，理解美、感知美。因为美，让我们学会看待人生，多一份包容，也有了格局；因为美，让我们学会对待人生，多一份从容，也有了动力；因为美，让我们学会善待人生，多一份宽容，也有了境界。让我们学会看待人生、对待人生、善待人生，成为一个有格局、有境界、有动力的人。

南京师范大学教育科学学院教授，美育学专业博士生导师，美育学博士学位点负责人易晓明教授以"新时代学校美育的价值与使命"为题开展专题讲座（见图5-4）。易教授是中华美学学会美育学术委员会副主任、中国高等教育学会美育学术委员会常务理事，全国小学教师教育委员会常务理事、国际艺术教育协会（InSEA）会员。她提出"每个时代都有不同的时代要求，置身宏大的时代背景，教师要思考美育的使命与追求"，并提出"时代学校美育的根本使命，要以立德树人为根本，将弘扬美育精神与时代发展需求相结合，培养学生的审美与人文素养"。通过思维的凝练、案例的分享，启迪学员进行深入思考。

图 5-4　易晓明教授线上分享

易教授深入浅出地阐释了审美教育的时代性特征、审美教育的内涵与价值，并引领学员思考"在宏大的时代背景下，一线教师如何着力于提升学生的审美能力，如何实现立德树人的根本任务"，引领学员实现思维的嬗变，领悟美育的价值与意蕴。

中学语文特级教师，江苏省首批教授级中学高级教师杨斌老师，给大家带来了题为"发现教育之美"的专题讲座。杨老师指出，教育的美并不是必须仰望星空才能看到，也并不是遥望才能得到，其实在我们日常的教育教学过程中就存在很多教育之美。教育中不是缺乏美，而是缺乏发现美的眼睛，我们要有一双发现教育之美的眼睛，要有一颗感受教育之美的心灵，要有即使看见苍凉仍然饱含深情的教育情怀。

来自佛山市惠景小学的语文高级教师，广东省名班主任林幸谊老师，扎根一线，以身作则，秉承审美育人理念，关注学生身心可持续发展；致力于打破学科界限，努力实现学科融合教育；积极改善学生学习方式，原创板书涂鸦，打造特色语文课堂。

赵伶俐教授给大家带来了题为"爱与美的交响曲"的讲座。赵教授是全国著名美学专家，西南大学二级教授，心理学博士，教育学、心理学、美学博士生导师，重庆市名师，国家精品课程课堂教学技术与艺术创建与主讲教师，国家视频课程跨界思维创建与讲授教师。

赵教授开篇即围绕"因为美，所以爱"的主张而展开阐释。赵教授指出，我们爱一样东西肯定是因为心里觉得它美，美是美育追求的核心，所以我们要用美去教育学生，用美去影响学生成长。爱是德育的最高境界，德育的效果体现在学生爱自己、爱别人、爱家乡、爱国家，爱一切美好的事物。

赵教授在讲座的最后总结：解决德育问题的办法，不是单纯加强或增加德育板块，而是补足美育短板。美育不仅要面向全体学生，还要面向全体教师。学校的所有学科课程和教学等，都需要进行改造，按照美的规律来进行道德教育。赵教授的讲座，逐层深入，环环相扣，逻辑严密，首尾呼应，结构完整。

2．读书沙龙感悟美

读书是拓宽视野的捷径，是最低成本的自我增值方式。12月9日下午，初名班和高名班的老师们一起相聚云端，开展"共读一本书，共筑教育梦"的读书沙龙，共读檀传宝教授的论著《美善相谐的教育》，活动由初名班学员罗少霞老师主持，以结伴分享的方式，以学员分享及专家点评两个环节展开今天的读书分享活动。

初名班的李春燕老师分享了该书作者研究的基本追求，然后从审美活动的储善性、导善性及立善性三个角度展开说明。她指出，德育活动不仅应该外在地借用审美手段，而且应将审美理想、精神加以内化吸收，成为新的德育观的基本内核。

高名班的肖昌伟老师从阅读对象、阅读方法、摘要批注及心得体会这四方面进行分享，向大家展示了他读书过程中的摘要和批注。接着他从仪容、仪态、谈吐、品行四方面分享了他的读书心得：教师的仪容包括自然健康、修饰得体及内有气度；教师的仪态应该正襟危坐，不能松垮歪斜，要昂首阔步；谈吐方面要内容真实，表达优雅；品行方面应该文质彬彬，有风度。

初名班的陈少娥老师，用两张思维导图高度概括了书中第三章及第四章的主要内容以及她在知识方面的收获，接着她分享了这本专著对她思想的启迪，是如何改变她对美育的认知，使她重新衡量了美育的作用和地位，激发她思考在未来德育中如何更好地融入美育。

高名班的林倚姗老师从美的本质、美育的精神本质、道德的本质、教育的本质等方面进行分享，在德育与美育融合的路径与方法方面提出了独特的见解，并倡导教师要增强校园文化及班级文化建设，以德促美，以美润德；要注重教师队伍建设，言传身教；要搭建班级平台，让美育走进课堂；要开展多元活动，赋予学生"美"的能力；要构建多元评价体系，塑造学生"美"的品德。

高名班的吴启霞老师分享了丰富且生动的德国美育及美国美育经验。他山之石，可以攻玉。从他国美育的特征、评价体系等方面，思考如何立足本土，中西结合，将美育理论践行中国化。

初名班的陈泽文老师分享了自己对"欣赏型德育模式"的理解。作为新时代的教师，要学会赞美学生，细心地捕捉学生瞬间闪现的思维火花。对学生的赞美，表达应恰如其分、内涵深刻。面对犯错的学生，教师应该帮助他们分析原因，指点迷津，给出合理的建议，尽可能找出学生的优点和可爱之处，引导学生欣赏自己。

专家点评环节中，左璜教授强调中国思想往往从生命出发，以及美与善的联系。在生活中，中国思想强调美中有善、善中有美但善高于美；西方思想则从灵魂出发，强调美善同源，由神所创造与导出，最终把"善"看作是美的目的，美的快感即在于善的价值。刘华杰博士从《诗经》中溯源美善相谐的理念和主张，建议德育工作者不仅要有高尚的人格修养，更要在目标、内容、方法、工具、手段等方面寻找最合适的方式进行德育。如果德育研究缺少"真""善""美"的因素，就会显得肤浅，可能会顾此失彼。最后，专家希望

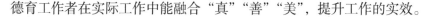

德育工作者在实际工作中能融合"真""善""美"，提升工作的实效。

3. 思维碰撞展现美

12月10日下午，初名班和高名班的学员一起相聚云端，以鲜活的案例来进行分享与解读。

初名班的苏灿伟老师以"班级境美，久居而善"为题，结合教育实践，凝练教育主张。对于班级文化建设与美育工作的融合，他有着独到而深入的见解。

罗少霞老师以"教育，向美而生"为题，解读了她在班级美育中的探索历程。提炼班级美育的核心理念，"美，没有标准答案，美是一种态度，美是一种感觉。但美，能让人赏心悦目，美，具有引人向善的作用和力量！一个人完整强健人格的养成，并不源于知识的灌输，而在于感情的涵养，这种涵养在于美育"。并强调以塑造"美"的形象来照耀学生的心灵。

董文平老师以"中国传统美学与德育相融合的路径探析"为题，提出"情，就是生命的体验与律动，情也是源自内心的动力。一方面情能打动人，使之受到感染；另一方面情能推动人行动。情有高尚低俗之分，也有理性和非理性之分。审美之情则是高尚的、合乎理性的情感，因而也能培养人的高尚、理性的情感。美作用于感性、作用于情感，这使美远比德，甚至比一切理性的东西更容易被人接受，并能深入内心、从内心深处发挥作用"，并融合中国传统文化对美的教育路径进行了卓有成效的探索，取得了丰硕的教学成果。

本次分享活动，我们邀请到了教育学博士、广州大学教育学院教授、博士生导师蔡辰梅教授和潮州市湘桥区城西中学语文教师、首批"广东省名班主任工作室主持人"、2011年被中国教育学会评选为"全国百名班主任之星"的丁炜烨老师两位专家进行点评。

蔡教授以"教育者的存在之美，成就美的教育"为切入点，指出了一线教师在美育工作中的价值追求与表达。引领学员思考，作为教师，我们要如何在每一个细节当中来实现教育性。并指出"不是为了谁或者为了什么的美育，仅仅是为了完成此生作为一个教育者的美的存在""教师，认清人性的现实，仍然去激发人性之善最高的可能性，这便是英雄主义的教育者"，蔡教授对三位学员的分享给予了高度的赞许，认为三位教师在教育情境中找到了"存在性意义"。

丁老师则从"包容、从容、宽容"三个维度去点评与引领，她提出"包容，人生格局中看待人生""从容，平和心态去面对人生""宽容，活出境界去善待人生"。并指出"美的人生而善待人生"，丁老师认为三位学员的分享都体现了"教师的美丽"，并期待教师在追寻美的过程之中"创造美，享受美，实现幸福的教育"。

4. 总结分享回顾美

"让我们在更美处相逢"——省百千万培养工程初名班年度总结分享会在12月12日下午正式拉开帷幕。主持人陈少娥老师通过一系列值得回味的旧照片，引领我们回顾"那些我们未曾相遇的日子"和"那些我们一起学习的日子"的温馨场景。

张章喜老师分享的主题是"真正的成长，是认知升级"。他以世界杯比赛中摩洛哥队一路高歌猛进，淘汰三大夺冠热门国家队为例，强调我们在省百的学习中要颠覆陈旧的认知，并升级认知。

郑秋艳老师分享的是其本人去迪拜和京都的旅游见闻与感受。

葛艳秋老师以"以美育人，共情共振"为题来谈本次云端培训的感受，她从文化熏陶、言传身教、共情共振三个方面谈其在班级管理中的实施。

陈小玲老师分享的主题是"因为有爱，所以美丽"，感谢在这个过程中给予她帮助的领导老师和同学，甚至是陌生的评委和路人。

刘月浩老师分享的主题是"一路生花，处处生机"。他从团队共建、学习共进、资源共享、辐射共赢、未来可期五个方面分享了班主任实践案例和省百学习过程。

苏灿伟老师分享的是他策划的班主任节活动——"感恩，灿若夏花的你"，他希望通过一些仪式，让班主任收获心灵的感动和温暖，润泽疲惫的心灵。

王德军老师分享的主题是"舍得与重生"，他说，正当自己快要躺平的时候，省百给了他重聚能量再出发的契机。

李春燕老师分享的主题是"美善相长，双惠双赢"，她说本次研讨活动背后是老师和同学们的善，感恩在这一期的研修活动中互相帮助和支持的同学们，更感谢刘老师的包容和关怀。

梁文菁老师分享的主题为"慎始敬终，行稳致远"，是她对于品牌建设的总结和思考，她认为品牌建设，需要的是自始至终谨慎的态度、平和的心态。

李玉老师代表第六小组做了题为"追求真善美，共筑教育梦"的分享，汇报了小组"云"上跟岗学习活动。进入省百，在优秀的导师引领下，与同学结伴前行，是一场美好的遇见。李老师愿大家早日相聚在美丽华师，相遇在最美处，遇见更美好的自己。

陈春燕老师分享的是"行走在德育的最深处"，静心阅读，丰盈内心，一年来，她阅读了 35 本书，听了 75 本书。

郑娟老师发言的主题是"从'无为'到'高效'的竞速成长"，她从守心无为，顺势有为；融会贯通，探索高效；打开格局，竞速成长三个方面回顾了课题研究的探索历程。

最后，班主任刘华杰博士充分肯定了 12 位学员的发言，对于整个分享会的组织，他是十分欣赏的，从学员们的分享中，他能感觉到大家也都在进步着。随后，他逐一点评了 12 位学员的发言，并提出他的建议和期望。他希望学员们在省百学习中，能尝试打破常规，敢于突破，展开自己多彩的、闪亮的羽翼和翅膀。同时，要确定思路，在任务的驱动下，学会反思，努力实践，向我们预期的目标靠近。还要学会自我诊断、自我评估、自我指导，成长型心态就是要动起来，循环螺旋式上升。最后，他希望学员们把学习、生活、职业的关系处理好，不仅推动其实现职业发展的目标，还要有丰富的个人精神生活，过完美和谐的人生。

（四）学而起传播好品牌理念，研达深促成高质量发展——第八次集训（2023 年 3 月 3—9 日）

1. 活动安排与意义

①明方向

本次培训内容丰富，针对性强，既用点带动了面，又用面聚焦了点。中共杭州市委党校余杭区分校副校长石翼飞的"以中国式现代化全面推进中华民族伟大复兴——党的二十大精神学习交流"专题讲座，对于学员来说，是一次思想洗礼和政治淬炼。学员认识到了教育的形式和途径可以多样化，但必须坚持"为党育人，为国育才"的教育使命；让学员深深地思考，在省百学习的过程中应该如何做，才能更优质地完成属于优秀高中班主任的教育使命。

②聚品牌

"微课设计与制作""基于品牌的著作撰写经验分享""课题推进指导"等讲座和沙龙，极大地提高了学员的技术技能，让学员能够不断创新工作方式，增强品牌信心，有能力去推动基础教育的高质量发展。

学校参访和户外拓展活动加强了团队之间的协作和情感联系，促使学员能够优化管理行为、改进管理策略、涵养德育智慧，培养了教师发展核心素养，形成以高素养教师引领学生高素养发展的良性育人环境。

在最后的总结汇报中，学员就自己的品牌、课题、专著等存在的问题向左璜教授做了现场汇报。左璜教授以"只争朝夕，不负韶华"为题让全体学员重温初心，对标反思，展望未来，再次给予全体学员精神滋养，促使学员踔厉奋发、勇毅前行。

2. 培训过程剪影

3 月 4 日上午，中共杭州市委党校余杭区分校副校长石翼飞为全体学员带来"以中国式现代化全面推进中华民族伟大复兴——党的二十大精神学习交流"的讲座。石校长指出，要深刻认识党的二十大召开在党和国家事业发展进程中的重大历史意义，要全面深入系统地学习党的二十大报告，从而更好地领会其精神。整场讲座内容翔实，既有理论的高度，高屋建瓴，又结合实际的情况，启人深思。广东省中小学"百千万人才培养工程"初高中名班主任必坚定立场和方向，明确责任与担当，为广东教育的高质量发展添砖加瓦。

3 月 4 日下午，华南师范大学焦建利教授用短视频切入，从拍、录、剪、人工智能生成内容四方面入手，让我们对课件、微课的设计与制作有了更全面、更深入的了解。焦教授驾轻就熟、深入浅出的讲解使整场讲座妙趣横生，行云流水。在提问环节，焦教授以自己开阔的视野、精辟的语言，幽默风趣又智慧精辟地回答了现场所有的提问。焦教授的这场讲座，如同一场及时雨，为以传播为本的班主任品牌建设提供了技术支持。

在学员以小组为代表的微课精品展示课堂上，学员代表逐一汇报。李盛兵、王清平两位专家就教师微课制作等不同专题，介绍培训前沿理论，传递先进理念，解读政策热点，剖析焦点问题，帮助学员熟悉教师品牌打造的趋势和特点。专家们鼓励学员启迪新思维、新知识、新方法，增进专业视界和深度，强化在工作实践中科学化、规范化管理的意识。

在以"基于品牌的著作撰写经验分享"为主题的专题沙龙活动中，省百优秀学员周小华老师以"诗意与理性：天自辽阔水自遥——我是如何写书的"为题进行分享。周老师指出，写书应先从阅读开始，深厚的积淀是写作的源泉。周老师提出要建构属于自己的阅读体系：系统的、经典的、前瞻的、穿越生命的书系。周老师在阅读中品悟精神，寻找个性化的表达方式；以系统思维统整自己的思维，构建专著框架；阅读中要有敏锐的教育教学契机意识，并及时写下思考；要有追问和深度思考的意识，让思考在笔尖不断流淌。

往届优秀学员代表、广州市天河中学陈迪主任以"创建个人品牌，做大时代的踏浪者"为题，分享了关于个人品牌著作的撰写经验。陈老师从个人品牌的时代来临切入，倡导全体学员通过创建品牌、撰写著作传播个人核心价值、与世界建立联系并影响或成就更多人。陈老师讲到，著作撰写是一个"自说自话—自成一体—自圆其说"的过程，一线教师可通过问题转化、思考转化、现象转化、课题转化、课程转化、思想转化、案例转化、故事转化等多样化策略，传递个人主张，输出优质内容。因此，作为广东省中小学"百千万人才培养工程"初高中名班主任培养对象，我们不仅要做观潮者，还要做傲立于潮头的踏浪者！

宋春燕博士为沙龙做点评。宋博士认为写作是人类活动当中最难的一个，你现在所有的怀疑，所有的纠结都是正常的，不要认为自己没有能力，她的点评让我们受到了鼓励。宋博士结合沙龙主题，分享了以下经验：

第一，立精神。精神层面上要立起来。坚定的精神如同一个压舱石，压稳了，即便写作中遭受挫折，也立刻能"满血复活"。

第二，搭框架。构建知识框架，知识框架是我们能够写作或成立教育品牌的一个基础。知识框架包括学科的知识框架，班主任的知识框架，通识性的知识框架。

第三，学方法。写作出书和个人品牌构建，事实上是一个研究过程，要掌握方法和技术。

刘华杰博士全程陪伴和指导我们，希望我们既然相遇在春风里，就应该在党的二十大精神的感召下，在人工智能的体会里感受着时代的变迁，行走在美丽的校园，行走在充满活力的新区，行走在美丽的乡村，感受到暖暖的温度。培根铸魂，任重道远；科技赋能，创新传播。

最后，本次集训的最高潮，就是高名班学术班主任左璜教授为大家做的

"只争朝夕，不负韶华"的总结点评。左老师从中国式现代化这个时代大背景出发，在对每一位老师的汇报做出具体的点评之后，对高名班班主任提出了新的希望，即重温初心，对标反思，做好未来发展规划，提出省百千万培养项目要打造"品质省百、创新省百、活力省百、共生省百、奋斗省百"。

（五）多元借镜品吴越　深度思行悟德育——记"省百千万"高名班2023年7月杭州研训之旅——第九次集训（2023年7月1—8日）

为培养卓越的班主任，提升班主任的教育水平、管理能力和情感关怀，帮助他们更好地适应教育变革和满足学生发展需求，推动班级管理朝着更加科学化、人性化和个性化的方向发展。广东省中小学"百千万人才培养工程"高中名班主任们于2023年7月1日至8日开展了以"比较浙江与广东德育与班主任专业发展特征"为主题的培训。

1. 红色洗礼，铸魂润心

为深入学习习近平新时代中国特色社会主义思想，强化"为党育人、为国育才"的初心使命，7月4日上午，广东省"百千万人才培养工程"高中名班主任项目全体学员在左璜老师的带领下，赴嘉兴南湖开展"涤荡初心明使命，砥砺前行强本领"的主题活动。在党的梦想起航地，学员们开启了一段传承红色基因、赓续精神血脉的党史学习教育实践之旅。山水万程，步履如一。老师们先后参观了中共一大的会址红船、烟雨楼和南湖革命纪念馆。面对一件件珍贵的历史文物、一幅幅生动的历史画面、一个个逼真的历史场景，老师们以无比崇敬的心情缅怀了中国共产党为争取民族解放、国家独立、民族复兴、国家富强而不懈奋斗的艰辛历程，也更加坚定了理论自信、道路自信、制度自信和文化自信。学员纷纷表示会以自己的实际行动为党育人，为国育才。

2. 参访学校，博采众长

7月4日下午，高名班参观了嘉兴一中实验学校。该校是浙江省初中课改联盟学校、浙江省优质特色教学民办学校、浙江省重质量守诚信优秀民办学校。学校秉承"提供优质服务，让学生在引领中成长"的办学理念，以"未来引领者"为培养目标，致力培育有"引领天下之情怀、引领创新之力量、引领艺趣之格调"的学子，努力打造富有梦想和活力、优秀学子心仪的高品质学校。

7月5日早上8点，梅雨绵绵，高名班乘车前往杭州市两所德育特色学校参访学习。到达塘栖中学后，在周建锋副校长和覃丽兰老师的带领下参观校园。校园的小桥山石、素墙拱门无不体现着江南风韵。而学校精心打造的各种艺术空间，更是给学生提供了可以供心灵恣意栖居的空间：走廊上可供随意使用的钢琴，有着宽敞随意空间的小剧场，雅致整洁的图书角，摆放着中式书案的书法室……点点滴滴无不传递着教育者的细心。见图5-5。

图5-5 校园一角

7月5日下午，高名班来到了国家级重点中等职业学校——杭州市西湖职业高级中学参访。在徐民华副校长、邵雪香老师和章彩森老师的陪同下，大家参观校园，走进实训基地。在生产性实训基地，老师们品尝了烹饪专业的学生做出来的美食。看着一间间用于学生实训的小店，用于实操的厨房、工作间，以及高大上的宾馆，学员都表示体会到了学校对学生成长所倾注的努力与心血。

3. 专题讲座，提升素养

7月2日上午，广东金融学院公共管理学院副院长赵冬梅教授以"教师心理健康与职业发展"为主题，为本次培训拉开了序幕。赵教授以活动为载体，深入浅出地讲述了教师教育沟通的七大技术和三大原则，具有很强的实操性和针对性，是一场接地气、聚人气的讲座。

7月3日下午，杭州师范大学周俊教授以"基本功大赛视域下班主任的专业发展"为主题，从"育人故事、带班育人方略、主题班会、情景模拟"四个方面，为求知若渴的老师们阐述了新时代背景下落实立德树人根本任务的优秀班主任的路径，为班主任的专业成长打开了一扇新的窗口。

7月3日晚上，杭州师范大学王珍教授以"欣赏式探询——'问题学生'的有效管理"为主题，以大量翔实的案例，再现真实情景，从"概念解读、价值取向、实践运用、教师角色诠释"四个方面分析了特殊群体的心理特点及解决办法，为老师们带来了心灵洗涤和新希望。

7月4日下午，在嘉兴一中实验学校，老师们聆听了三场讲座。首先，嘉兴市德育教研员严昕老师为老师们带来了一场题为"科学性与情感性——做好班主任工作的基石"的讲座。严老师梳理了班主任隐性知识的发展理论与内涵，探讨了班主任隐性知识研究的时间与范围，以及班主任隐性知识形成与发展的条件基础和基本规律等，提出"隐性知识显性化"的区域德育研训有效路径。这场讲座拓宽了我们的德育成长之路。其次，嘉兴一中实验学校高中部嘉兴市名班主任工作室主持人郑浩老师为我们主讲"微德育"。为了让每一位学生找到"自我感觉"，使心智得到更加健康的发展，基于"多元智能理论"，郑浩老师将其班主任生涯经验宝典，总结为十个微方面——"开始、气质、情感、品牌、生日、星星、桌面、沙龙、点滴、信"。这十个方面非常接地气，都是我们平常所见所遇的，他将其融入班主任日常管理之中，化平凡为非凡，成为其治班育人之秘籍。最后，嘉兴一中实验学校初中部嘉兴市语文名师、名班主任工作室主持人沈燕飞老师为我们主讲了"做一个喜欢表达的班主任"。她的班主任生涯践行着苏霍姆林斯基的两条教育理念："关于写教师日记的建议"和"我怎样写教育日记"。她坚持写班级日志（故事）、写班主任随手记、给家长写信、写班级大事记、写观察日记……她用漫画做成的小海报，记录和展示自己的日常工作和生活，这既能治愈自己的心灵痛点，又可达到育人良效。令我们感动的是她乐观积极的精神：她认为生活虽然很辛苦，但可以很有趣。甜蜜的汗水是生活最美的滋味。

7月5日上午，老师们在杭州市塘栖中学听了两场讲座。该校的周建锋副校长为我们简单介绍了该校德育情况。他以"尚德崇文，育创新型灵动学子；和谐发展，创现代化人文高中"为主题进行讲述，内容包括以下几个方面：重投入强硬件，优化灵动创新的特色设施；构建"四维四特二层"体系，凸显校本课程的育人特色；构建"现代积极德育体系"，落实尚德崇文的育人目标。覃丽兰老师为大家带来专题讲座"卓越班级建设的基本策略"。在互动环节当中，覃老师和大家分享了她眼中的卓越，她结合丰富的案例从六个方面引领大家进行卓越班级建设。

7月5日下午，老师们在杭州市西湖职业高级中学听了三场讲座。该校的徐民华副校长的讲座主题为"自信成嘉木，人人成嘉匠"，他在讲座中充分展示了职业中学德育体系，彰显该校的德育特色。浙江省名班主任工作室主持人邵雪香老师为我们主讲"做一名'唤醒师'与学生共成长——用核心价值引领班级成长"。邵老师分享了为何需要核心价值、何为核心价值、如何形成核心价值，并分享了她带班七届的核心价值。浙江省名班主任工作室领衔人章彩森老师为我们主讲"专业·主题·比赛——工作室建设的实践探索"。章老师在省级和国家级大赛中脱颖而出，从比赛型选手成长为工作室的领衔人，通过比赛促班主任成长是她建设班主任工作室的方法与途径。

7月6日上午，由杭州市拱墅区教育研究院学生成长研究中心副主任周慧主讲"自媒体时代班主任的角色定位与职业担当"。周主任在讲座中向高名班的班主任提到新时代教师应具有的气度：在精英和专家面前保持自信、在赞美和肯定面前保持谦逊、在质疑和委屈面前保持豁达。

7月6日下午的讲座是"班主任工作中的常见误区与出路"，由杭州师范大学经亨颐教育学院执行院长严从根教授主讲。严教授在讲座中指出：班主任最主要的工作应在班级共同体建设方面。班级共同体建设不仅能营造良好的班级氛围，还能有效促进学生的成长。为了建构班级共同体，班主任要关注和亲近中等生，要学会运用平行影响教育法。周慧和严从根两位专家从不同的角度，讲授班主任工作最新理念与实践，启迪新思维、新知识、新方法，增进在场老师的专业视界和深度，强化老师们在工作实践中的创新意识。

7月7日下午，浙江省首批中小学班主任工作室领衔人、首届长三角地区中小学班主任基本功大赛高中组一等奖获得者、湖州中学的樊晓薇老师为我们做了题为"正视问题，明确方向——关于当下班主任工作的几点思考"的讲座。樊老师提出了九个班主任工作中的关键问题，从"为什么大多数老师都不愿意做班主任？这些状况能改变吗？从何入手？"开始，分享了她自己管理班级的经验和感受。樊老师以丰富生动的案例，讲述自己在班主任工作实践中的事例，并就"如何教学生做人、做事"分享了她的经验。她乐在其中的心态，张弛有度、三思而后行的做法，给老师们留下了深刻印象。

4. 总结提升

7月8日上午，在左璜老师的组织下，召开了"浙粤班主任德育与班主任专业发展特征比较"的总结会。各小组基于文化视角，从不同的角度解读了杭州高中教育的特点。最后，左老师做了点评指导，并期望学员能突出重围，找到亮点，做出自己班级管理的特色，并与学员们重温了《广东省中小学

"百千万人才培养工程"培养学员考核办法》，希望大家能明晰任务，利用好时间完成论文、专著等。本次总结会，左老师进一步为老师们明确了前行的方向，给老师们注入了满满的能量。

他山之石，可以攻玉。且思且行且成长，再学再悟再奋进。本次培训，学员们通过实地参访、专家讲座、互动交流等方式，从学校文化、学校课程、班级管理、高效教学、教师队伍、教育评价等方面进行体系化观摩和学习，拓宽了自己的视野。高名班学员纷纷表示，本次培训对自己在班级管理完整性的顶层设计和路径规划上有很大的帮助，他们将站在面向未来和创造未来的高度，站在历史传承和当前实际的基点，在遵循教育规律和学生成长规律的基础上，建构"班级高质量发展"体系，真正助力学生的高质量发展。

（六）培训以成果为导向，学员开展深度研修——第十次集训（2023年7月9—14日）

广东省中小学"百千万人才培养工程"是广东省基础教育领域最高端的人才培养工程，工程的主旨是为广东的基础教育系统培养德才兼备的教育家型人才。所培养的学员不仅要有丰富的教育知识和技能，还要积极践行立德树人的根本任务，能够在日常教育中引导学生树立良好的道德品质和社会责任感。

由华南师范大学承担的广东省中小学"百千万人才培养工程"高中名班主任培养项目完成了2023年度的第二次集中研修。本研修分为第一阶段省外研修和第二阶段省内研修，时间长达14天。

第二阶段省内研修从7月9日到14日，在华南师范大学进行，目的是开阔班主任的理论与实践视野，强化学员的德育理念与方法，加快推动培养成果的形成。培训采取了学员全面浸入式、主体参与式的任务驱动型形式，通过专题讲座、工作坊、问题研讨、微课录制、学习共同体建设和自主学习等多种方式系统地进行培训研修。

1. 深度提升：专题讲座

为达成本次研修预期目标，第二阶段的研修除了专家讲座、导师指导之外，还特别注重学员的自主研修，鼓励学员深入图书馆查找文献，要求个人潜心写作，并安排学员之间进行合作交流以达到整体学习效果大于个人学习效果的目的。为此，7月9日上午，左璜教授为老师们做了"教育文献的检索与整理"的专题讲座，从"为什么要查文献、什么文献是好文献、如何查找文献、怎样阅读和整理文献"四个维度，为学员提供了高质量德育科研的可操作性技能。7月11日上午，刘华杰博士为参训学员做了"ChatGPT赋能教师阅读与写作"的专题讲座，他从ChatGPT的优势与局限，ChatGPT在实际运用过程中所面临的风险与挑战入手，围绕"如何高站位、高效率、高质量运用ChatGPT"的中心议题，为学员减轻了科研压力。

这两场讲座旨在传递班主任工作的最新理念与实践，以启迪新思维、新知识、新方法，增进专业视界和深度，强化在工作实践中的创新意识，提升班主任的德育科研能力。

2. 提质增效：专家导师指导

（1）小组的理论导师与实践导师指导

导师指导活动贯穿于整个培训期间，分为两项内容。第一项是理论导师和实践导师的指导，学员以小组为单位自行安排时间会见导师，向导师汇报他们课题项目研究、专著撰写、微课录制的进展情况，并就研修过程中遇到的困难向导师们寻求帮助。第二项是理论导师和实践导师对学员进行针对性细致"把脉"，指导研究方向，提供理论支持。华南师范大学教师发展中心为学员接受导师指导提供了优越的环境和设备。

（2）学术班主任的"一对一"在线指导

在本次集训期间的每天晚上，高名班学术班主任左璜老师合理安排，对高名班学员进行了"一对一"的培训指导。旨在了解学员研修成果的完成度，特别是专著的撰写情况，通过指导过程中的交流，左璜教授就每一个人的专著存在问题和解决方案提供个性化指导，使学员们醍醐灌顶，茅塞顿开。

3. 突破舒适区：自主研修

（1）图书馆学习

自主研修活动贯穿于整个培训期间。自主研修要求学员克服畏难情绪，要有开拓进取的省百精神，要带着问题思考，要高效地查找自己所需要的参考文献，同时也要排除干扰，静下心来进行专著和论文的写作活动。

集中培训使学员从学校事务性工作和家庭生活琐事中抽身而出，他们表示这几天的自主研修取得了丰硕的成果。图书馆成为学员自主研修的首选地点，酒店房间和会议室成为小组研讨的最佳地点。

（2）小组研修

学员在各小组组长的带领下，充分沉浸在学习中，因地制宜地开展各种小组研讨活动，积极主动地分享和交流，体现了整体学习的高效率和创造性。

4. 资源共享：微课录制

微课录制可以锻炼学员的表达和教学技巧，传播研修成果，为广东省基础教育提供优质教育资源。

学员们表示，参加微课录制，是人生中一次极具意义的体验，从中深刻感受到了教育改革的力量和自己作为一名教师的责任。在录制微课的过程中，教师不仅需要深入研究教材内容和教育理论，还需要灵活运用多媒体技术和教学方法，以更生动、更互动的方式呈现知识。与同行的交流与合作是令老师们难忘的一部分。大家彼此之间互相分享对教育的新思考，也真切感受到了教师之间相互支持和鼓励的重要性。

5. 成果显著：个人汇报

（1）学员汇报

为检查本次研修成效，培训的最后一天，每一位学员都要进行学习汇报。

学员从专著、论文、课题和微课这四个方面，就所取得的成果、进展以及存在的问题和困惑向学术班主任左璜老师做汇报。

（2）导师期许

左老师为每一位学员作个性化和专业化的点评。这非常有利于学员加快形成自己的理论成果。活动时间从早上 9：00 持续到中午 12：00，过程精彩，成效卓著，气氛感人。既体现了左老师高超的学术水平，又充分展示了左老师的敬业精神和职业激情。学习汇报提高了学员的主体性和参与度，实实在在地增强了培训课程的吸引力、感染力和移情力。

这次培训活动的成功不仅使班主任们受益匪浅，也对广东省"百千万人才培养工程"的课程实施产生了积极的影响。随着本年度第二次培训的圆满结束，参加培训的高中名班主任对于自身的职业发展和德育工作有了更深入的认识和规划。他们将把所学、所思、所感应用于实际工作中，积极推进教育教学改革，通过内化培训的成果，在实现自身成长的同时，也将更好地指导学生的德育发展，促进他们的全面成长。本次培训也为广东省"百千万人才培养工程"课程实施的整体实效作出了贡献。

三、第三年度集训——第十一次集训（2023 年 9 月始）

（一）粤港交流同享经验，携手交流共创发展

根据培养单位的安排，"高中名班主任"培养项目在 2023 年 9 月和 10 月分成两批，与"名校长""名教师"培养项目分别前往香港进行学习。

1. 行前动员，粤港相遇

2023 年 9 月 18 日上午，广东省教育厅主办、华南师范大学承办的广东省中小学"百千万人才培养工程"培养对象赴香港行第二批培训行前动员会在华南师范大学教师教育学部举行。广东省中小学"百千万人才培养工程"项目执

行办公室副主任、华南师范大学省级中小学教师发展中心副主任姚轶懿，华南师范大学教师教育学部副教授、本次培训项目负责人郑海燕，华南师范大学省级中小学教师发展中心副主任、本次培训项目负责人张燕玲，华南师范大学省级中小学教师发展中心办公室主任林振南出席活动，行前动员会由张燕玲主持。动员会包括了明确本次培训目标、解读研修课程安排等环节。

动员会结束后，华南师范大学港澳青少年教育研究中心主任马早明教授为全体学员讲授了主题为"香港基础教育概况"的讲座，深度解析了香港的基础教育情况，从教育管理体制、办学体制、课程设置和教师队伍建设等方面进行了详尽的介绍。他指出，香港的教育环境具有其独特性，希望学员们能够充分理解和适应，以实现本次研修的目标。

2. 开班仪式，汇融润心

2023年9月19日上午，广东省中小学"百千万人才培养工程"培养对象赴港第二批研修培训开班仪式在香港专业教育学院柴湾分校顺利举行。出席开班仪式的领导有香港职业训练局高峰进修学院周日光副院长、华南师范大学教师教育学部郑海燕副教授和华南师范大学省级中小学教师发展中心张燕玲副主任；出席开班仪式的培训学员共41名，他们分别是来自广东省中小学"百千万人才培养工程"的名校长、名教师和名班主任培养对象。开班典礼由香港的带队老师吕赛男老师主持，周日光副院长和张燕玲副主任在开班典礼上致辞。

据悉，香港职业训练局高峰进修学院承担内地赴港培训交流活动，受内地职业院校和政府部门委托，2010年至今，主办超过650团内地赴港培训。接待政府公职人员、内地职业院校、中小幼学校教职员及企业高管人员赴港交流培训，2012年起获科技部（国家外国专家局）认可的境外培训合作机构，香港公营机构中承办内地赴港培训最具规模机构。

2023年10月15日上午，广东省中小学"百千万人才培养工程"培养对象赴港第三批研修培训启动仪式在香港教联会总行隆重举行。广东省教育厅思想政治工作与宣传处倪熙处长、广东省教育厅思想政治工作与宣传处汪芸四级调研员、香港教育联合会陈陆安总监、香港高龄教育工作者联谊会会长余大伟校长、香港初等教育研究学会荣誉会长李少鹤校长、香港教育大学中国语言学系讲师赖志成博士、华南师范大学教师教育学部德育与教师发展系刘华杰博士等出席了启动仪式。活动由华南师范大学教师教育学部德育与教师发展系主任左璜主持，来自广东省中小学"百千万人才培养工程"的初高中名班主任培养对象50余人参加了启动仪式。

3. 专题讲座，提升素养

培侨中学原校长叶祖贤以"优秀教育从业者必备素养及应对改革能力"为主题，为求知若渴的老师们从"当前教育发展趋势、香港教育的特点、我们的角色、日常工作的建议、香港老师的专业素质是怎样来的、经验点滴"六个方面阐述了在环境变化多端，多元价值冲突，多层竞争激烈的新时代背景下，要把人的发展放在第一位，呼唤均衡共存。

在讲座的最后，叶校长和大家分享教育感悟："老师需要有孤独与宁静的习惯、有规律的简单生活、有自省能力及讲真话的同行人，方能影响身边的人，共同迈向追求的愿景和理想。"叶校长的讲座有趣、有料、有互动、有冲击，他以富有洞见的视角，深入解析了当今教育面对的种种挑战，对教育改革的趋势进行了敏锐的洞察，对教育从业者应如何提升个人素养，以及如何提升应对改革的能力，做出了客观深刻的分析。他的讲座点燃了广东省中小学教育工作者的工作热情和进一步提升自己的决心，学员收获良多。

香港教育局原首席助理秘书长梁兆强先生为学员开展了主题讲座并进行交流，在讲座中，梁兆强先生以"中学课程设计与创新教学模式"为主题展开，分别从香港基础教育概况、课程改革、创新教学、信息科技教育、人才培养、STEAM教育以及香港教育面对的挑战等方面作深入分享、交流。梁先生至今已服务教育行业近40年，在科学课程改革与创新、学校管理、教师专业化发展等方面有独到见解，其主题讲座很好地让学员加深了对香港基础教育的了解，认识到了粤港两地基础教育的差异。

4. 参访学习，博采众长

2023 年 9 月 19 日下午，广东省中小学"百千万人才培养工程"的名校长、名教师和名班主任所有成员一同到了香港东华三院黄笏南中学进行参访。在东华三院黄笏南中学，李靖邦校长热情地为学员介绍了学校的概况，学员借此深入了解东华三院黄笏南中学：它是香港九龙城区的一所传统的英文中学，多年来秉承东华三院"全人教育"的宗旨，建立了"勤奋进取、关爱融洽"的校园文化，着重培养学术、创艺、健体和生命教育等素养，鼓励学生全面发展。该校除了注重学生的学习成绩外，还鼓励学生多参加课外活动，为学生提供全面和多元的服务，帮助他们开阔视野、发展潜能，并在德育和价值观上用心栽培学生，让学生放眼社区，回馈社会。

接着在香港东华三院黄笏南中学老师们、同学们的带领下，学员先后参观了 STEAM 实验室、生物实验室、水耕种植平台和学校图书馆，学员真切感叹黄笏南中学的教育已经走在前列，在课程设计上呈现多元化，且注重学科融合，尊重学生的个性化，合理利用资源为学生搭建良好的成长平台。

最后，在守善演奏厅，李靖邦校长耐心地与学员进行交流，并对学员提出的疑惑一一解答，让所有学员对香港的教育有了更深入的了解，学员不仅拓展了教育视野，更了解了粤港的教育差距。

他山之石，可以攻玉。且思且行且成长，再学再悟再奋进！不忘初心，砥砺前行！

9 月 20 日下午，省百第二批赴港培训学员满怀期待地来到民生书院参访。民生书院创校于 1926 年，属英文中学，是位于九龙城区的一所传统名校。民生书院的校训为"光与生命"及"人人为我，我为人人"，致力以耶稣基督精神，倡办完人教育，培养学生建立积极及勇毅的人生观，热心服务社会，重德、智、体、群、美五育发展。

一进民生书院大门，学员就受到了民生书院校长和老师们的热烈欢迎，并于会议厅前集体合影留念。随后，在会议厅内，书院校长、科组长先后就民生书院的概况、人工智能课程发展与教学实践以及 STEAM 教学做主题分享。随后，在书院领导、老师以及学生的陪同下，参访团分成 3 组，先后深入书院的蝴蝶园、科学实验室以及物理实验室等处参观学习。见图 5-6。

参访过程中学员深刻感受到书院基于人工智能的 STEAM 课程非常成功，能很好地将多学科进行融合，在引导学生运用多学科知识、技能等解决实际问题中表现突出；在智能教育理念的引领下开展多种多样的基于学科主题的研究项目，在有效提升学生科学素养的同

图 5-6　学员认真听民生书院的老师和学生讲解

时，学生的团队合作精神、劳动素养也得到充分培养。民生书院此举堪称典范，内地学校在此方面应该加大投入，更有作为。

一天学习参访虽然节奏很快，但学员却个个干劲十足、感叹收获颇丰！本次赴港培训的每一位省百学员必将从每一次交流学习中汲取智慧、经验，勇立基础教育创新之潮头，大步前行，更好地服务广东基础教育。

（二）到访山城学习交流，深入重庆研修提升

2023 年 11 月 26 日，怀着对教育事业的热忱，广东省中小学"百千万人才培养工程""高中名班主任"培养项目 2023 年第四次集中培训远赴山城重

庆，开启了一次别开生面的学习之旅。

重庆，这座充满独特魅力的山城，是一方涵盖了丰富文化、浓厚历史底蕴的土地。我们来到这里，不仅是为了感受其雄奇山水，更是为了汲取这片土地上卓越的教育智慧，探讨教育的未来。

在这座充满活力的城市里，我们与重庆本地的教育者深度交流。通过这次研修学习，我们相信能够得到一种独特的教育体验，汇聚更多教育工作者的智慧之光，共同为学生成长添砖加瓦。让我们携手共进，感受山城的热情，汇聚教育的智慧，共同铸造一个更美好的未来。让我们一同点燃教育的烛光，温暖前行的脚步，共筑教育事业的辉煌。期待在这次学习之旅中，创造属于我们的精彩篇章！

1. 丰富多元的专题学习

自11月26日上午起，广东省中小学"百千万人才培养工程""高中名班主任"学员先后一起聆听了9场专题讲座，不同的专家以不同的主题引领学员并与学员精彩交流，让学员学到不同的专题内容，感受多元的德育文化。

11月26日上午，学员聆听了华南师范大学心理学院心理学系主任、博士、博士生导师陈俊教授的题为"教师的情绪劳动及其价值与评价——基于中小学老师的案例"的讲座。

陈教授的专题讲座分为三大部分进行：第一部分是："情绪劳动 深浅有别"；第二部分是："四有好老师的情绪劳动"；第三部分是："眉目传情 爱有回响"。通过聆听陈俊教授的专题讲座，学员明白了教师的匠心和真情对学生成长的重要性，并学会让自己的丰富情绪助力学生成长。

11月27日上午，西南大学教育学部教授、博士生导师张良教授做了一场题为"核心素养发展与知识学习"的讲座，该讲座既高瞻远瞩，又求真务实。

张教授的讲座以"素养"为纽带，从核心素养的内涵出发，通过生动案例引领老师们思考核心素养的实质。他从"改革开放四十年，基础教育课程改革的学习结果"导入，让老师们感受到改革的重要意义、价值与背景。

张教授围绕着"素养是什么"展开，从"核心素养是什么"与"核心素养有什么"或"包括什么"的区别明辨核心素养的内涵，用驾照与驾驶、小马能否过河、西班牙无敌舰队（格拉沃利讷海战）发生于什么时候三个案例，再结合自己的生活实际，深入浅出地讲解了构建"用"为核心的教学理念与实践，让老师们在故事中深入思考素养的内涵与机理，思考提升素养所面临的挑战，并提出"用以致学"的学习观。张教授为老师们诠释了核心素养导向下的学科育人策略，要避免结构不良问题，多设计开放式问题用以点燃知识运用能力和创造力，要用核心问题优化课堂结构，选择那些能够指向抽象、概括性、学科性等学科本质、核心学科观念的问题作为核心问题，核心问题的内容指向学科大观念或学科大概念。

12月1日上午，西南大学教育学部副部长罗生全教授为学员举办了"新方案新课标背景下教学理念的转换与方式创新"的讲座。

罗教授讲座的主要内容包含新课标修订的背景与主要变化，包括课程方案和课程标准的变化。在"三有"新人培养目标下，强调学生发展核心素养，重视学科实践，倡导综合学习，以培养担当民族复兴大任的时代新人为目标。新的教学定位从以"教"为中心转向以"学"为中心，实现学科知识、学科实践、学科综合能力的有机融合。教学模式的创新和优化包括以生为本的课堂、课程整合与开发、创新教材呈现方式、从精选到建构创设优质情境以及从"学业标准"转向"素养标准"。

2. 回应时代关注的探讨

中小学要想落实立德树人的根本任务，德育工作就必须紧跟时代的步伐，不断推进理论创新和实践创新，不断增强中小学德育工作的时代性、科学性和实效性。新时代呼唤新德育，新德育要紧扣新时代。9天的重庆学习，学员表示感受到了重庆的学校和老师在德育方面对时代问题的关注。

（1）时代关注，让学校更有底色

例如，重庆市朝阳中学陈伏兰校长在介绍学校文化时所提出的打造有品位的学校、有品质的教育，培育具有家国情怀，世界眼光，全面发展的社会主义建设者和接班人的教育任务，让我们感受到了一所学校与时代立德树人根本任务的同频共振，让我们的教育有底气，有底色，有厚重感。这也是重庆朝阳中学打破生源决定论，打造自强、厚德、合作、创新的朝阳精神的根源所在。

（2）时代关注，让德育更加鲜活

德育要想有生命力，必须关注时代，因为时代课题会为德育工作指明方向，增加活力，否则德育就会成为无源之水，无本之木。在聆听冉亚辉教授的专题讲座时，学员表示感受到了德育在时代背景下的价值。例如，中国梦教育、家庭教育、法治教育、生态文明教育、中华优秀传统文化教育、爱国主义教育、革命英雄主义教育、人类命运共同体教育，这些时代热点问题本身既是时代的热点也应该成为德育鲜活的案例和挖掘的素材。

（3）时代关注，让教师更具情怀

教师的工作对象是富有生机和活力的学生，教师需要更深的职业情怀，这份情怀既包括对学生的爱，也包括对社会和时代的关注。印象比较深刻的是谢菁菁老师和周小均老师，两位重庆市名班主任工作室主持人，她们都牢牢把握时代脉搏，注重对党中央、国务院关于德育工作的一系列文件和精神的把握，正是这种情怀，让工作室建设硕果累累。

新的时代，新的征程，关注时代，是德育人永恒的主题。重庆市教育研究院谭舒予所长做了主题为"新时代德育工作转型及实践路径"的德育专题讲座。

谭所长先以当今学生存在缺乏自信、没有明确的人生目标、厌学状况严重、抗挫折能力弱、网络成瘾等普遍问题和不善于处理各种人际关系等心理状况为切入口，以北大教授徐凯文对"空心病"与时代焦虑的研究为导向，强调新时代的德育工作需要转型。

她提出在新时期德育工作中,育人目标要由教授学生知识转向促进学生全面发展,教育价值要由培养单向度的人转向培养多元化发展的人,德育内容要由从单一的政治教育转向"大德育"内容体系,育人场域由课堂转向全场域,德育范式要由重说转向重体验,德育实施要由孤立的德育转向立体的德育,并通过育英学校体验课程、"人人有事做,事事有人管""爱摇椅子的男孩"等生动形象的案例阐述德育工作转型的重要性。

3. 富有特色的学校参访

重庆市朝阳中学创建于1962年,系国家级基础教育课程改革实验学校、重庆市重点中学、重庆市联招学校、重庆市文明礼仪示范学校、重庆市电子化规范考场、北碚区"十佳"文明单位和卫生先进单位。

缙云山下,嘉陵江边,学校坐拥青山绿水之雅趣,包含南北两个校区,被市内外多家媒体誉为重庆市"低进高出"的高品质学校。学校获得清华大学2019年生源中学,获得南开大学、华东师范大学、南方科技大学、西南财经大学等高校的优秀生源基地授牌。

陈伏兰校长在会议厅给老师们展示了学校六十周年校庆的宣传片,并做了专题讲座,她从北碚的大背景开始,介绍了学校的"一种精神""两大理念""三项建设"和"四个特色"。学员纷纷表示领略到了该校"朝阳精神"的特质与活力,以文化人,深挖内涵,打造品质学校。

11月29日,学员参访了重庆市第七中学。首先,学员参观了重庆七中的各大特色场馆:重庆市体育课程创新基地、重庆七中课程体验中心、重庆市地理课程创新基地、重庆七中课程体验中心、东川书院;然后,聆听了韦林果主任的讲座"乐享阅读 悦伴成长——幸福德育架构下的家校悦读班课程"和谢菁菁主任的讲座"向着未来·共同生长——重庆市第七中学谢菁菁班主任工作室的思与行"。重庆市第七中学构建的"幸福德育"理念对学员产生了深远的影响。这一理念不仅优化了德育形式,而且搭建了活动平台,显著提高了学生的幸福指数。

4. 利于建构的思考分享

本次广东省中小学"百千万人才培养工程""高名班主任"培养对象重庆研修活动，学员感受到的不仅仅是山城重庆在地理、气候和人文上的独特性，更体验到了重庆专家、教授以及中小学教育同行对"双减"背景下班主任素养提升以及中小学课程改革等方面的独到见解。学员先后领略了全国名师工作室优秀主持人周小均的一瓣心香，丈量了西南大学的飘飞黄叶，吸纳了西南大学教育学部刘争先副教授和重庆师范大学初等教育学院黄万飞博士的兰薰桂馥，品味了西南大学张良教授、罗生全教授以及重庆师范大学冉亚辉教授的虎墨沉香，汲取了重庆市朝阳中学、重庆七中以及重庆天宫殿学校德育的屡屡馨香。讲座、参访之余，细细琢磨，香远益清。

"当念真富贵，自薰知见香"。本次重庆研修，学员了解了重庆在学校德育与班主任品牌打造方面的先进经验及创新举措，提升了班主任科研能力和德育素养，凝练了德育特色品牌；省百的每一位学员，必将不忘初心，朝着广东基础教育高质量发展的目标阔步前行！

秋高气爽，天朗气清，正是满载收获的季节。行路，问道，一场秋天里的重庆教育行走！广东省中小学"百千万人才培养工程""高中名班主任"培养对象围绕"双减背景下班主任德育素养修炼与品牌打造"的参访主题，通过参访学习，了解重庆在学校德育与班主任品牌打造方面的先进经验及创新举措，凭此提升班主任科研能力，进而结合自己的班主任实践经验，思考学校德育素养提升与品牌打造策略，提升班主任工作实效，并尝试梳理与提炼自己的德育特色品牌。

在为期9天的学习期间，全体学员深入了解了重庆朝阳中学、第七中学、天宫殿学校等学校的教育教学理念、丰富的课程设置、高效管理等方面的经验，包括如何培养学生的综合素质、如何提高教学质量、如何促进学校与社区的合作等方面；同时也与学校老师进行了深入的交流和探讨。通过交流和学习，掌握了一些切实可行的教育理念和方法，为学校的德育发展提供了有力支持。

在本次研修之旅中，学员还重点学习了如何通过转型、改变来实现新时代德育能力的培养和建构。学员通过张良教授了解了核心素养发展与知识学习，通过冉亚辉教授探索了新时代德育理论创新与实践策略，通过杨昌义教授学习了新时期班主任核心德育能力的自主构建。专家们让学员还要注重美育、情绪劳动、脑科学研究等与德育息息相关的各种知识。

在参观学习的过程中，学员感受到了重庆地区教育教学的独特魅力。当地教授以及教师团队注重培养学生的创新思维和实践能力，通过多样化的教学方式和丰富的课程设置，激发学生的学习兴趣和潜能。

5. 精彩总结

求学，问道，莫问缘由。从踏入重庆这座魅力之城起，学员就注定拥有了一次别样的班主任培训之旅。这片饱经沧桑的土地，蕴含着深厚的文化底蕴，孕育着精彩的教育，给我们的心灵带来了一场深刻的洗礼。

重庆的地理特色和别样的生活气息让班主任们思考，在如此多元的背景下，如何更好地引导学生欣赏多样文化，培养学生的包容心和独立思考能力。

培训课程为学员打开了全新的教育视角，学员也以自己的理解和追求进行了有效的融合。如高名班第三小组吴玉婷代表汇报的"山水孕灵秀，烟火育人才"以重庆火锅的色香诱人、食材丰富、麻辣独特和热腾滚烫比喻总结了重庆教育注重宣传、融合并包、彰显个性和炽热情怀的特色；高名班的肖昌伟汇报的"学而思，知且行"，从张良博士讲座"核心素养发展与知识学习"的学习体会总结了重庆的培训收获以及高名班的胡韦琳汇报的"冰之歌与火之曲"，从冰之歌和火之曲的视角分析了重庆教育的理性方面和感性方面的特征。

学员把重庆的学习心得与自己的思考、工作和设想充分融合。"横看成岭侧成峰，远近高低各不同。"各位老师从不同视角分享了重庆之行的培训心得，让人耳目一新。

培训加深了学员对重庆地区教育同行对核心素养落地的学习，加深了学员对重庆地区校本、班本德育的了解、借鉴，加深了学员对重庆名班主任工作室建设的学习。

总的来说，这次到重庆的学习培训不仅是知识的获取，更是一次心灵的洗礼和启发。它不仅让我们更加深刻地理解教育的多样性和包容性，也让我们更有信心和热情投入未来的教育工作中。

与会的三位导师郑海燕教授、刘华杰博士和左璜教授先后进行了精彩的点评。

左璜教授在点评中高度赞赏各位老师的总结分享，认为各位老师的总结分享汇成了一幅多姿多彩的重庆教育画面，给她留下了深刻印象。

左璜教授认为认识一个地方的教育可以从当地饮食、地理环境、传统文化所造就的人的性格特征去了解。她结合自己对重庆人的接触和认识，认为重庆人豁达热情、勇敢坚韧、团结互助、热爱生活、开放包容，然后引导大家当场思考这样的一个问题："这样的一群重庆人做教育，会给教育带来什么？"最后，左教授殷切希望我们每一位"省百"名班主任行走在教育之路上，要以习近平总书记的教育家精神为指引，做一个豁达大度的人，做一个热情似火的人，做一个追求卓越的人，做一个享受教育的人，做一个创新未来的人。她希望大家既脚踏实地，又仰望星空，以追求美好生活的状态追求美好的教育。

四、三年培养周期期间的其他活动

（一）主题班会定时开，规划发展明方向

高名班培养项目在实施过程中，强调系统规划和关注学员的学习进展，项目办密切关心他们的整体状况。为了确保学员在培训过程中能够充分发挥潜

力，学术班主任和行政班主任会在每次集训期间定期召开班会，了解学员的学习情况，倾听学员的心声，同时强调项目的整体规划。通过密切关注学员的学习进度，项目负责团队可以确保每位优秀的高中班主任学员都能够在培训期间获得充分的支持和指导。这些规划包括及时调整课程安排、提供额外的辅导资源、鼓励学员积极参与各类活动。培训项目注重培养高中班主任的研究、领导和团队协作等核心素养，使其能够更好地应对复杂的班级管理和教学任务。

在班会上，项目负责团队不仅关注学员的培训表现，还关心他们的经验推广情况。班会通过建立一个开放支持的交流平台，能够更深入地了解学员的需求，并为其提供相应的帮助。同时，阶段性及时强调项目规划，确保每个培训阶段都有明确的目标和评估标准，以便及时调整和改进培训计划。

2022年3月，由于疫情，没办法集中线下培训，距离前一次集训又已经过去三个月了。为继续发扬高名班勤奋的学习精神，借2022年第一次线上集训的契机召开了高名班班会活动。在学术班主任左璜教授和行政班主任樊蓉老师的精心组织下，在3月27日晚上19:00高名班全班学员参与了主题为"班主任工作品牌建设进展汇报指导"的线上主题班会。

主题班会由班长金玲老师主持，高名班班长金玲老师简单介绍了本次线上集中培训的学习内容、任务和考勤要求（见图5-7）。本次云端主题班会议程主要有三个：第一个议程由学习委员邱志敏老师汇报省百高名班前三个阶段的考核量化内容和结果，同时就本次线上集中培训的学习任务和作业要求进行详细的讲解；第二个议程由宣传委员陈青天老师就班级宣传工作进行详细的安排，特别是针对"班主任研究与实践"公众号的运营进行分工和布置，对本次线上集中培训各个小组所负责讲座、活动的美篇撰写进行安排；第三个议程由学术班主任左璜教授为班级30位学员做关于"班主任工作品牌建设进展汇报指导"的讲座。

2022年省百千万名班主任培养项目第一期学习任务

1.全班集体学习：五次专题讲座

3月27日　9:00—12:00　学校教育现代化的几个关键词

3月29日　19:00—22:00　我的87763——漫谈我的31年班主任工作经历

3月30日　19:00—22:00　核心素养与校本德育课程开发

4月1日　9:00—12:00　新时代以学生发展为中心的班级育人方式改革

4月3日　9:00—12:00　以培养学生优秀习惯为己任

图 5-7　金玲老师主持线上主题班会

左璜教授在"班主任工作品牌建设进展汇报指导"的讲座上，跟全班同学强调了三个意识：一是品牌意识，二是成果意识，三是传播意识。左教授认真且激情地为大家进行了精彩的讲话。

什么是品牌，它具有非常清晰的一个界定，首先品牌具有一些外显和可见的要素，其次就是一定要有特定名称和符号，具有内涵。如何打磨班主任工作品牌？左教授专门研究和形成了关于个人教学品牌形成的四步法：定位阅读、命名与论证、深化与系统、传播与修正。

品牌成果意识就是在品牌打磨过程中不断进行输出，把自己心里的一些想法和工作中的一些经验用文字或者显性的方式表达出来。主要的成果形式包括写论文、读书心得、个人著作等。对于传播意识，左璜教授特别期待班级的学员能够有更多的传播意识，每一位老师都能不断把自己的研究成果、经验心得分享给别人，每一次传播过程其实对自己都是一种更深层次的自我促进。

本次高名班云端班会圆满结束，全体学员在听了左老师的讲话后，表示大受鼓舞。讲话犹如一场春雨，滋润着每一位学员的心，激励着每一位学员对接下来的学习、研究之旅充满信心。龙春老师说这是一场专业学习的及时雨，让她不再害怕德育研究和创作；张培涌老师在听完左教授的谆谆教诲后，调整心态，下定决心，迎难而上，加紧学习，他在会后的班级讨论中提到，有左老师的精心指导，以及对各位优秀同学的学习借鉴，他一定能够在论文写作方面有所进步。

高中名班主任班级所有同学都表示，相信在左璜教授及团队的专业指导下，通过扎实的积累、认真的创作、不懈的坚持，同学之间互相鼓励，相互学习，同享、共赢、共进，一定能共同创造高名班的新高度！

（二）跟岗学习促提升，笃行致远共成长

根据广东省中小学"百千万人才培养工程"培养项目要求，参与培养的教师需跟岗学习，以深化他们对于理论基础和实践经验的理解。在此过程中，学员将亲身参与到实践导师所在学校或其他中小学的教学和管理环境中，从而加深对相关理论概念的领悟，并通过实际操作获得更为丰富的实践经验。

跟岗学习的设计旨在为教师提供一种结合理论知识和实际场景的学术体验，从而促使他们更好地将所学知识应用于实际教学和学校管理中。这种基于实践的学习模式有助于缩小理论与实际操作之间的鸿沟，使培训参与者能够更全面地理解并适应学科知识在教学实践中的具体运用。通过跟岗学习，教师将有机会与中小学优秀的教师进行深入的交流与合作，进一步拓展他们在教育领域的专业网络。此外，实地学习也有助于培养教师的批判性思维和问题解决能力，使其更具备应对教育实践中复杂情境的能力。因此，这一学术设计不仅有助于提升教师的专业素养，也为培训项目的整体效果奠定了坚实的基础。以下为高名班"生涯之光"小组跟岗学习活动的记录。

2021年12月6—12日，省百高中名班主任"生涯之光"小组一行来到了实践导师王心明老师所在的广东实验中学深圳学校，开始了为期一周的跟岗和互访学习。在这一周里，有精彩纷呈的"真人图书馆"生涯活动，有导师倾囊相授的指导，有组员各抒己见的互动，有生涯课堂的深度观摩，有丰富多彩的组内互访，内容丰富，形式多样，本着"积极参与、主动融入、虚心学习、注

重沟通"的跟岗学习原则，我们认真观察、认真学习、认真反思。

（1）跟岗学校介绍

实践导师王心明老师所在的广东实验中学深圳学校，是由深圳市教育局与广东实验中学合作创办的直属于深圳市教育局的公办学校。学校位于中国特色社会主义先行示范区深圳，由直属广东省教育厅领导的省级重点中学、广东省首批国家级示范性高中——广东实验中学（简称"省实"）负责实施全面管理，探索形成优质基础教育与优质科技特色优势互补的育人格局，办成集义务教育和普通高中教育为一体的、兼顾全面发展与特长发展、科学性和人文性相统一的现代化、智慧型的未来学校。学校秉承省实"爱国、团结、求实、创新"校训和"以人为本、以德树人、以质立校"的办学理念，以"为了每一个学生全面而有个性的健康发展"为办学宗旨，以"格致创新、多元发展、追求卓越"为育人理念，凸显"实验性、创新性、示范性"办学优势，发扬"敢闯敢试、开放包容、务实尚法、追求卓越"的新时代深圳精神，以"建设基于科技特色的中国一流基础教育名校"为发展目标，以"立德树人，全面发展；因材施教，学生为本；合作创新，敬业奉献；先行示范，引领改革"为价值追求，打造一支具有"省实气质、深圳精神"的高素质专业化创新型的教师队伍。

（2）优秀同行示范引领

在跟岗学习的几天里，小组学员聆听了王心明老师的讲座"每一个当下都与未来相连——新高考背景下高中生涯规划校本课程研发与实施策略"，王老师重点讲述了新高考背景下高中生涯规划校本课程研发与实施策略，从生涯教育的实施背景、目标确立、组织架构、师资培养、课程研发及实施成效六个方面做了深入浅出的讲解，让我们收获满满。王老师还特别强调，生涯教育是一项天使工作，需要老师用情怀与爱助力学生成长，让我们感受到了名师的扎实学识与仁爱之心。

王老师带小组学员走进她的常规课堂，在高一（12）班，学员观摩学习了王老师的一节生涯课"学习动机与时间管理"。在这节课上，王老师用别出心裁的导入，新颖有趣的案例，贴近实际的问题，使整个课程设计逻辑清晰、层层递进、环环相扣、重点突出、具有趣味性与引导性。整节课一气呵成，精彩纷呈。尤其是在活动结束后的总结和升华，提高了学生进行生涯规划的意识，使学生的学习目标从迷茫到自信，从动摇到坚定，这正是生涯课给予学生走向未来、实现更高理想的宝贵礼物。

在跟岗学习的几天里，生涯小组的成员与省实深圳学校的老师和同学们进行了深入的交流，在班主任交流会上，省实深圳学校的蓝敏副校长做了"做新时代的优秀班主任"的讲座，从立德树人的高度深刻理解了新时代班主任工作的意义，理解了班主任工作的重要性，并且明确贯彻落实学校对班主任工作的要求及下一步工作思路：做细做优、提质增效、内涵发展。蓝校长对全体班主任提出希望——让德育有态度、有温度、有高度，激发学生动力，点燃生命活力！

生涯小组的组长、深圳市红岭中学的刘雪艳老师代表跟岗学员，做了"遇见美好，遇见幸福——为幸福中国而教"的主题分享。刘老师从班主任工作中常遇到的一些困惑入手，分析现在班主任工作的状态，并以自己的班主任成长过程为例，分享了如何做一名幸福的班主任——提高自己的学习力和识别力、拓展自己的影响力、提升学生的幸福力，并对同行的伙伴提出倡议，愿未来，我们携手，砥砺同行！做一辈子教师，做一辈子幸福智慧的教师；做一辈子班主任，做一辈子幸福智慧的班主任。

（3）学员单位互访

在学员互访过程中，生涯小组来到了刘雪艳老师所在的学校——深圳市红岭中学高中部。深圳市红岭中学创办于1981年8月，是和特区一起成长起来的学校，高中部位于深圳中心区——福田区安托山脚下，是深圳市唯一建在市区，占地10万平方米的全寄宿制高中。学校三面环山，一面映湖，植被环绕，环境清幽，空气清新，是莘莘学子读书的好地方。

我们先后参观了学生处和学生成长支持中心，红岭中学高中部学生处李剑主任热情地给我们介绍了学校的德育管理情况，学校始终坚持以人为本，把"以理想的现代教育培养具有世界眼光的高素质的现代中国人"作为学校的培养目标，以学生的利益为最高利益，最大限度地发掘学生潜能。学校一贯倡导"有温度的德育"，对学生的管理采取管育结合的策略，学校率先启动"学生成长支持中心"，为学生个性化发展和未来职业规划提供了全面支持。

在校内参访时，恰逢成长支持中心的传统特色活动"包饺子课堂"正在开展，同学们热情地邀请我们参加了包饺子课堂活动。弘扬传统文化，领悟生活真谛，这是红岭中学"三生教育——生命、生活、生涯"中的一个生活环节。红岭中学高中部的包饺子课堂就是为了使学生以活动的方式去亲身体验源于生活的知识。整个过程中师生共同劳动，高中部的部长郭树英，副部长江伟都亲自参加了课堂活动，和同学们一起合作包饺子，同学们大声喊出班级口号，为高考加油，学生脸上洋溢的自信、快乐深深打动了我们。"教育即生活"，让生活走进课堂，让课堂回归生活，是构建开放而有活力的多彩课堂文化的主要途径。

（4）跟岗总结与心得

7天时间对于漫长的教师生涯来说，是十分短暂的，但是如果能将这些知识带回自己的工作岗位，并不断地学习，持之以恒地实施，意义又是十分深远的。苏霍姆林斯基曾说："只有当每个少年从教育者那儿得到'活水'，他们的才干才能发挥出来。"可见教师的扎实学识是非常重要的，要想把学生引向远方，教师的脚步怎可以先停下？第五小组学员认为，也许不能成为像导师那样优秀的教师，但只要不断充实自己，做一个教育事业上的有心人，每天前进一小步，就能成就自己人生的一大步。以下内容是学员的总结与心得。

陈玉桂：在广东实验中学深圳学校进行跟岗学习期间，我深深地感受到了老师们的爱岗敬业、创新精神和学生的奋发向上、积极进取的求学精神。感谢遇见优秀的导师和同学，感谢他们的慷慨分享。从他们的讲座中我收获很多，也知道任重道远。今后，我将会继续向优秀的他们学习。

陈青天：学习，是心与行的过程，是所见所闻高度融合在一起的过程！跟岗可以深度学习！互访能开拓视野！跟岗于心，互访随行！每一次的省百活动，都是一曲动人之歌！

何爱莲：我学到了许多体验式的生涯理论与实践活动，让我真正领悟到，作为一名新时期的高中班主任应紧跟新时代、新思想，用心做好生涯教育，引领学生扣好人生第一粒扣子。我们进一步深入生涯教育的学习，越深入越热爱，不仅让人开阔视野，还温暖了心灵！

刘雪艳：感谢广东省百千万工程项目组，给我们提供了跟岗学习的机会，我们将带着收获、带着感悟、带着信念、带着满腔热情，在今后的工作中，学以致用，让自己在教学实践中获得成长，使自己的教学水平和教研能力更上一个台阶。

陈云冬：读万卷书行万里路，不如名师指路。省百让我们相聚在一起，感恩美丽智慧的心明老师的陪伴和指导，这次跟岗学习，增进了我们的交流，拓宽了我们的视野，这是一场思想的盛宴，智慧与灵感在这里碰撞；这是一次心灵的交融，情怀与感悟在这里飞扬。于细微处见情怀，于完善中品教育，走在享受教育的路上，我们享受遇见美好的幸福。

（三）走进乡村绽芳华，同行合力齐进步

广东省中小学"百千万人才培养工程"培养项目的目标之一，就是希望"省百"学员在培训一定阶段后能够充分发挥自己在全省的引领和辐射带动作用，加强区域联系，为粤东西北地区教育高质量发展贡献力量，形成更好的专业发展共同体。

"师指一条路，烛照万里程"。提升乡村教师的教学能力是优化乡村教育的核心工作，广东省中小学"百千万人才培养工程"培养对象走进乡村教育活动为城乡教师的交流研讨搭建了平台，有效促进城乡资源共享，以提升乡村教师队伍整体素质，让更多地区教师携手助力广东基础教育高质量发展。

以下是部分高名班学员在培训期间参加的走进乡村送教活动示例。

2021年，胡韦琳老师受邀到台山一中的市级班会公开课上做德育专题讲座。台山市兄弟学校的班主任、台山一中的李伯荣副校长、各年级主任级长、全体班主任、青年教师均到场学习，纷纷表示获益匪浅。

2022年5月18日，"百千万人才培养工程"省级培养学员陈云冬老师莅临广宁县广宁中学开展专题讲座活动。陈木香名班主任工作室的部分学员和县部分班主任参加了活动并聆听了陈云冬老师的"感恩遇见，幸福成长"专题讲座。

2023年4月23日，在龙门县龙门中学教育高质量发展教研活动周的研讨活动中，中山市第一中学德育主任胡韦琳老师受邀到龙门中学做分享报告，共同寻觅着班主任管理之妙方。

为开辟班主任专业发展的新渠道，奋力推进班主任的专业成长，2023年4月17日下午，由广东省教育厅主办、广东省中小学"百千万人才培养工程"项目执行办公室、北京师范大学珠海校区和北京师范大学广东省中小学教师发展中心承办，惠州仲恺高新区宣教文卫办公室协办的2023年中小学"百千万人才培养工程"省级培养学员走进乡村教育活动（第一批）在惠州仲恺中学举行。高名班学员杨换青老师做了"心生明媚，明理笃行——'10755号'教师专业成长动车模型"专题讲座。仲恺高新区宣教文卫办高佰芳老师、惠州仲恺中学唐永传副校长和仲恺区中学班主任代表共300多人参加了此次活动。

（四）论文写作勤学习，凝练经验助推广

名教师论文写作的重要性不仅在于对个人职业发展的助力，还在于为整个教育领域的发展和进步作出积极的贡献。作为名教师，高水平的论文写作具有重要的意义。首先，通过撰写论文，名教师能够系统地总结和分享自己在教学实践中的独特经验和教学理念，有助于传承和发扬教育领域的优秀教学经验，为同仁提供可借鉴的教学模式和方法。其次，名教师的论文可以为教育研究领域提供宝贵的实证案例和理论探讨。他们在教学过程中面对的挑战、采取的创新方法以及取得的成效，能够为教育研究者提供深入的案例分析和启示，这有助于促进教育领域的理论深化和实践创新。

基于此，为提高高名班学员在教育研究领域的论文写作技能，高名班的学术班主任左璜教授以多种形式在集训期间或日常交流中对高名班学员进行了指导，督促学员论文写作的情况。以下为其中一次指导会议的记录。在 2022 年 5 月 30 日，左璜教授专门组织了一场专题论文写作指导会。在此次指导中，左璜教授从"论文写作的价值""论文写作的思路""写作的注意事项"三个主要方面对学员进行了指导。见图 5-8。

图 5-8 左璜教授组织论文写作专题指导会

会议一开始，左璜教授就抛出了一个问题"为什么要写论文"，从而引出"跳出功利的视阈，为了表达自己的观点，为了实现自我人生价值！"这一内容。还为大家展示了论文写作的基本思路（见图5-9）。

紧接着，左璜教授提出五点要求：第一，各位同学要严格按照省百项目线下学习的要求来驱动自己。重视阅读，重视通过阅读来提升写作水平。第二，要突出自己日常工作的特色，做好一般性做法的总结与提升。第三，重视日常工作经验与学习心得的结合，做好经验的轻描和反思的深入总结。第四，省百高名班的六个小组，即"生涯规划与心理咨询""文化型班级管理""特色型班级管理""学科协同管理""信息化班级管理""教育咨询与学生发展指导"等，应该要围绕自己的专题工作，开展系统的思考与写作。第五，每一位学员都应重视品牌建设，从价值、差异、位置、归类等方面凝练思想，突出自己的班主任品牌的打造与宣传。在提出要求的同时，左璜教授根据学员论文实时进行举例讲解，让这几项要求更加具象化。

最后，左璜教授还提出了写作所需要注意的事项，帮助学员减少在论文写作上遇到的弯路，主要有以下几点：

①选题最重要，对研究的热点和创新点要有足够的敏感性。

②注意写作的规范性。如标题和层次标题、摘要和关键词、正文的写作方法、参考文献的使用等。

③注意选题的创新性。如何才能实现选题的创新性？就需要我们紧跟时代发展、社会需要和学术前沿。

④做到专项选题与个性选题的有效结合。

图 5-9 论文写作思路分享

通过这一专题论文写作指导会，高名班学员得以系统学习和提升其在教育研究领域的论文写作能力，为其未来的学术贡献和职业发展奠定坚实基础。

（五）国际交流互探讨，多元教育引深思

开展国际交流讲座对名班主任培训具有深远的意义。首先，国际交流讲座为班主任提供了与国际教育专业人士分享经验和见解的机会，促使他们更全面地了解国际化教育理念和管理实践。通过与国际专业人士的互动，班主任可以开拓自己的教育视野，提高对不同文化和教育体系的理解。其次，国际交流讲座有助于引入先进的教育理念和方法，为班主任提供前沿的教育思想。从国际经验中汲取灵感，班主任可以更好地应对教育领域的变革和挑战，推动学校管理和学生服务水平的不断提升。此外，国际交流讲座还为班主任提供了建立国际化教育网络的机会。通过与国际同行的交流合作，班主任可以建立起跨文化的合作伙伴关系，促进信息共享和专业合作。这不仅有助于提升班主任的国际竞争力，还为学校的国际化进程提供了强有力的支持。

基于此，高名班学术班主任左璜教授不仅在集训期间举办了"普通高中教育的国际论坛"，在非集训期间也为高名班学员创造国际交流的机会，组织学

员与国际专家交流。2023年6月24日晚上，左璜教授团队邀请了比利时根特大学教育系教授马丁（Martin Valcke）为省百高名班做"面向未来普通中学教育的变革和创新路向"的讲座分享。

开展国际交流讲座为班主任培养注入了新的动力和活力，为他们提供了更广阔的职业发展空间，同时也为学校的教育质量和国际竞争力的提升作出了积极贡献。

第六章

基于高中名班主任核心素养的培训课程成效

　　本章聚焦于高中名班主任核心素养培训课程的实施成效评估，旨在系统审视培训课程体系、所采取的策略和方法在实践中的实际效果。基于对高中名班主任核心素养的深入理解，本章将借助科学的评估手段，对培训课程的影响和成果进行全面、客观的考察。

　　首先，本章通过梳理培训课程的关键要素，建立一个清晰的框架，以更有效地评估培训的实施过程。其次，本章将侧重于收集和分析培训过程中产生的数据，包括学员的反馈、学术成果、实际研究和教学效果等多方面信息，以全面了解培训对高中名班主任核心素养的影响。通过对培训课程成效的深入研究，本章将强调培训的实际效果和可持续性，从不同层面评估培训对班主任的影响，包括教学质量的提升、学科知识的拓展、团队协作的加强等。最后，本章将总结并讨论培训课程的成效，突出培训在提高班主任核心素养方面的亮点和潜在的改进空间。通过综合性的评估，我们期望为今后类似培训提供经验借鉴，并为高中名班主任的专业发展提供更为实质性的支持。

第一节　核心素养为本的高中名班主任考核规划

一、考核概述

（一）考核原则

首先，我们强调考核评价要注重过程性评价与结构性评价相结合、诊断性评价与形成性评价相结合。在教育培训中，考核评价是至关重要的环节。过程性评价关注班主任在学习过程中的表现和努力，能够及时发现问题并进行调整。在 2021 年 9 月份的第一次集中培训中，学员的学习方式主要为集中理论学习和交流分享相结合。在集训的最后一天上午，每个学习小组都进行了精彩的学习汇报，比如，杨换青老师代表文化型班级管理小组做了"以文化人，行稳致远"的主题发言。以学术汇报的形式搭建起导师和学员之间的沟通桥梁，导师可以直观地体悟到学员的学习成果和学习心得，这样的形式也为下次集训课程提供了宝贵经验。

结构性评价则关注培训课程设置、资源配置等方面的完善与否，以确保培训的系统性和全面性。此次培训项目组建了高水准的导师团队，各个专家发挥自身不同的专业力量为项目指导注入"活水"，在实际构成中导师团队也通力合作，时刻关注课程和学术指导的合理配置。通过过程性评价和结构性评价相结合，可以更全面地了解班主任在培训期间的表现和诉求，为后续的改进与调整提供有力的依据。

同时，诊断性评价与形成性评价的结合也是非常重要的。在确定固定的培训对象之前，项目组负责人对候选名单里的优秀班主任都有提前了解和考察，在综合考量之后才有了固定的学员。诊断性评价注重对班主任的现状进行全面了解，以便为其提供精准的帮助和指导。而形成性评价则侧重于激发班主任的

216

学习动力和积极性，通过导师及时的反馈和指导，为班主任的学习提供建议，来帮助其实现个人成长与发展。

在评价过程中，我们不仅要关注班主任的学习成果，还要注重他们的学习过程和个人表现。只有全面观察与评价学习过程和态度，才能更好地引导班主任的专业发展，为其提供更有针对性的支持和指导。每次集训的课程都会有相应作业来反映班主任的阶段学习成果。同样地，每次集训都会有具体可量化的考核方式，用类似期末考试的形式来形成阶段的个人总分，以此表现出班主任的学习成果和进步。

考核评价是培训工作中不可或缺的一环，只有通过全面、科学的评价体系，才能更好地推动教育培训事业的发展和提升。通过过程性评价与结构性评价、诊断性评价与形成性评价相结合，我们可以更全面、更准确地了解培养对象的需求和表现，为其提供更有效的支持和指导，促进其全面发展与成长。

（二）考核要求

1. 年度评价要求

我们将考核划分为年度考核、期中考核和期满考核三个阶段，并明确了每个阶段的重点。

首先，年度考核是整个考核评价体系的基础，主要关注学员的考勤情况、学习过程表现和学习成果完成情况。通过考勤记录，我们可以了解学员的出勤情况和学习态度是否积极。同时，通过对学员学习过程的观察和评估，我们可以了解他们的学习方法、学习动力以及学习效果是否达到预期目标。此外，学员的学习成果完成情况也是年度考核的重要内容，包括课堂作业、项目实践、考试成绩等。考核结果分为"合格"与"不合格"两个等级。

其次，期中考核主要侧重于培养对象的培养规划和年度计划的执行情况。培养规划是指根据学员的需求和发展目标，制订出合理的培养方案和培养计划。

通过对培养规划的评估，我们可以了解培养对象是否明确了自己的培养目标，并制订了相应的学习计划。同时，我们还会对年度计划的执行情况进行评估，包括计划的完成情况、计划执行的效果以及对计划的调整和改进等。考核最终结果分为"合格"与"不合格"两个等级，期中考核合格的培养对象可以被继续培养，不合格的取消培养资格，以此来激励和培养学员的进取心与斗志。

最后，期满考核是整个考核评价体系的终极阶段，主要评估班主任的师德表现、教研成果、工作业绩及社会影响、示范辐射等方面。师德表现是评价一个教育工作者综合素质的重要依据，包括教育理念、教学态度、师生关系等方面；教研成果则是评估教育工作者的专业水平和学术影响力的重要指标，包括科研成果、教材编写、教学方法创新等方面；此外，工作业绩和社会影响也是期满考核的重要内容，通过对工作业绩的评估，我们可以了解教育工作者在教学管理、教育改革等方面取得的成绩和贡献；同时，社会影响和示范辐射也是评价教育工作者影响力和社会认可度的重要指标。（见图 6-1）。

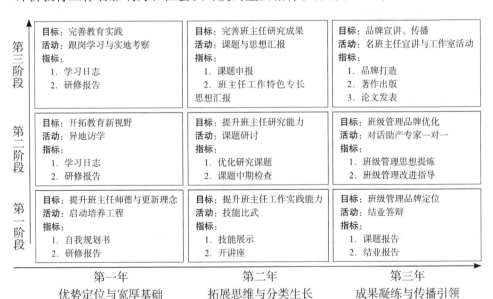

图 6-1　考核评价体系框架图

总之，考核评价的三个阶段相互衔接、相互支持，确保了评价的全面性和准确性。通过年度考核、期中考核和期满考核的有机结合，我们可以全面了解高中名班主任的学习过程和学习成果，以及其在教育工作中的表现和影响力，从而为其提供更有针对性的支持和指导。同时，通过评价结果的反馈和总结，我们也可以不断改进和完善培训方案和教育工作，提升培训质量和水平。

2. 具体评价指标

主要从培养目标出发来确定相关评价标准。主要有以下四点：

第一，师德表现。热爱祖国，遵守国家政策法规，教书育人，为人师表，品德高尚，办学思想先进，富有改革创新精神。无受党纪或行政处分的记录，无存在重大道德争议的职务行为，个人品行广受同行和社会赞扬。

第二，教研成果。为了更好地评估他们的教研成果，班主任需要在课题成果、论文（著作）以及结业论文答辩方面达到一定水平。这将确保他们具备丰富的理论知识和实践经验。

（1）课题成果需符合下列条件之一：

①立项主持地市级以上教育科研课题1项以上；

②参与（排名前三）省级教育科研项目1项以上；

③主持或参与（排名前三）的课题研究成果获地市级教育教学成果奖或科研成果奖。

（2）论文（著作）需同时符合下列条件之一：

①在具有国内统一刊号（CN）或国际统一刊号（ISSN）的专业刊物上公开发表有关学校管理方面的论文2篇以上；

②在经认定的核心期刊上发表学校管理类论文1篇以上；

③公开出版学校管理类著作1部以上。

（3）培养结束时完成结业论文答辩，且成绩在合格以上。

第三，工作业绩及社会影响。注重考察培养对象的工作业绩及社会影响，希望他们能够在班主任工作中展现出独特之处，并在媒体上得到相关报道，比如在公众号上发表文章，以此证明他们在实际管理和教学工作中的出色表现和对学生的积极影响。

班主任工作特色突出，产生了一定的影响力。需具备下列量化指标之一：

（1）班主任工作的各项指标表现突出；

（2）在媒体上有班主任工作特色专长的相关报道。

第四，示范辐射。鼓励班主任通过建立网络平台、名师工作室等方式展示自身的教育理念和教学成果。此外，每年做学术专题报告和培养指导青年教师也是名师所需努力的方向。通过这些努力，名师将能够辐射影响更多的教师，促进教育的发展与进步。

（1）建立具有鲜明班主任工作特色的个人网站（博客）或个人区级以上名班主任工作室。

（2）每年在区（县）级以上范围内做学术专题报告1次以上。

（3）每年培养和指导青年教师人数不少于2人。

（4）积极参与对口帮扶工作，促进对口帮扶地区教师的班主任工作管理水平提升；每年在对口帮扶地区开展巡教支教活动1次以上，且成效良好。

综上所述，高名班的考核指标旨在培养出具备高尚品德、先进思想和创新意识的班主任，他们不仅在专业领域有出色的教研成果，而且在工作中能够突出特色、产生积极的社会影响。我们相信，通过这样的考核体系，我们能够培养出更多优秀的教育工作者，为祖国的教育事业作出突出贡献。[①]

（三）考核方式

我们强调采取多主体相结合的考核方式，以确保评价结果的客观性和公正

---

① 江涛：《班主任核心素养及专业标准体系建构——基于德尔菲法的研究》，《教育科学研究》2018年第12期。

性。这种考核方式包括培养对象自评、所在地评价、导师评议、培养机构鉴定和项目领导小组审核等多个环节。

在培养对象自评方面，班主任要真实地反映自己的工作成果和工作特色。就像在集训的尾声时学员用PPT形式展示自己的学习成果和品牌创设的设想，将有助于评价者更好地了解他们的实际表现和发展情况。

在所在地评价方面，我们邀请了当地的教育行政部门、学校领导和同事对培养对象进行评价，这样班主任可以收到不同主体、不同角度的评价，从而产生更丰富完善的想法和发展方案。

在导师评议方面，我们依托专业的导师团队对班主任进行评价。导师评议是一个重要的环节，因为他们可以从专业的角度对班主任的工作进行评价，并给予恰当的指导和建议。

在培养机构鉴定方面，我们将邀请行业内的专家和知名人士对班主任进行评价。培养机构鉴定是一个重要的环节，因为它可以进一步提高评价的权威性和可信度。

最后，项目领导小组审核是评价的最后一步。项目领导小组将对所有评价结果进行审核，并确保评价结果的客观性和公正性。通过这样的多主体相结合的考核方式，我们相信可以更加全面和准确地评价班主任的工作表现，为教育事业的发展作出更大的贡献。

（四）考核总结

通过整个培训项目的评价要求，我们旨在推动名班主任的专业成长和素养提升，将培养过程与实际应用相结合，使他们不仅具备优秀的师德表现、教研能力和工作业绩，还具有一定的社会影响力和示范辐射能力。

以上是对整个培训项目评价要求的总结，从以上评价体系出发，严格考核评价培养对象，力求培训的科学性和实践性的双性耦合。

二、预期成果

（一）个人视角

1. 促进班主任突破专业发展瓶颈

培训课程通过强调班主任角色所必需的五项核心素养，有效地助力班主任突破专业发展瓶颈。价值观教育素养和道德领导力对班主任的道德价值观和领导素质至关重要。在这个快速变化的社会中，学生需要以正确的道德价值观为指导，而班主任作为他们最亲近的教育者，扮演着塑造学生品格和道德观念的重要角色。这项培训课程将重点放在价值观教育素养的培养上，帮助班主任更好地理解道德教育的内涵，并将其运用到实际教学中。

教科研素养和创新领导力则侧重于提高教学技能和培养教师的创新思维。在不断变革的教育环境中，教师需要具备教学和研究的专业素养，以提供高质量的教学服务。这项培训课程将帮助班主任掌握先进的教学方法和教育技术，提升他们的教学水平。此外，课程还将鼓励班主任勇于创新，培养他们的创新思维和解决问题的能力。通过培养创新领导力，班主任将能够在学校中发挥更大的影响力，推动教育改革和发展。

班级管理素养和信息领导力使教师掌握有效的课堂管理技巧。一个良好的班级管理对于营造积极的学习环境至关重要。这项培训课程将为班主任提供实用的班级管理策略和技巧，帮助他们处理日常教学中遇到的各种问题。

跨学科素养和课程领导力则促进了教师对跨学科教学方法的整体理解。现代教育越来越强调跨学科的学习和教学，这要求教师具备跨学科素养和能力。培训课程将引导班主任了解跨学科教学的理念和方法，并提供实践经验和案例分享。通过掌握跨学科素养，班主任将能够更好地设计和实施综合性的课程，促进学生全面发展。此外，课程还将重点关注课堂领导力的培养，使班主任能够有效地组织和引导学生参与课堂活动，提高学生的学习效果和参与度。

学生发展指导素养和心理领导力使教师能够在学生的个人和职业发展中为学生提供重要的支持。作为班主任，他们经常面对学生的成长问题和困惑。培训课程将帮助班主任获得心理咨询和辅导技巧，以更好地理解学生的需求并给予适当的支持。此外，课程还将关注学生发展的培养，帮助班主任引导学生进行职业规划，为他们的未来发展提供指导和支持。

通过培训课程的综合培养，班主任不仅具备了专业知识和技能，而且拥有全面的素养和领导力。这将有助于提升班主任的教学质量和学生的综合素养。最终，推动学校的整体发展，提高教育质量，并为学生未来的发展奠定坚实的基础。

2. 培育班主任的工作专业特色与创新品牌

参加培训课程不仅有助于教师提升专业素养，还可以鼓励班主任培养品牌创新意识，并形成鲜明的个人专业特色。这种对个人品牌的强调在教育领域具有重要意义，因为它不仅使教师能够脱颖而出，而且还有助于创建多元化和充满活力的教学队伍。教师将有机会发挥自己独特的优势和兴趣，为自己和学生带来更丰富的教育体验。

在培训课程中，班主任将接触到各种教学方法和教育理念，这为他们提供了丰富的知识资源和教学工具。通过积极参与培训，班主任可以结合自身的教学风格和个人兴趣，形成独特的教育品牌。例如，一位班主任可能擅长创设丰富多彩的教学活动，以激发学生的学习热情；另一位班主任可能善于运用现代科技手段，打造数字化、互动性强的教学环境。无论是哪种特色，都将为学校带来新鲜感和活力，丰富教学内容，提升教学质量。

此外，注重个人品牌建设也有助于激励教师不断提升自我。面对日益多样化的学生需求和教学挑战，教师需要不断更新自己的知识储备和教学方法，培养自己的品牌意识。这种自我激励的态度将推动教师保持学习热情，不断追求教育教学的创新和进步。

另外，形成个人专业特色的班主任将成为学校教学队伍的中流砥柱，为学生带来更丰富多彩的教育体验。不同风格和特色的教师相互配合，将为学生提供更广泛的学习选择和更丰富的教学资源，从而激发学生的学习兴趣和潜力。这种多样化和充满活力的教学队伍将有助于营造积极向上的学习氛围，培养学生成为具有创新精神和综合素养的未来公民。

因此，通过参加培训课程，班主任不仅可以提升自身专业水平，还可以培养个人品牌创新意识，形成鲜明的教育专业特色。这将为教育事业注入更多活力和创造力，为学生带来更加丰富多彩的教育体验，为学校的整体发展增添新的动力。

（二）集体视角

1. 辐射更多地区的班主任培养发展

此次广东省高中名班主任的培训课程为广东东部、西部和北部地区提供了精确的帮助，以满足每个地区的独特挑战和要求。通过这种个性化的培训方法认识到不同地区教育环境的差异，确保培训内容与当地的需求相匹配，并提供相关的支持。通过解决地区差异和需求，培训课程促进班主任公平获得高质量的专业发展机会，进而提升整个地区教育水平。

通过为广东不同地区的班主任提供精确和定制化的培训课程，可以有效应对地区教育的特殊挑战和要求。这种个性化的支持将有助于提高班主任的专业发展水平，增强他们的教学能力和教育素养。

总之，通过定制化的培训课程，广东东部、西部和北部地区的班主任可以获得与当地特殊需求相关的高质量专业发展机会。这将有助于提高地区教育水平，促进学生综合素质的全面发展，实现教育公平和可持续发展的目标。

2. 创设名班主任工作室助力教师专业发展

班主任形成个人品牌、创建知名班主任工作室的理念，是教育领域专业发展的创新途径。通过打造个人品牌，班主任可以展示自己独特的教学理念、方法和成果，从而提升其在教育界的专业声誉和影响力。此外，创建班主任工作室为教育工作者之间的协作、知识共享和指导提供了平台，进一步促进他们的专业成长和发展。同时，创设名班主任工作室可以倡导创建协作和支持的环境，让班主任可以聚集在一起交流想法、最佳实践策略和创新的教学方法。在工作室内推广指导和同伴学习的概念，让经验丰富的教育工作者指导和支持新进入该行业的人。在工作室内定期组织研讨会和培训课程，涵盖学生参与、课堂管理、教育技术和学生评估等主题。

名班主任工作室可以为教育实践的进步作出贡献，并最终激发教育界的积极变革。这种方法培育了一种持续改进、协作和创新的文化，不仅使班主任个人受益，而且使他们所服务的学生和学校受益。

3. 创建一支高素质、规范化的培训队伍

培训活动的开展在打造一支高素质、规范化的高中名班主任培训队伍中起着举足轻重的作用。利用此次培训项目的许多成功经验和成果可以培养一支技术娴熟、知识渊博的名班主任培训师团队。培训班的作用不仅在于传授知识和技能，更在于塑造一支具备专业素养和使命感的教育精英团队。这意味着培训师团队需要具备丰富的教育经验、敏锐的教育嗅觉以及对教育事业的热爱和奉献精神。

在实际工作中，一支高素质、规范化的培训师团队将成为班主任专业发展的强大后盾。他们将通过精心设计的培训课程，针对性地解决班主任在教育教学实践中遇到的问题和困惑，为他们搭建成长成才的舞台。同时，他们将作为班主任的榜样和引路人，引领他们不断探索、不断学习，实现个人价值和教育事业的双丰收。

因此，培训班在打造高素质、规范化的高中班主任培训队伍时，培训师团队的作用不可忽视。只有通过构建一支技术娴熟、知识渊博的培训师团队，才能确保专业发展计划的有效性和可信度，从而为学生的全面发展和学校教育教学水平的提升提供坚实的基础。总而言之，高中名班主任培训课程的有效性是多方面的，包括个人和集体的观点。通过全面的专业发展方法及对教育界的更广泛的影响，该培训课程展示了其对班主任及其所服务的教育机构的成长和成功的积极影响。

第二节　核心素养为本的高中名班主任考核实施

一、核心素养为本的高中名班主任过程性考核

（一）班级考核规定与实施

高中名班主任培训班秉持着严格的班级管理和评估机制。在项目负责团队的组织下，高中名班主任培训班班委会成员共同参与并倡导班级规章制度的制订与实施。这一班级管理体系具备高度透明性与公正性，其中，针对班级规范所确定的标准，进行小组和个人表现的统计和评估，由学习委员邱志敏老师负责监督和记录。

班级规定的调整将根据实际执行的情况进行灵活变更，以适应不同阶段的需求。这种策略性的更新有助于保持规章的实用性和适应性，确保其能够切实反映培训班的特殊需求和学员的整体表现。学习委员会将负责周期性地回顾和修订这些规章，以确保其与培训班的发展方向和整体目标保持一致。

培训学员的考核情况将在学习委员会的指导下进行定期评估，并通过公示的形式向全体学员公开。这一公示机制不仅为学员提供了清晰的个人表现反馈，也激发了学员共同进步的动力。通过这种系统化的班级管理和评估体系，高中名班主任培训班旨在培养出更为优秀和更能胜任这一工作的班主任人才，确保培训过程的高效性和培养质量的稳步提升。2023 年省百高名班考核细则

修订稿内容见图 6-2、图 6-3。

2023 年省百高名班考核细则修订稿

按照省百项目办的要求，为了大家更好地完成学习任务，要对大家每一阶段的表现进行考核，每个阶段结束后会进行统计公布，具体考核细则如下：

一、成果性评价

1. 发表论文、编写教材或论文被正规专著收录等 +2 分，每学年封顶 6 篇 12 分。（论文获得地级市一等奖或省二等奖以上等同发表）

2. 成功申报地级市课题 +1 分，课题成功结题 +2 分；成功申报广东省省级课题（含省百课题）以上 +2 分，课题成功结题 +3 分。（课题从 2021 年 9 月开始计算）

3. 高质量完成省百微课录制量化 +5 分。

4. 成功完成个人品牌设计，并在本班的"班主任研究与实践"公众号上推送 +2 分。

5. 完成省百专著合同签订量化 +3 分，完成专著出版（只要是正规出版社专著皆可）+8 分。（主编 +8 分，副主编 +4 分，编委 +2 分）

6. 鼓励大家积极参加送教下乡，每参加一次 +2 分。

二、过程性评价

1. 考勤：每次阶段性集训考勤分数 5 分，关于请假考勤：因个人原因需要请假的同学请简单书面写个请假条拍照或直接交学委，对于出具病历的病假不扣分，对于个人事假半天不扣分，请假一天以上（含一天）每天 –1 分。关于迟到考勤：无论是外出拓展团建还是统一集中听讲座，正式开始前 2 分钟预考勤，请各组长对未到场的同学在生活群提醒，正式开始譬如 9：00 还未到以 9：01 为界线，正式予以量化每次 –0.5 分。（特别说明：考虑到 2023 年第一次集训的特殊情况，本次集训考勤都给全勤，新考勤制度从下一次集训开始）

2. 宣传：关于小组量化方面：本班实行小组轮流完成美篇或通讯稿，要求在指定时间内完成推送，未能在指定时间内完成的小组所有成员每人 –1 分；关于个人量化方面：对于宣传委员规定的完成指定推文内容进行加分，每次完成任务 +1 分。

3. 学习心得：在每次阶段集训结束后 2 天内需自觉完成学习心得，请在班委指定时间内提交学习心得，未能在指定时间内提交学习心得者每次 –1 分。

图 6-2　2023 年省百高名班考核细则修订稿第 1 页（最新版）

4. 重要信息反馈及材料递交：考虑到非集训时间段省百也会有任务布置，所以无论在集训时间段还是在非集训时间段，只要省百有布置任务需要大家反馈或提交材料，请大家予以配合并以小组为单位反馈或递交，未反馈或递交的小组所有成员每次 –1 分。（反馈或递交材料具体提交时间以班主任或班委在班群通知为准）

5. 主持：本班从下次集训开始实行主持轮流制（每次集训根据主持需求会在班级会议上遴选主持人），对于在每次集训中积极承担主持任务并出色完成的个人实行加分，专家型讲座主持每次 +0.5 分，班级大型活动类，例如，"成人达己，达己成人"活动主持每次 +1 分。（特别说明：（1）学习委员由于职责所在，所主持的讲座或总结汇报不参与主持加分。（2）经班委决议，对 2021 年 9 月集训以来现场主持的学员按照该细则补加分，线上主持由于已经加分不再重复加分）

6. 小组汇报：为了鼓励大家多把握机会展示自己以及代表小组展示本组风采，代表小组进行汇报展示并且表现优秀整组所有组员 +2 分，代表小组进行汇报展示并且表现良好整组所有组员 +1 分，代表小组进行汇报展示并且表现合格整组所有组员 +0.5 分。

7. 班主任实践公众号推文：鼓励大家积极向公众号投文章，向我们"班主任研究与实践"公众号投文章并被采纳推送每篇 +1 分。

我们是相亲相爱的一家人，这份考核制度的出发点只是为了更好地促进大家的专业成长，愿各位不忘初心，学有所成！

特别说明：

1. 以上考核细则，除了考勤之外，其余细则均从本次集训开始执行。

2. 除了主持补加分数以外，对于以前按照旧规已经量化公示的分数不再调整，请大家理解！

图 6-3　2023 年省百高名班考核细则修订稿第 2 页（最新版）

（二）培训任务与作业

1. 培训总结汇报

省百高名班每一次集训的最后一节课均包含一场强制性的总结与收获汇报

环节，以促使学员对所学知识和培训经历进行深入思考和系统整理。结业仪式的形式灵活多样，有时由小组代表进行汇报，有时则要求每位学员个人汇报，旨在倡导团队合作和个体学习的双重发展。

随后，由专业导师组成的评审团队对学员的总结报告进行严格的点评与概括。这一评审过程不仅注重学员对所学内容的理解和掌握，同时关注其思考深度、逻辑严谨性以及表达清晰度。导师组的点评旨在为学员提供专业反馈，指导其进一步完善对所学知识的理解，并为其未来担任班主任工作提供深层次的教育培养。

这一总结收获汇报的环节扮演了培训周期的重要收尾角色，通过对学员个体和集体表现的全面评估，有助于全面了解培训效果和学员的整体素养水平。此外，通过导师的专业点评，培训班能够及时发现和纠正培训中的不足之处，为未来的培训提供宝贵的经验和改进方向。这种系统化的总结与点评机制有助于确保培训班的教学质量，同时为学员提供了深度学习和自我提升的机会。

2. 心得作业

高名班在每次集训结束后，对学员普遍要求提交个人心得体会，以便全面了解他们在培训过程中的学习感悟和成长经历。这一要求旨在促使学员反思个体学习过程，深化对培训内容的理解，并提炼出对于班主任角色的认知和职业素养的提升。在心得体会中，除了学员的个体反思外，培训班会通过推选的方式，评选出具有卓越表现和深度思考的学员的心得，供全体学员共同学习和参考。这一推选机制有助于树立学员榜样，激发学员在培训中的积极性和主动性。同时，通过展示学员的优秀心得，培训班旨在弘扬先进理念和经验，促使集体学习和经验分享的传播。

部分优秀学员心得如下，可以看出学员对培训的总结反思和期待建议。

示例一

强技能树品牌　踏云端广理念

佛山市顺德区华侨中学　龙春

2023 年 3 月 3—9 日，我在华南师范大学参加了广东省中小学"百千万人才培养工程""高中名班主任"培养项目 2023 年第一次集中培训，本次培训的主题是"传播为本的班主任品牌建设路径与策略"。培训课程丰富多彩，理论与实践相结合、共性与个性相统一、严肃与活泼共存。具体说来，我的收获可以归纳为"三个必须"：

1. 必须提高专业技术能力

本次培训，华南师范大学教育学博士、教育信息技术学院副院长焦建利教授为我们解密了如何进行微课设计与制作。焦教授平易近人、幽默风趣，所授内容充分地满足了我作为基层班主任的 AI 技能实操需要，在后面几天的学习间隙里，我练习了数字人播报、九歌作诗、6pen 作画、人工智能对话等技术，不仅极大地拓宽了工作技能的视野，更是激发了我以后要把班主任工作做得更有声有色的动力和信心，对于我提升班主任品牌建设的能力，提高班主任的课程设计能力是大有裨益的。

2. 必须增强特色品牌意识

本次培训，中共杭州市委党校余杭区分校石翼飞副校长为我们做了"以中国式现代化全面推进中华民族伟大复兴——党的二十大精神学习交流"专题讲座，讲座用 10 张幻灯片详细讲述了中国式现代化与世界各国现代化的共同特征与个性特征。这启示着我作为班主任，必须要坚决贯彻落实立德树人这一根本任务，也必须要在落实这一根本任务的过程中，打造自己的特色，铸造自己的品牌。左璜教授在本次培训总结时，让我们思考：在省百的学习，要把我们自己培养成什么样的人？再次强化了我的品牌意识。因为只有品牌，才能引领。

3. 必须敢于并善于传播育人理念

培养什么人、怎样培养人、为谁培养人是我国教育的根本问题。作为基层班主任，我们是回答、解决这一根本问题的实操人。因此，我们在工作实践中，在品牌树立上，必须要大胆地、毫不含糊地回答这一问题。同时，作为省名班主任培养对象，我们有义务发挥示范引领、辐射带动作用，我们必须善于传播育人理念。本次培训，通过微课展示、学校参访、户外拓展、课题推进等形式，在潜移默化中为我们提供了很多育人理念推广的有效途径，为提高品牌传播力起到了积极的推动作用。

经过本次培训，对标反思，我发觉我离卓越的班主任品牌建设者还有很长的路要走，我坚信"路虽远，行则将至；事虽难，做则必成"。我会一直勇毅前行在品牌的树立、推广的路上。

示例二

指向品牌传播的班主任培训

广州市从化区第五中学　李辉云

通过这次省百班主任培训，我再一次深深感受到了，在这么高端的省级培训平台上，我们一定要树立足够高的品牌意识，提高德育品牌孵化能力，并指向品牌的传播与辐射，才能成为名副其实的省名班主任。

那么如何去孵化和传播自己的德育品牌呢？这几天的培训，让我领悟到了三个思维：

1. 整合思维

整合思维是强调将有限的资源，在一个整体性、全局性目标的引领下，通过系统优化，达到"1+1 > 2"的良好结果。华师的省百培训有三个重要输出任务，课题、微课、专著，三者绝不是独立成篇。恰恰相反，另有深意，三者统整在德育品牌的全局目标下。所以，我们要有整合思维，在反复论证确定自己的德育特色品牌后，要让课题研究、微课展示、个人专著紧紧围绕着个人品牌来研究和展开，每一个任务的完成和落实，都将使得我们的德育特色品牌更加有说服力，丰盈且立体，进而充满魅力。

2. 成长思维

省百是一个难得的优质高端平台，有优秀的老师和同学与我们一起同行，所以每个同学都要有自我生长的成长思维。如左璜老师所说，每次培训后都要问自己"我更会做、更会说、更会教、更会写了吗？"，每次培训后都要反思自己"思想认识提高了吗？研究意识提升了吗？"。个人的生长与品牌的生长是相互影响、相互促进的关系，用个人的成长助推品牌的成长，也用品牌的成长助推个人的成长。

3. 传播思维

当今是一个信息化社会，作为省百培育出来的个人德育品牌，理应在省内有一定影响力，甚至在更大范围内进行辐射。传播与辐射是品牌发展的应有之义，没有一定传播与辐射力的品牌，是"久在深闺人未识"，很难发挥品牌的真正价值，让更多的学子受益，发挥其品牌价值。

总之，如左璜老师所说，我们要努力打造"品质省百、奋斗省百、创新省百、共生省百、活力省百"，其中，指向品牌传播的班主任培训功不可没。

示例三

班主任品牌传播的五个小妙招

广州市天河中学　杨换青

教育品牌如名牌产品一样具有长远的生命力，品牌蕴含的精神甚至可能影响学生的终身发展。班主任要有自己的品牌，方能让教育聚焦，才能为师生成长聚力。提升德育品牌的影响力，离不开品牌传播。

作为班主任，应该积极建立口头传播、人际传播、社交媒体等渠道，采用线上、线下相结合的方式，整合多种传播渠道，实现品牌传播的广度，提高品牌传播的力度。

其一，利用口碑效应。金杯银杯不如好口碑。口碑传播在品牌推广中起着不可替代的作用，它是品牌传播最接地气的、可信度高的传播方式。家长、学生是品牌口碑最好的传播者。

教师要获得良好的口碑，首先需要扎根教室，用爱心和艺术经营班级，让自己的品牌生根、开花、结果，把教室的本土生长打造成一张最好的名片。

其二，利用社群效应。社群传播是指教师通过建立微信群、QQ群等方式传达自己的教育理念，推广自己的德育品牌，社交群体往往担任着品牌形象和品牌内涵的传播者角色。社群传播弥补了传统线下传播效率低、范围窄的缺陷，既能充分利用社群团队的社交关系链，又不缺乏传统关系中的信任因素。例如，笔者就成立了三个全国班主任分享群，汇聚了来自全国各地的德育工作者，通过在群内交流育人心得，分享育人经验，碰撞育人智慧，传播育人理念，交流互动既增强了群体感情，也促进了品牌传播。

其三，利用联动效应。每个德育品牌通常有自己的团队，通过设计联动活动，例如，沙龙、读书分享活动等，让团队成员互相交流，既可以拓宽各自团队成员的技能，增进感情交流，也能有效扩大双方德育品牌的知名度，是一种实用的推广渠道。除此之外，还可以开展班级联动，把自己积累的班级经验，传递到别的班级，既可以验证品牌效果，也可以扩充品牌的张力。

其四，借助公益平台。公益传播是品牌传播的感情利器。已拥有德育品牌的教师可以借助公益平台，参与和推动公益活动，借助公益平台，用公益善举温暖人心，用情感打动听众，既能助力公益事业的发展，又能提升品牌的知名度，还能增强品牌传播的力度。例如，笔者就曾在全国最大的一个公益平台——至善学院做了德育品牌的讲座，参与听课的教师有8万人，对品牌的传播起到了强有力的推动作用。

其五，借助自媒体。建立公众号，定期推送品牌的实践成果，通过图文并茂的形式宣传品牌产生的效应。通过拍摄微视频等，传播品牌。拍摄视频要做到聚焦对象，围绕目标，做到切口小、内容精、方法好。

总之，班主任要在建设好自己品牌的同时，整合多元渠道，扩大品牌的影响力，从而让品牌真正扎根生长，枝繁叶茂。

在整个流程中，心得的提交和推选既是学员对个人学习历程的总结，也是对培训班办学效果的一种反馈。这种系统化的反思和分享机制有助于形成学员之间的良性互动和学习氛围，推动整个培训班的共同成长。通过学员心得的集中展示，培训班不仅能够监控培训质量，更能够激发学员的学习热情和主动性，为未来的班主任工作奠定坚实的理论和实践基础。

3. 媒体推广

高中名班主任培训以小组为单位，要求在每一天的培训结束后，学员以精心构思的美篇形式对当日所学内容进行系统总结。这有助于激发学员对培训内容的深入思考和理解，并促使其将所学知识以优美的文学表达形式予以呈现。在小组合作的框架下，学员通过美篇形式的总结不仅仅是对知识的梳理，更是对所学思想和方法的抽象概括。这种文学性的表达要求，旨在培养学员对于班主任工作所需的沟通能力和表达能力，并强调思考的深度和逻辑的完整性。通过以小组为单位的总结形式，培训班营造了合作与分享的氛围，促进学员之间的相互学习和经验交流。这一要求也具有推动学员主动学习和反思的作用。通过撰写美篇总结，学员需要深入思考当日所学内容，将其内化为个体的思想体系，并通过文学性的表达展现出个体对知识的独到理解。这种过程不仅促进了学员对培训内容的深刻领悟，同时也为培训班提供了对学员学习效果的综合评估。总体而言，以小组为单位进行每日培训内容的美篇总结不仅仅是一种形式上的表达要求，更是培训班在教学设计中巧妙融入文学性元素以提升学员学术素养和综合能力的策略。这种方法有助于培养学员综合运用所学知识的能力，为其未来胜任班主任职责提供全面的准备。

此外，高中名班主任培训班在每一阶段的集训结束后，积极组织班级内部资源，由宣传委员陈青天老师担任组织者，共同协力制作一期精华简报，以全面呈现本次培训的知识重点和学员成果。这一班委会的集体协作机制旨在充分发挥各成员的专业优势，确保简报内容既具有学术深度，又富有实践指导性。简报的内容涵盖了集训过程中的重要教学和实践内容，凸显了高中名班主任培训班的特色和学术价值。该简报经过审核和编辑后将在省百高名班的公众号"班主任研究与实践"上发布推广，通过网络平台的传播，实现了对更广泛受众的有效传达。这一推广策略不仅有助于提高高中名班主任培训班的知名度，同时也为培训成果的分享提供了可持续的宣传渠道，以推动更广泛的教育资源共享和交流。

二、核心素养为本的高中名班主任现有成效

（一）品牌形成与推广

打造个人品牌已经成了如今中小学教师职业生涯中的重要一环。教师个人品牌是指教师在教育领域中所展示出的专业素养、教学能力和个人魅力的综合体现。它是教师通过自身的努力和表现，建立起来的独特形象和声誉。教师个人品牌不仅仅是教师的名字或头衔，更是教师在教育界的影响力和认可度。

高名班每位学员在专业导师的指导下，充分运用其先前积累的教学经验和研究基础，以科学的方法和系统的规划，制订了个体化的班主任品牌。这一过程强调了学员在培训中不仅仅是知识的被动接收者，更是能够主动运用所学理

论和实践知识进行创新性整合和应用的能动主体。学员的班主任品牌设定过程注重对自身教育理念、教学方法和管理风格的深刻反思。导师在此过程中扮演了关键角色，通过提供专业指导，促使学员系统梳理其在教育领域的特长和独特贡献，从而形成具体的品牌定位。这不仅有助于确立学员在未来班主任工作中的个性化特色，同时也为其建构专业形象提供了有力支持。

高名班学员班主任个人品牌概况见表6-1。

表6-1　高名班学员班主任个人品牌概况

组别	序号	姓名	教师个人品牌
第一组（信息智能化班级管理小组）	1	龙春	真德育
	2	邱志敏	3Cs 班级管理
	3	黄叶清	心声德育
	4	杨姗	项目式德育
	5	李辉云	智慧德育
第二组（学科协同化管理小组）	6	叶艳民	行知德育
	7	彭湛英	情感育德
	8	张洋	志行德育
	9	杨志泳	和合德育
	10	胡韦琳	生态德育
第三组（教育咨询与学生发展指导小组）	11	林泽兵	叙事德育
	12	林倚姗	生活体验式生涯教育
	13	马永刚	语境德育
	14	吴玉婷	心本德育
	15	梁焰	诗境德育

续表

组别	序号	姓名	教师个人品牌
第四组（特色型班级管理小组）	16	张培涌	变革型班主任共同体
	17	金玲	激扬生命
	18	邝国祥	精神育人
	19	王辉霞	思源德育
	20	吴兴宝	积极德育
第五组（生涯规划与心理咨询小组）	21	刘雪艳	情动德育
	22	陈云冬	云生涯德育
	23	陈玉桂	自我德育
	24	陈青天	生涯剧
	25	何爱莲	三品德育
第六组（文化型班级管理小组）	26	肖昌伟	立体德育
	27	徐敏	正行德育
	28	沈文通	寻根德育
	29	吴启霞	正本德育
	30	杨换青	共生德育

学员通过设定班主任品牌，旨在教育实践中展示独特的专业素养和领导风格，以满足不同学校和群体的需求。这种个性化的品牌设定不仅有助于提高学员的职业认同感和自信心，为其在日后的教育工作中树立崭新的教育形象和角色定位奠定了基础，通过品牌推广也为其他班主任与教师提供了系统化的、科学的经验参考。

（二）专著撰写与出版

在省百高名班项目中，要求每一位高中名班主任学员至少完成一本属于个人的关于班主任理念的专著，旨在深刻总结个体多年来在班主任工作中所积累的丰富经验，并以此形成系统性的理论体系。这个计划的目标在于通过撰写专著的方式，传达学员个人的教育理念，将其班主任实践经验融汇成具有普适教育价值的理论成果。

要求名班主任学员编写个人专著，不仅是对班主任工作实践的高水平总结，更是对学员学术研讨和职业能力的全面锻炼。该计划要求学员运用学术语言和论证体系，深入探讨个体的班主任理念并将其系统化地呈现于专著中。这一过程有助于提升学员在教育领域的学术表达能力和论述水平，为其在未来的教育工作中树立专业形象提供了有力支持。此举旨在倡导学员在班主任角色中成为知识传播者和实践创新者，通过撰写专著在学术领域留下深刻印记。每位学员所创作的专著都将成为一个独立的教育理念宝库，为班主任及广泛教育社群提供丰富的经验和借鉴素材，促进教育领域的理论创新与实践发展。

在专著的撰写过程中，学员将对个人班主任工作的实际操作进行深入分析和反思，并借鉴相关学科理论和教育管理原则，构建系统性的理论框架。此举有助于深度挖掘班主任工作中所涉及的教育价值观、组织管理策略等方面的独特见解，为学员个性化班主任理念的形成提供理论支撑。此外，学员将系统梳理个人班主任工作的亮点、挑战和解决方案，以及在不同教育背景下的实践心得。这不仅有助于学员深化对自身角色的认知，更为班主任工作提供了一种理论指导和实践探索的经验。通过专著的形式，学员将个体班主任经验转化为智力财富，为教育界提供了有价值的专业经验。

专著的撰写有望为高名班学员提供一个学术交流平台，促使他们更加深入地思考和讨论班主任工作的本质，为高中班主任这个群体建立起一个丰富多样的教育理念和经验交流体系。这种独具特色的专著编写计划，将为高中名班主任培训班的学员提供一个推动个人和集体教育实践进步的重要机会。

（三）论文发表与课题主持

对于高名班学员，应当特别关注其在学术领域的论文发表情况和独立课题主持经历，旨在评估学员在培训期间以及之后的班主任工作中，是否能够在学科领域取得创新性和独立见解的研究成果，以及是否能够在学术交流平台上有效地传递和分享其在班主任实践中的经验与成果。

对于论文发表情况的关注，意味着培训班需审视学员是否在学术期刊、研讨会等专业场合发表了具有一定学术价值的论文。包括独立完成的研究或合作项目，以及对教育实践、班主任工作等领域的理论研究。一方面，论文发表的情况反映了学员对于专业领域的深刻理解和研究水平，同时也为其在学术交流中树立起学术声望提供了有效手段。另一方面，关注课题主持情况，则突出了学员在独立或合作研究项目中担任项目负责人的经历。此关注点旨在评估学员是否能够有效地组织和管理研究团队，推动研究项目的顺利实施，并在项目完成后总结和分享研究成果。这不仅要求学员具备独立思考和领导协作的能力，还考察其在实际研究过程中的创新性和解决问题的经验。

如图 6-4 所示，高名班一半以上的学员发表论文 1～3 篇，其中有 3 人尤为优秀，发表论文达到 10 篇以上。

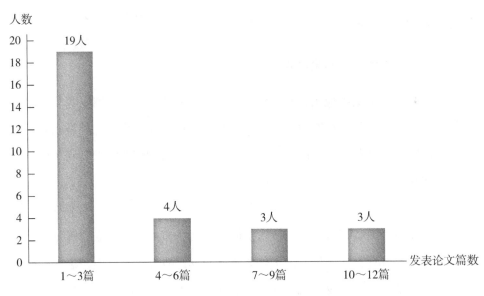

图 6-4　高名班学员发表论文情况

如图 6-5 所示，高名班一半以上的学员至少主持省级课题 1 个、市级课题 1 个。其中，较为优秀的学员主持了 3 个省级课题。

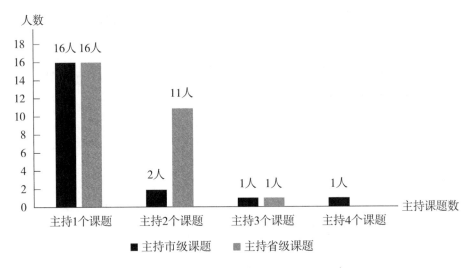

图 6-5　高名班学员主持省、市级课题情况

因此，对高中名班主任培训学员的论文发表和课题主持情况的关注，既有助于评估其在学术研究和实践中的深度与广度，也为培训班提供了有效的质量监督和学员培养方向的指导。这种关注不仅有助于提升培训学员的学术素养，同时也为其在未来班主任工作中更好地运用学术思维和方法提供了有力支持。

（四）名师工作室主持人担任情况

名师工作室是一种专业化的教育组织形式，旨在促进教育者之间的合作、共享和专业成长。通常，名师工作室由一位资深且具有卓越教学业绩的教育者领导，该领导者被冠以"名师"头衔。在名师工作室中，教育者可以共同探讨教育问题、分享成功的教学实践，并在专业领域内互相启发。这种合作平台不仅有助于提升教学质量，还促进了教育者之间的交流与合作，形成了一个共同学习的社群。工作室成员可以通过集体研究、课程反思和互动交流，共同推动教育创新和提高学生学业水平。

在高中名班主任培训中，学员主持名师工作室的经历被看作其在教育领域展现领导力和专业影响力的一个重要指标。这种经历不仅强调了学员在教学研究和教育改革方面的贡献，也为其在班主任工作中的组织协调能力提供了宝贵的锻炼机会。

应重视高中名班主任培训学员主持名师工作室的情况。关注高名班学员是否在名师工作室中担任主持人，旨在评估其在教学与管理领域的领导才能和专业素养。学员主持名师工作室的经历不仅直接关系到其在教育实践中的领导能力，也对其教学和教研水平的提升产生积极影响。学员主持名师工作室的情况反映其在专业领域内是否有足够的声望和专业影响力，以及是否被同行认可并赋予教学与研究的领导角色。此关注点不仅体现了学员在教育实践中的综合素养，还关涉到其对于教育创新、教研管理的深刻理解和实际经验。学员在主持名师工作室过程中的管理能力和团队协作能力也将成为评估的重要方面。

如图6-6所示，目前高名班30位学员中，有22人为所在的市级名班主任工作室主持人，6人为省级名班主任工作室主持人。此外，有学员依然在朝着省市级名班主任工作室主持人而不断努力。

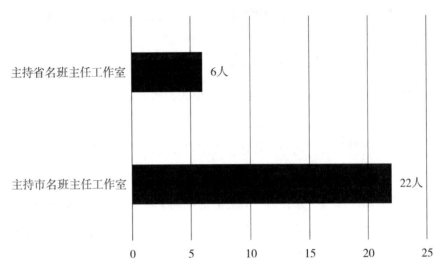

图6-6　高名班学员主持省、市级名班主任工作室情况

通过关注学员主持名师工作室的经历，培训班能够更全面地了解学员在教学与教育管理方面的综合素养，并从中评估其对于教育改革和提升教学水平的实际贡献。此外，对学员主持名师工作室的关注还有助于发现学员在教育领域的潜在领导能力，并为其提供更广泛的发展机会，推动其在学术研究和教育管理领域的进一步突破。因此，对于高中名班主任培训学员主持名师工作室的关注，不仅有助于评价学员在教育领域的整体水平，也为其在未来班主任工作中更加深入地参与教育改革、提高教学质量提供了重要的参考依据。这种关注对于培训班的精细化指导和学员的职业发展规划具有积极意义。

（五）其他荣誉

高名班成员获得市级以上的其他荣誉的情况见表6-2。高名班成员除省百项目个人专著外的其他参编书籍情况见表6-3。

表6-2　高名班成员获得市级以上的其他荣誉的情况

姓名	市级以上的其他荣誉
龙春	南粤优秀教师
邱志敏	佛山市学科优秀教师、佛山市中小学"百名最美班主任"
黄叶清	河源市最美教师
李辉云	1. 2023年7月广东省大中小学思政课名师工作室共建，广州市李辉云名教师工作室与广东外语外贸大学（谢迪斌名师工作室）共建（广东省教育厅2023年7月6日）； 2. 2023年6月20日广州大学师范专业兼职教师（2023-2026年广州大学教务处）； 3. 2022年11月广州市教育系统"百姓宣讲团"成员（广州市教育局）； 4. 2022年10月被聘为广州市第十九届中小学特约教研员（高中政治学科）（2022-2025年）； 5. 2022年9月被聘为广州市第十九届中小学幼儿园特约教研员（家庭教育）（2022-2025年）； 6. 2022年广州市名班主任李辉云工作室主持人（广州教育局2022-2024年）； 7. 2022年广州市中小学（中职）思政课新结构教学评范式研究项目研究员（广州市教研院2022年3月）； 8. 2021年广东省中小学中职学校"100门"思政课优质课程主持人（广东省教育厅2021年8月）； 9. 2021年广州市优秀思想政治理论课教师（2022年6月）； 10. 2021年广州市李辉云名教师工作室主持人（2023-2025年）； 11. 2021年广州市远程培训教师专业发展专家
叶艳民	1. 广东省语文骨干教师； 2. 在广东省中小学心理健康教育优秀成果评选中荣获中小学心理健康教育典型案例和心理辅导室二等奖； 3. 荣获首届惠州学院——惠州市教育局共建国家教师教育创新实验区基础教育教学成果奖二等奖
杨志泳	广东省特级教师（2021年8月）
胡韦琳	市优秀教师

姓名	市级以上的其他荣誉
林泽兵	南粤优秀教师、揭阳市首批学科带头人、揭阳市首批名班主任
林倚姗	阳江市优秀班主任、阳江市先进女工
马永刚	东莞市教育家型教师培养对象
梁焰	1. 南粤优秀教师； 2. 广东省"五一"劳动奖章获得者； 3. 佛山市优秀班主任
张培涌	1. 广东省教育厅"赓续百年初心　担当育人使命"师德征文三等奖； 2. 揭阳市首批名班主任工作室主持人； 3. 揭阳市首批学科带头人； 4. 普宁市优秀教师； 5. 普宁市首批名班主任
金玲	1. 广东省教育厅"赓续百年初心　担当育人使命"师德征文三等奖； 2. 广东省名班主任工作室主持人（2024-2026年）； 3. 深圳市名班主任工作室主持人（2023-2025年）； 4. 深圳市教师继续教育课程专家（2023-2025年）； 5. 2023年教育部师德师风建设基地师德巡讲嘉宾； 6. 深圳青年教师基本功大赛市直属学校二等奖； 7. 深圳市基础教育领域特聘岗位高层次人才（2023-2025年）
吴兴宝	1. 2021年11月入选2020年河源市高层次优秀人才； 2. 2021年3月入选广东省校本教研基地项目核心成员； 3. 2023年11月担任河源市名班主任工作室主持人（2024-2026年）； 4. 课例《电势差》在2021年广东省基础教育精品课评选活动中被评为省级优课； 5. 课例《洛伦兹力与现代技术》在2022年广东省基础教育精品课评选活动中荣获市级优课二等奖； 6. 班会课例《礼赞祖国　强国有我》在2023年河源市社会主义核心价值观优秀案例评选活动中荣获一等奖
刘雪艳	1. 2023年在广东省中小学班主任基本功展示大赛中获省级特等奖； 2. 2023年在深圳市中小学班主任大赛中获综合项目、育人故事、带班育人方略、主题班会四个一等奖
陈云冬	2023年9月获评梅州市优秀教师

续表

姓名	市级以上的其他荣誉
陈玉桂	2023 年担任广东省中小学名班主任工作室主持人
陈青天	2023 年担任广东省中小学名班主任工作室主持人
何爱莲	1. 2023 年成功选拔为广东省名班主任工作室主持人； 2. 2023 年至今为广州市中小学德育研究中心组成员； 3. 2023 年评为广州市班主任专业技能大赛优秀导师； 4. 2022 年获首届"温暖广州最美班主任"称号； 5. 2021 广州市名班主任何爱莲工作室（第二期）中期、终期考核均为市级优秀工作室
肖昌伟	1. 教育部新时代中小学学科领军教师培养对象； 2. 2021 年获江门市基础教育教学成果奖二等奖（成果名称：《文化自信视域下高中特色班级文化立体化建设实践研究》）； 3. 《立志　砺志　利志——班主任的成长分享》在 2022 年江门市教育系统"迎接党的二十大 培根铸魂育新人"师德主题征文及微视频征集活动中荣获中学组一等奖
徐敏	1. 2022 年被广州市教育局遴选为广州市中小学名班主任工作室主持人； 2. 2021 年 12 月微课《高中微课 送沈子福归江东》获广州市教育教学信息化创新应用评奖活动高中组微课类二等奖； 3. 2022 年 12 月微课《聚焦起承转合 把握情感脉络》在广州、佛山、肇庆、云浮、江门、韶关、清远、波密八地市（县）联合开展的"2022 年优秀微课联合征集活动"广州市级评比中获基教组二等奖，并获跨区域联评基教组二等奖
沈文通	1. 2023 年 4 月工作室期满考核被评为阳江市工作室优秀主持人； 2. 2023 年 4 月被岭南师范学院省级中小学教师发展中心聘为兼职研究员； 3. 2023 年 6 月成为阳江市中小学德育指导中心成员
吴启霞	1. 2021 年清远市优秀班主任； 2. 2022 年清远市名班主任； 3. 2021 年荣获清远市中小学班主任专业技能大赛决赛"优秀指导老师"； 4. 2023 年荣获清远市中小学班主任专业技能大赛决赛"优秀指导老师"； 5. 2023 年荣获第四届广东省中小学青年教师教学能力大赛班主任组决赛"优秀组织者"
杨换青	广东省中小学名班主任工作室主持人

表6-3　高名班成员除省百项目个人专著外的其他参编书籍情况

姓名	参编书籍情况
龙春	1. 《班主任专业成长与备赛指南》； 2. 《广东省普通高中学业水平考试　备考同步》
邱志敏	1. 参编《班主任班级管理艺术研究》2021年由延边大学出版社出版； 2. 参编《高中英语课堂与教学模式研究》2021年由吉林文史出版社出版； 3. 参编《班主任专业成长和备赛指南》2023年由广东海燕电子音像出版社出版
李辉云	1. 参与：2022年12月，德育成果《农村中学心理健康教育"三心两意"模式探索》在广州市教育研究院编著的《广州市第六届德育创新成果集》上发表。华南理工大学出版社，书号ISBN 978-7-5623-7038-3； 2. 参与：2022年3月《信息技术与高中思想政治教学融合下的生态课堂》，广东高等教育出版社，书号ISBN 978-7-5361-7231-9
叶艳民	个人专著《行知德育　以劳育人》
杨志泳	个人专著《核心素养导向下的生物学科德育实践研究》
吴玉婷	1. 参编《高中英语阅读［拓展创新学程　第三册］（提优版）》，译林出版社，书号ISBN 978-7-5447-9279-4； 2. 参编《高中英语阅读［拓展创新学程　第二册］（提优版）》，译林出版社，书号ISBN 978-7-5447-9279-0； 3. 参编《高中英语阅读［第二册］（提优版）》，译林出版社，书号ISBN 978-7-5447-8251-7； 4. 主编《高中英语"求真致知　自主高效"思维型课堂教学模式》，广东教育出版社，书号ISBN 978-7-5448-5547-8
张培涌	1. 编著《高中化学高效课堂构建概述》（副主编）； 2. 编著《变革型班主任专业共同体的探索与实践》（主编）
金玲	编著《高中政治学科融入深圳改革开放资源的大单元教学设计》
吴兴宝	《高中物理二轮复习导学案》
刘雪艳	1. 《情动课堂：情动德育与课堂教学的融合策略》编著； 2. 《新高考下的生涯规划》副主编； 3. 《中学生涯教育与未来职业选择》参编

姓名	参编书籍情况
陈云冬	主编《文化语文工作室与教师专业发展》东北师范大学出版，书号 ISBN 978-7-5681-8524-0
陈青天	1. 个人专著《剧划人生——以高中生涯剧体验课程实践为例》； 2. 工作室编著《你我皆风华正茂——高中生涯剧式体验课程的设计实施》
何爱莲	1. 2022 年出版编著《三育融合下思政班会课设计》，广东人民出版社，书号 ISBN 978-7-218-16011-5 2. 2023 年出版编著《以文化人，以文育人》，广东人民出版社，书号 ISBN 978-7-218-16350-5，副主编
杨换青	1. 出版专著《班级幸福共同体的构建和经营策略》； 2. 参编专著《春风化雨以育人：班主任的 30 讲》

第三节　项目实施成效

一、学员满意度调查

（一）概述

在实际项目活动开展中，通过定期的评价考核和每次集训结束的满意度调查来收集学员的意见和反馈，可以全面了解学员对培训项目的认可度和满意度。这有助于发现问题和不足之处，并及时进行调整和改进。例如，如果学员反映某个课程内容较为枯燥或难以理解，可以考虑优化教学方法或增加互动环节，以提高学员的学习效果和参与度。

此外，学员意见和反馈的征集也有助于提高培训项目的质量和吸引力。通过积极采纳学员的意见和反馈，可以不断优化培训项目的设计和实施，提高项目的吸引力和竞争力。这将有助于吸引更多的学员参与培训，并提高他们的满意度和认可度。

总之，征集学员对培训的认可程度和满意程度是一项重要的反馈机制，可以帮助项目负责人及时了解学员的实际需求和期望，为改进和优化培训项目提供参考和指导，提高项目的质量和吸引力，更好地满足学员的需求和期待。

（二）满意度调查问卷数据解读

1. 2022 年 4 月 3 日集训学员满意度问卷调查

从图 6-7 可以看出，本次培训的总体满意度得分为 4.83，表明学员对本次培训的整体评价较高。这一结果证明了培训课程设计和教师评价方面的出色表现。学员对培训课程的设计给予了 4.83 的满意度评分，显示出学员对于培训课程的设置和内容非常满意。同时，专题讲座课程的设置得分更高，达到了 4.85，进一步表明学员对于这一阶段的专题讲座课程给予了极高的评价。

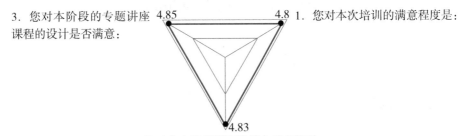

3. 您对本阶段的专题讲座 4.85　　　　　4.8 1. 您对本次培训的满意程度是：
课程的设计是否满意：

4.83

2. 您对本次培训课程设计与教师评价：

➜题目得分　　— 总体满意度得分

图 6-7　广东省"高中名班主任"培养项目 2022 年第一次集中培训效果
问卷综合得分

通过对词云图（见图 6-8）进行分析，我们可以观察到一些高频词汇，比如"收获""感恩""培训""干货"和"班主任"。这些词语凸显了学员对于集训结束后的积极体验和成果的强烈感受。"收获"一词传达了学员在培训中所获得的知识、技能和经验，而"感恩"则反映了学员对于教育者和培训机构的感激之情。另外，"干货"一词则凸显了学员对于实用内容的关注和认可，而"班主任"一词则表明学员对于负责指导和管理的教职人员的关注和评价。

图 6-8　广东省"高中名班主任"培养项目 2022 年第一次集中培训词云图

这些词语的集中呈现，清晰地揭示了学员在集训结束后的强烈情感体验和对于培训的积极评价。它们代表了学员对于培训经历和成果的真实反馈，也在一定程度上印证了本次培训的成功之处。这些高频词汇的集中出现，不仅凸显了学员收获满满的喜悦和满足，也进一步证实了培训目标的达成和学员满意度的显著提升。

因此，通过对于高频词汇的分析，我们可以清晰地看到学员在集训结束后的丰富收获和积极评价，从而在一定程度上证实了本次培训的成功。这些词语的集中呈现为我们提供了有力的数据支持，同时也为未来的培训工作提供了宝贵的参考和指导。

综上所述，学员对于本次培训的课程设计、教师评价和专题讲座课程设置都表示非常满意。这些结果清楚地反映出学员对于培训安排和实施的高度认可。从这些结果可以得出结论，本次培训在整体安排和实施方面取得了显著成效，得到了学员的高度满意评价。这对未来的培训课程设计和实施提供了有价值的参考。然而，为了持续提高培训的质量和效果，还需要进一步分析和研究这些结果，以便做出进一步的改进和优化。

2. 2023 年 3 月 10 日集训学员满意度问卷调查

从图 6-9 可以看出学员对本次培训的整体满意度较高，超过了半数以上的受访者给出了满意的评价。特别是在项目的整体满意度、培训目标设置与定位、培训方式、方法选择、授课专家水平和教学设施等方面，学员表达了较高的满意度。

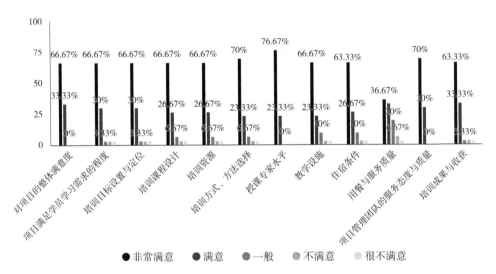

图 6-9　广东省"高中名班主任"培养项目 2023 年第一次集中培训效果问卷满意度

然而，在一些方面，例如，住宿条件、用餐与服务质量以及项目管理团队的服务态度与质量等方面，学员的满意度不是很理想。这些不足之处可能会对学员的培训体验产生一定的影响，同时也可能影响他们对整个培训的综合评价。

此外，在培训资源和培训课程设计等方面，虽然大部分受访者表示满意，但仍有一些受访者表达了不满意的观点。这可能意味着在某些方面，培训的资源或课程设计存在一些不足之处，或者需要进行改进。

总体而言，本次培训在大多数方面表现良好，但仍然存在一些需要改进和提高的方面。建议在未来的培训中，重点关注不满意的项目和环节，并进行改进，以提高学员的整体满意度和培训效果。通过解决住宿、用餐、服务质量等问题，可以提升学员的培训体验。同时，对培训资源和课程设计进行优化和改进，以满足学员的需求和期望，提高他们的参与度和学习效果。这样的改进将有助于提高培训项目的质量和吸引力，进一步满足学员的需求和期待。

3. 2023 年 7 月 15 日集训学员满意度问卷调查

从图 6-10 看出，本次培训的整体满意度较高，其中"非常满意"和"满意"的比例总计超过了 90%。这表明本次培训在整体设计、目标设置、课程设计、培训资源、授课专家水平、教学设施等方面得到了受访者的认可。而且与第一次集训相比，明显此次集训的满意程度有所提升。这也恰好证明了在各项培训调查中，受访者对培训资源的满意度最高，达到了 85.19%，这表明本次培训在培训场所、师资、教材、器材等方面的配置较为完善，满足了学员的学习需求。

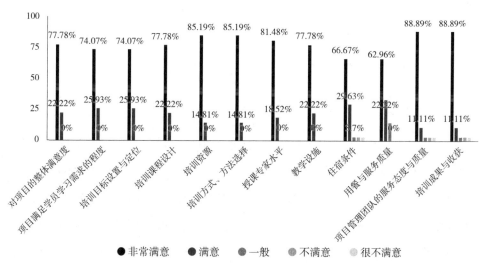

图 6-10　广东省"高中名班主任"培养项目 2023 年第二次集中培训效果问卷满意度

　　然而，也有一部分受访者在某些项目上表现出了较低的满意度，如住宿条件、用餐与服务质量等。这些问题可能会对学员的培训体验产生一定的影响，需要进一步改进和优化。同时，对于培训成果与收获的满意度，只有88.89%的受访者表示满意。这表明本次培训在培训成果的转化和学员的实际收获方面还有提升的空间。

　　值得一提的是，项目管理团队的服务态度与质量得到了大部分受访者的认可，满意度达到了88.89%。这表明本次培训在项目管理方面做得较好，得到了学员的认可。

　　为了进一步提高培训效果和学员的满意度，建议在未来的培训中，加强对住宿、用餐、服务质量等方面的管理和优化，以提升学员的培训体验。同时，针对培训成果的转化和学员的实际收获，可以采取更加有效的教学方法和策略，以提高学员的学习效果和应用能力。此外，还可以通过改进培训课程的设计和资源的配置，满足学员的需求和期望，提高他们的参与度和学习效果。这样的改进将有助于提高培训项目的质量和吸引力，进一步满足学员的需求和期待。

二、阶段性满意度调查

（一）概述

　　培训项目阶段性满意度调查对于培训的成功与持续改进至关重要。首先，它可以帮助机构全面评估学员对于培训内容、教学方法和师资力量的满意度，及时发现问题并进行改进。其次，调查能够收集学员的反馈和建议，了解他们的期望、需求和实际体验，为后续课程设计和教学改进提供重要参考。此外，满意度调查还能让学员感到受到重视，增加他们对培训的投入和参与度，促进学习氛围的形成。通过调查结果，可以发现学员对特定内容的偏好和认知差异，并有针对性地优化培训内容，提升学习效果和满意度。最后，这种调查有助于建立良好的反馈机制，使培训机构能够根据学员的需求和反馈及时调整和改进，保持培训的灵活性和适应性。因此，阶段性满意度调查不仅有助于评估培训效果和改进教学质量，还能够增强学员参与度和满意度，对于培训机构的持续改进和提升教学品质具有重要意义。

（二）2023 年总结性阶段满意度调查

通过对培训收获问题答案的词云高频词（见图 6-11）进一步分析，我们可以深入挖掘学员在集训期间获得的丰富知识和宝贵经验。在这个信息爆炸的时代，写作能力和素养的重要性越发凸显。良好的写作能力不仅是传递信息的手段，更是思想表达和沟通的重要工具。

图 6-11　广东省"高中名班主任"培养项目 2023 年培训效果总结性满意度
调查词云图

同时，集训课程致力于拓宽学员的工作视野，使其能够更全面地了解教育领域的动态和趋势。具备开阔的视野可以让学员更好地把握机遇，应对挑战，为个人的职业发展打下坚实的基础。另外，专业发展的深化也是集训课程的核心目标之一，通过深入探索自身专业领域，学员将能够全面提升自己的专业能力，为未来的职业生涯奠定坚实的基础。

除了词云图显示的方面，我们相信学员在集训过程中还获得了更多的启发和灵感。在与优秀的同行交流互动的过程中，学员不仅学到了知识和技能，更收获了情感上的共鸣和精神上的成长。这些收获将会在他们日后的职业生涯中发挥重要作用，激励他们勇往直前，追求卓越。

总之，集训的成功不仅体现在学员技能的提升，更在于他们思想和视野的拓宽，以及对未来的积极追求。我们希望学员能够珍惜所获得的一切，持续保持学习的热情，不断提升自我，为自己的未来铺就一条宽广的道路。愿每一位学员都能在职业生涯的征途上放飞梦想，成就辉煌的人生篇章。

后 记

　　此书是广东省中小学"百千万人才培养工程""高中名班主任"培养项目的智慧结晶，从理论研究和实践经验两个层面凝练了包含项目申报、实施过程、考核评价等系列过程的综合总结。高中班主任在高中阶段的学生成长过程中扮演着至关重要的角色，他们不仅需要具备丰富的教学经验，更需要在面对多元化的教育需求时保持不断创新和进步。社会发展对教师提出了更高的要求，由此对名师队伍有了迫切需求。因此，培养高中名班主任的核心素养契合当代教育改革的紧迫需要。此书的写作是对现代教师培训体系中一项至关重要任务的探讨和反思，书中涵盖了从理论基础到实际操作的全面内容，旨在为我国教师培训项目提供一套可操作、可持续的培训方案。

　　通过本书，我试图回应一个关键问题：如何根据政策、理论和实践的演变逻辑，构建高中名班主任核心素养指标体系，进而设计系统性的培训课程，进一步提高高中名班主任的核心素养水平，使之更好地适应快速变化的教育环境，并且能够带动一定领域的班主任专业发展。在研究和写作的过程中，我深刻体会到培养高中名班主任不仅关乎个体教师的专业发展，还是服务于学生全面成长的一种责任。培养名班主任不仅是对教育者的要求，还是对整个教育体系的提升。

　　在此，我要衷心感谢以下这些人员：一是感谢为本书提供丰富素材的项目实践者，2021—2024年广东省"百千万人才培养工程""高中名班主任"培养项目的全体培养对象，尤其是感谢高名班学习委员邱志敏老师对班级成员的过

255

程性资料收集与整理，宣传委员陈青天老师对每次集训的总结与记录，小组长张培涌老师对实施过程的详细解说；二是感谢进行理论研究和素材整理的研究团队成员，华南师范大学教师教育学部 2023 级教育管理专业的钟敏涛、王楚楚、赵丹丹，以及华南师范大学教师教育学部 2023 级基础教育学专业的郭思、汪天童和武敏玉；三是感谢为本书提供支持和建议的专家学者们，他们专业的意见使得本书更为丰富和全面。

最后，感谢所有关注和支持教育事业的读者，我衷心希望这本书能够为教育者、教育管理者、培训机构以及广大从业者提供有益的参考，为教师教育事业的不断发展贡献一份微薄之力。

左 璜